Karl Eduard Vehse

Der Hof zu Weimar privat

Karl Eduard Vehse

Der Hof zu Weimar privat

Von Herzog Wilhelm
bis zur Goethezeit

Anaconda

Textgrundlage dieser Ausgabe ist der Band *Der Hof zu Weimar von Herzog Wilhelm (1640) bis auf Carl Alexander (1853). Mit besonderer Berücksichtigung und eingehender Darstellung der Glanzperiode zur Zeit Goethes und Schillers. Aktenmäßige Mitteilungen von Dr. Ed. Vehse.* Leipzig: Victor Dietz o. J. [um 1855]. Orthographie und Interpunktion wurden unter Wahrung von Lautstand und grammatischen Eigenheiten der neuen deutschen Rechtschreibung angepasst. Die Einrichtung des Textes übernahm Dr. Jan Strümpel, Göttingen.

Die Deutsche Nationalbibliothek verzeichnet diese Publikation in der Deutschen Nationalbibliographie; detaillierte bibliographische Daten sind im Internet unter http://dnb.d-nb.de abrufbar.

Umschlagmotiv: Georg Melchior Kraus (1737–1806), »Ansicht des Herzoglichen Schlosses zu Weimar von der Morgenseite« (1805), Kunstbibliothek, Staatliche Museen zu Berlin,
© bpk / Kunstbibliothek, SMB
Umschlaggestaltung: dyadesign, Düsseldorf, www.dya.de
Satz und Layout: paquémedia, Ebergötzen
Printed in Czech Republic 2011
ISBN 978-3-86647-586-1
www.anacondaverlag.de
info@anaconda-verlag.de

Inhalt

Vorwort und Einleitung

Nächst dem Berliner Hofe gibt es keinen Hof in Deutschland, dessen wir Deutsche uns dem Ausland gegenüber mit gerechterem Selbstgefühl berühmen könnten als den Hof von Weimar: Diese beiden jetzt auch verwandtschaftlich so eng verbundenen Höfe haben in neuern Zeiten eigentlich den deutschen Namen erst wieder zu Ehren gebracht. Wie wir der Dynastie der Hohenzollern den unvergesslichen Dienst des starken Schutzes des Protestantismus und mit dem Protestantismus der Toleranz und der Aufklärung verdanken, verdanken wir den Wettinern in Weimar den sanften und stillen Schutz der unter dem Panier der Aufklärung wiedererwachten Nationalliteratur. Von Norddeutschland, von Berlin und Weimar aus hat, was immer heutzutage von Bildung im Großen und Ganzen unter uns lebt, seinen Ausgang genommen.

Diese hervorragende Stellung des Hofes von Weimar veranlasst mich, in der Darstellung der Höfe des Hauses Sachsen diesem Hof die Oberstelle einzuräumen: Er ist weithin der interessanteste unter allen sächsischen Höfen. Die Erscheinung, die wir bei den beiden Häusern der Hohenzollern und Welfen antreffen, dass in ihnen gerade die Cadets es waren, die sich nicht nur zu größerer Macht, sondern auch zu größeren Ehren heraufarbeiteten, diese Erscheinung finden wir in dem Hause der Wettiner nicht: Die Cadets erlangten hier zwar nach dem Mühlberger Glück die Kur und nach dem Unglück von Jena sogar die königliche Krone, aber die größere und tüchtigere Lebenskraft verblieb hier der älteren Branche, und sie bewährte diese Kraft und erlangte dadurch größere Ehren: Sie enthielt sich nicht nur des traurigen Rezidivs in den Katholizismus, das die jüngere Branche von Land und Leuten isoliert hat, sondern sie bewahrte sich auch den Mut, recht frühzeitig in weltlichen Angelegenheiten die blinde Autorität und den Schlendrian zu verlassen. Die berühmte Erklärung des neunzehnjährigen Carl August von Weimar: »Das Urteil der Welt, welches vielleicht missbilligt, dass ich den Dr. Goethe in mein wichtigstes Kollegium setze, ohne dass er zuvor Amtmann, Professor, Kammerrat und Regierungsrat war, ändert gar nichts. Die Welt urteilt nach Vorurteilen. Ich aber sorge und arbeite, wie jeder andere, nicht um des Ruhmes, um des Beifalls der Welt willen, sondern um mich vor Gott und meinem eignen Gewissen rechtfertigen zu können« – diese berühmte Erklärung bekundet hinreichend die tüchtigere Kraft und den größeren Mut. Die öffentliche Meinung Europas ist auch seit lange her sehr sicher dafür entschieden, die größeren Ehren dem Hofe von Weimar zuzugestehen, trotz dem, dass der Hof von Dresden noch einen Teil der auf Kosten der älteren Branche erworbenen Macht hat. Wäre die öffentliche Meinung diesem letzteren Hofe so mächtig zur Seite gestanden, so würde er noch die ganze Macht besitzen.

Der preußische Hof und der weimarische Hof sind die vorzugsweise gebildeten Höfe Deutschlands: Diesem Umstand ist zuzuschreiben, dass über sie, was die neuere und neueste Zeit betrifft, das größte Licht ausgebreitet ist, und sie haben wahrlich dieses Licht nicht zu scheuen. Im Gegensatz zu anderen Höfen, die ängstlich das Licht, das ihre früheren Zustände notdürftig erhellt, verdecken, können solche Höfe wie der preußische Hof und der weimarische Hof auch das stärkste Licht, das sie den Augen der Welt darstellt, vertragen, unerachtet der Natur der Sache gemäß mit diesem starken Licht starke Schatten vergesellschaftet sind. Wie man Menschen nur dann recht lieben kann, wenn man sie recht genau kennt, mit allen ihren Vorzügen und Gebrechen, so werden auch Höfe und Dynastien nur dann recht geliebt werden können, wenn man eine möglichst vollständige Kenntnis davon hat, wie und auf welche Weise Licht und Schatten sich bei ihnen mischen.

Eben dadurch bewährt sich die rechte Liebe, dass man trotz der Mängel liebt, und nur die Liebe ist die rechte und die verlässlich sichere, die nicht blind ist.

Der weimarische Hof hatte schon in Carl Augusts Großvater Ernst August, welcher die Schlösser Belvedere und Dornburg gebaut hat, ein sehr merkwürdiges Regentenexemplar: Sein Konterfei ist aus den Memoiren des Barons von Pöllnitz und der Markgräfin von Bayreuth, demnächst aus mehreren seiner Reskripte zu entnehmen, die er in sein Land ergehen ließ. Den Glanzpunkt der Darstellung des weimarischen Hofs bildet die Regierungszeit Amalies und Carl Augusts, die schöne

Zeit, die mit der Genieperiode anhebt und fast bis zu Goethes Tod geht. Über Amalie als Vormünderin habe ich zufällig ein recht interessantes Genrebildchen entdeckt, das diese muntere Dame in ihrer frühesten Zeit auf einem weimarischen Maskenball darstellt. Über die Genieperiode, die französische Periode und die Altersperiode Carl Augusts nach dem Wiener Kongress ist ein fast überreiches Licht ausgegossen worden durch die neuerlich in Masse publizierten Korrespondenzen und einige Memoiren. Es ragen unter diesen hervor: die Briefe Goethes an Frau von Stein, die Korrespondenz Schillers mit Körner, Jean Pauls mit Otto, die Briefe Herzog Carl Augusts an Merck, die Nachlässe Knebels, der Frau von Wolzogen, Böttigers usw., die Erinnerungen des Kanzlers Müller usw. Über die neueste Zeit gibt Professor Stahrs sehr angenehm geschriebenes Tagebuch aus Weimar manche interessante Züge. Ich habe für diese neueste Zeit auch einige mündliche Mitteilungen benutzt, die ich erlangt habe. Ich habe aber die Tatsachen, die mir von wohlunterrichteten Augen- und Ohrenzeugen mitgeteilt wurden, nicht sofort auf Treu und Glauben angenommen, sondern sie mit den Äußerungen anderer wohlunterrichteter Augen- und Ohrenzeugen verglichen, und nach dieser Vergleichung bin ich der einzigen Richtschnur gefolgt, die ein Historiker bei sich entgegenlaufenden Berichten befolgen kann, nämlich der inneren Wahrscheinlichkeit der einzelnen Fakten nach der Situation der Umstände und Verhältnisse und ganz besonders nach den Charakteren der handelnden Personen. Da alle geschichtlichen Quellen zuletzt nur auf Mitteilungen von Augen- und Ohrenzeugen der Begebenheiten beruhen, so ist es kurios, wenn man verlangen will, dass man nur geschriebenen Quellen, am liebsten gar nur geschriebenen Quellen in den Archiven folgen soll: Die geschriebenen Quellen sind doch früher einmal ungeschriebene gewesen, ursprünglich notwendig auch nur sinnlich mit den Ohren und Augen aufgefasste Tatsachen, und was die Archive betrifft, so kann ich, der ich eine lange Reihe von Jahren im Dresdner Staatsarchiv gearbeitet habe, unbeschadet meines Archivar-Eids versichern, dass es unmöglich ist, aus archivalischen Quellen allein und ausschließlich Geschichte zu schreiben: Die Dinge ereignen sich in der Welt oft ganz anders, als sie in den offiziellen Schriften dargestellt werden. Alle welterfahrenen Leute wissen das auch nur zu wohl, einzelne dieser welterfahrenen Leute wollen aber andere nicht welterfahrene glauben machen, dass dem nicht so sei.

Welterfahrenen Leuten von der zuletzt angedeuteten Klasse liegt es sehr nahe, Ausstellungen bei einem Werke wie die deutsche Hofgeschichte ist zu machen, das allerdings manche Interessen verletzt, aber vorsätzlicherweise gewiss nur heutzutage ganz unberechtigte Standesinteressen. Man hat mir zuschreiben wollen, ich liebe den Adel nicht, ich habe aber bestimmt ausgesprochen, dass ich den englischen Adel liebe, weil er der einzigen wahren Adelsvorschrift gemäß lebt: »Nobilité oblige.« Dass es in jedem, aber jedem kultivierten Lande einen Adel geben wird, dass man ihn nicht abschaffen kann, weiß ich nur zu wohl, denn ich bin ein ganzes Jahr lang in Amerika gewesen und habe mich recht wohl überzeugt, dass in diesem höchst respektabel republikanischen Lande eine nicht immer sehr respektable, aber sehr starke Geldaristokratie existiert, die freilich gar keine politische Macht, nur eine gesellschaftliche hat. Ich achte und ehre viele Individuen in dem deutschen Adelsstand, wenn ich auch gleich nicht verkennen kann, dass der Stand als solcher dem englischen nicht gleichkommt. Viele gerade meiner näheren deutschen Freunde sind von Adel.

Dass ich bei einem so großen Reichtum von Detail mich unterweilen in einzelnen Tatsachen habe irren können, begreift sich, und ich habe, wenn mir Berichtigungen zugingen, gewiss nicht gesäumt, sie sofort zur öffentlichen Kenntnis zu bringen. Ich gehöre nicht zu denen, welche sich aus einer sehr kleinlichen Eitelkeit schämen, einzugestehen, dass sie geirrt haben, und ich habe ein zu lebhaftes Wahrheits- und Billigkeitsgefühl, um Personen, die irgendwie verletzt sind, nicht unverzüglich eine Ehrenwiederherstellung zukommen zu lassen. Vage Verdächtigungen aber über Glaubwürdigkeit der Dinge, die ich, ohne jedes Mal eine Buchquelle zu nennen, anführe, sollten gescheite Leute nach ihrem leicht erkennbaren Werte wägen. »In generalibus latet error«, sagt schon Baco. Wer Ausstellungen macht, der spezialisiere.

Was die Glaubwürdigkeit betrifft, so entschuldige ich mich nicht selbst, weil ich mich nicht anschuldigen will, ich entschuldige mich durch andere, und unter diesen anderen nenne ich einen, den man hoffentlich für einen Unparteiischen halten wird. Dieser Mann gehört einem anderen Lande an, und ich lasse von ihm, der mit Personen aus den höchsten Ständen in der Intimität lebt und die Welt, wie sie jenseits des Kanals ist, sehr wohl kennt, ein paar Worte über die Glaubwürdigkeit hier folgen. Thomas Carlyle schrieb mir unterm 11. Oktober 1853 aus London: »Since I saw you last year in Dresden, I have been reading a great many of your books; finding in them, as all the world does, abundant entertainment and endless matter of reflexion. It is very surprising to me how you have contrived to amass such a quantity of floating information on things seldom formally recorded; and how correct it all is, at least how correct our British part of it is, which I naturally take as a sample of the whole.«

Der Kuriosität der Ausdrucksweise wegen, wahrlich nicht aus Ruhmredigkeit, will ich bei dieser Gelegenheit noch ein paar Worte aus noch einem anderen Lande folgen lassen, die ich schon längst hätte abdrucken lassen können, wenn mich dies so stark tentiert hätte. Heinrich Heine schrieb unterm 7. Juni 1852 aus Paris nach Hamburg: »Ich habe die Bände von V. mit der größten Gier durchgelesen. Dies Buch ist für mich wahrer Kaviar. Jetzt fange ich an zu glauben, dass wir Deutschen einmal eine ordentliche Nationalgeschichte bekommen werden. Vs. Buch ist der Anfang. Sein Verdienst ist ungeheuer und der Gewinn des Verlegers wird es ebenfalls sein. Nachahmungen werden wie die Pilze hervorschießen.* Der Weg ist gebahnt und die Deutschen bekom-

* Diese Vermutung ist in Erfüllung gegangen. Crusenstolpe in Stockholm hat in seinen »Höfen Europas« die deutschen Hofgeschichten zugrunde gelegt.

men endlich ihre Fürsten von Angesicht zu Angesicht zu sehen. Jeder in seiner Art von verschiedenem Charakter, abgeschlossen und vollendet, wahre Meisterstücke des lieben Gottes, dessen dichterische Schöpfungskraft, dessen Autorgröße hier im klarsten Lichte erscheint und uns zur Bewunderung hinreißt. Diese Fürsten, die macht ihm keiner nach, kein Shakespeare und kein Raupach, da sehen wir den Finger Gottes!«

Die herzoglich sächsischen Höfe
bis zur Teilung von Weimar und Gotha

Das kleine Land, das dem unglücklichen, großmütigen Kurfürsten Johann Friedrich nach der Mühlberger Niederlage in der Wittenberger Kapitulation 1547 angewiesen wurde gegen den der jüngeren albertinischen Branche in der Person des Kurfürsten Moritz abgetretenen sehr ansehnlichen Landbesitz, umfasste die vier thüringischen Ämter Weimar, Gotha, Eisenach und Jena. Hierzu kam noch das fränkische Coburg, das Johann Friedrichs Bruder Johann Ernst besessen hatte, der 1553 ohne Erben mit Tode abging. Im Naumburger Vertrag mit Kurfürst August zu Sachsen erhielt Johann Friedrich noch Altenburg zugelegt. Endlich erhielt das ernestinische Haus noch nach dem Absterben der Grafen von Henneberg 1583 5/12 dieser Grafschaft. Wenige Tage nach Abschluss des Naumburger Vertrags starb der großmütige Johann Friedrich, einundfünfzig Jahre alt, 1554. Er war der Stifter der Universität Jena.

So klein das Land war, so teilten sich nach der alten, grundschädlichen deutschen Fürsten- und Adelssitte Johann Friedrichs Söhne doch wieder. Johann Friedrich der Mittlere erhielt Gotha, Johann Wilhelm Weimar. Johann Friedrich der Mittlere war unglücklicher noch als sein Vater. Er verlor durch die Grumbach'schen Händel

1567 sein Land, ward gefangen und starb in der Kustodie in Österreich 1595. Seine erste Gemahlin Agnes war die Witwe des Kurfürsten Moritz von Sachsen, eine hessische Prinzessin, die zweite, die das Gefängnis mit ihm teilte, Elisabeth, Tochter Kurfürst Friedrichs III. von der Pfalz. Die Schwester derselben war mit Johann Friedrichs Bruder Johann Wilhelm vermählt, der 1573 starb.

Es entstand nun durch Johann Friedrichs Söhne Johann Casimir und Johann Ernst eine fränkische Linie der Herzoge von Sachsen in Coburg und durch die Söhne Johann Wilhelms Friedrich Wilhelm und Johann eine thüringische in Weimar.

Wie es in diesen kleinen sächsischen Hofhaltungen mit der Hofwirtschaft beschlagen gewesen sei, ergibt sich aus einem sehr lehrreichen, wie es scheint von Spittler aufgrund der Akten verfassten Aufsatz:

»Schon Johann Friedrich der Mittlere (der in der Kustodie starb) befahl am 16. März 1561 seinem Hofmarschall Caspar von Göttfarth und seinem Rat Eberhard von der Tann, dass sie sich zusammensetzen und ihr Bedenken zu Papier bringen sollten, auf was für Maße die Hofhaltung einzuziehen, was an Pferden, Gesinde, Handwerkern abzuschaffen, wie die überflüssigen Ausgaben einzuziehen und also hauszuhalten sei, damit man beim Einkommen bleiben und der Schulden überhoben sein könne.

Die redlichen Hofmänner nahmen nun die alte Hofordnung vor sich, gingen sie durch und machten ihre Anmerkungen. Sie übereilten sich dabei nicht und brachten sieben Monate damit zu, ehe sie solche überreichten. Sie fanden, dass die alte Hofordnung sehr vernünftig und vorsichtig gestellt, aber in einigen Stücken nicht gehalten worden, in andern notdürftig zu ändern sei. Es fand sich, dass insgemein und ungefähr über achtzig Tische täglich in die 400 Personen am Hofe speisten, diese kosteten allein in Küche und Keller zu unterhalten, ohne den Zuschlag und Gastereien, jährlich 46.800 Gulden. Es fand sich unter andern auch, dass unter dem Herrn Großvater und Vater nicht mehr als ein Hofschneider gebraucht worden, jetzt selten unter dreißig und dass sie in der Hofstube drei Tische besetzten. Alle Punkte des Hofwesens wurden genau durchgegangen, erwogen und mit dienlichen Vorschlägen so versehen, dass sie zum Fundament der neuen Hofreformation gelegt werden könnten.

Allein die aufgelaufenen fürstlichen Kammerschulden verraten, dass gleichwohl die fürstlichen Ausgaben größer als die Einnahmen gewesen. Es muss also diesen Hofordnungen entweder an der gehörigen Beobachtung oder an zulänglicher Verfassung gefehlt haben. Sie bestärken die traurige Wahrheit, dass die Höfe nicht so geschwind und leicht aus der Verwirrung herauskommen, als sie hineingeraten sind. Die beiden Herren fürstlich coburgischer Linie Johann Casimir und Johann Ernst haben trotz ihrer erneuerten Hofordnungen von 1574, 1607 und 1636 ihren Herren Vettern 1638 fast 1 1/2 Million Gulden an Schulden zur Verteilung hinterlassen.«

Der eben genannte Herzog Johann Casimir zu Coburg war der Schwiegersohn des Kurfürsten August von Sachsen, der dadurch berühmt geworden ist, dass ihm der galante welsche Graf Hieronymo Scotto, mit dem er geheime Künste trieb, die junge Gemahlin Anna verführte: Die Ehe ward geschieden, und Anna starb nach zwanzigjährigem Arrest auf der Veste Coburg 1613. Der Herzog war ein seinem Vetter in Dresden Johann Georg I. ebenbürtiger Liebhaber des edeln Waidwerks. Unterm 30. März 1613 schrieb er ihm einmal ein Dankschreiben, das von seinem Humor Zeugnis gibt:

»E. L. angenehmes eigen Handschreiben habe ich samt den verehrten Mützen und Handschuhen von Otterhäuten und der bibernen Mütze wohl empfangen, tue mich demnach solches seltsamen und wohl zusammengerichteten, gar angenehmen Winter- und recht jägerischen Habits ganz freundlichen bedanken, welches ich von E. L. wegen zukünftiger Gott helfenden Winterjagd zeitlich führen will. Der dicke Hund hat den gnädigen Gruß von E. L., auch Stoffel Jäger ein groß Glas mit Wein und der Zwerg Jäcklein dabei eine gute Maulschellen, der er sich fast beschweren wollen, empfangen, und ist das Männlein einen Weg wie den andern noch immer unnütz, wie dergleichen kleinen Leuten ihre Art, habe ihn auch vertröstet, wenn wir mit Gott zusammenkommen, dass die vorgesandte Maulschellen bei E. L. Zins tragen und ihm vollkömmlich widerfahren soll.«

Dieser jagdlustige Herr zu Coburg starb 1633 und fünf Jahre nach ihm Johann Ernst zu Eisenach; mit ihm ging die fränkische Linie aus.

»In der thüringischen Linie im weimarischen Hause ging es nicht viel besser als in der coburgischen her, ohngeachtet Herzog Johann Wilhelm schon 1570 den Anfang zur Einziehung seines Hofes dergestalt machte, dass er, anstatt der bisher am Hof gespeisten 376 Personen nur 238 und von seinen reisigen Pferden nur 80 behielt. Diese neue Hofordnung hielt zwar den Geist der alten Unordnung im Zaum, aber unter einem jungen und feurigen Herzog nahm der Glanz des fürstlichen Hofwesens von neuem zu und die Mittel, ihn zu unterhalten, von Tag zu Tage ab. Ehe man sich's versah, gesellte sich die Dürftigkeit wieder zur Hoheit. Dieses geschah dem Herzog Friedrich Wilhelm zu Weimar.

Dieser berühmte Fürst, der sonst unter dem Namen des Kur-Administrators in den sächsischen Geschichten vorzüglich bekannt ist, trat 1586 (vierundzwanzigjährig) seine Regierung in den blühenden Jahren an, wo die Leidenschaften ihre größte Stärke und Gewalt äußern und der Überlegung gar selten Platz lassen. Er hatte großen Verstand und das beste Herz, aber ein so leichtsinniges Gemüt, dass er sich aus seinen Einkünften so wenig als aus seinen Schulden etwas machte, einen prächtigeren Hof hielt, als sein Vermögen verstattete, nie vor den andern Morgen sorgte und nur auf den sinnlichen Genuss seiner Hoheit dachte. Er war der redlichste und ehrlichste und dabei leutseligste und gnädigste Herr, aber der nachlässigste Haushalter über seine fürstlichen Einkünfte. Diese reichten kaum zum nötigen Aufwand, er war aber zu großmütig, als dass er die überflüssigen Diener und Rittmeister, die sein Vater Johann Wilhelm bei seinen französischen Feldzügen gebraucht hatte, verstoßen sollte, ob ihm gleich das Geld dazu fehlte, er sie auch sonst nicht zu brauchen wusste; das litt sein Herz und die Ehre seines Hauses nicht. Das Borgen und Verborgen war sein tägliches Geschäft. Er betrog niemanden, wurde aber wacker betrogen. Es lief bei aller seiner natürlichen Neigung, jedermann zu dienen und gefällig zu sein, auch sehr viel Eitelkeit mit unter, indem er zuweilen Gelder erborgte, um sie dem Könige in Frankreich und seinen Herren Vettern in Coburg wieder leihen zu können: Er dachte sich dadurch ein Ansehen zu machen, musste die Gelder schwer verzinsen und setzte dabei seinen Kredit und guten Namen aufs Spiel. Sein uneigennütziges Wesen zeigte sich am besten bei der Verwaltung des Kurfürstentums und machte ihm viel Ehre, er nahm sie aber besser als die Regierung seines Landes in acht, borgte auch aus der kurfürstlichen Rentkammer in den zehn Jahren seiner Administration nach und nach mehr nicht als 10.000 Gulden. Die Vermahnungen seiner Räte und die Klagen seiner fürstlichen Kammer über den Unrat seines Hofes, seiner Maler und Drechsler hörte er allezeit sehr gnädig an, leugnete auch nicht, dass es in vielem anders sein könnte; er dachte aber an keine Änderung, ohnerachtet er sie versprach. Er wusste, dass diese Sprache schon am Hofe seines Vaters und Großvaters Mode gewesen und dass derselbe doch bestanden: Daher hoffte er es auch wohl noch auszuhalten, ohne seinen Favoritneigungen wehe zu tun. Diese gingen nun sonderlich auf das Bauen, Jagen, Reisen, Gastieren, Anschaffen kostbarer Pferde, Gemälde, Juwelen und anderer Dinge, woran gemeiniglich die Eitelkeit der Jugend ihre Lust findet, vornehmlich aber aufs Spielen und Verschenken. Dabei vertat er mehr, als sein Land vermochte.

Seine Räte versahen es, dass sie den Rechnungsbeamten nicht fleißig nachsahen, die Ämter- und Hofrechnungen zusammenkommen ließen, ihre Abhörung und Berichtigung von einem Jahr zum andern versparten und hernach nicht mehr wussten, wo sie zu Haus waren und wo sie anfangen sollten.

Der Schade, worein der Herzog in den ersten drei Jahren seiner Regierung geriet, belief sich über drei Tonnen Goldes, dabei war er ebenso gleichgültig, als wenn er eine Partie im Schach verlor. Den letzten Sommer musste er noch zu allem Einkommen, Land- und Tranksteuer, auf über 80.000 Gulden borgen.

Seinen Räten und sonderlich dem Kanzler war dabei nicht wohl zumute. Dies war Dr. Marcus Gerstenberg*. Ihnen wurde allmählich bange, sie möchten von des Herzogs Bruder Johann darüber zur Rechenschaft gezogen werden, da er das zwanzigste Jahr erreicht und nach dem 1587 gemachten Vergleiche der Schuld halber auf eine Sonderung dringen konnte. Sie hatten es auch wirklich Ursach. Ihre Saumseligkeit bei Abhörung und Durchgehung der Rechnungen war wenigstens Schuld daran, dass sich der herrschaftliche Unrat in einem fort gehäuft, ohne dass sie und der Herzog eigentlich wissen konnten, wo er stecke, wie weit er gekommen und wiefern er noch zu hemmen sei etc. etc.

Am 21. Juni 1590 ward ein Vergleich zwischen den beiden Brüdern errichtet.« Der künstliche Anstrich des neuen Schuld-Gräuels zeigte, dass er von Gerstenbergs geschickter Hand ist. Es hieß da unter andern: »Das

* Er starb 1623 als Geheimer Rat bei Kurfürst Johann Georg I. von Sachsen, in Weimar und Altenburg sehr reich mit Gütern angesessen – mit seinen Söhnen erlosch 1657 sein Geschlecht wieder.

Fürstentum der beiden Herren Brüder sei noch mit etlichen alten Schulden beladen, welche mehrenteils noch von alters her auf der Rentkammer verschrieben gewesen, einesteils auch bisher zu Erkaufung etlicher Güter, Verfertigung der Gebäude, Reisen Herzog Johanns, angewandten Anlehen u. dergl. fürgenommen worden etc. Man habe sich brüderlich verglichen, dass kein Teil ferner Schulden machen wolle etc., man habe sich aller unnötigen Ausgaben gänzlich entschlagen und darauf die Steuer, so von der Landschaft verwilligt, dergestalt ausgesetzt, dass solche etc. zur Bezahlung der Schulden gebraucht werden sollten etc. etc.«

Die coburgische oder fränkische Linie starb 1638 während des dreißigjährigen Krieges aus und ihre, wie erwähnt, mit fast 1 1/2 Million Gulden Schulden beschwerten Besitzungen fielen der thüringischen Linie zu. Diese thüringische Linie teilte sich zuerst in die Linien Altenburg und Weimar, von denen die erstere, deren Stifter der geschilderte Friedrich Wilhelm I. war, 1672 mit Friedrich Wilhelm III., seinem Enkel, ausstarb.

Zwischen Friedrich Wilhelm I., dem Stifter der Linie Altenburg und der Kur Sachsen Administrator und Friedrich Wilhelm III., mit dem die Linie Altenburg ausging, liegt ein Friedrich Wilhelm II., der während der Zeiten des dreißigjährigen Kriegs 1639–1669 regierte. Dass das Wohlleben an seinem Hofe nach den Kriegsdrangsalen und mit wiederhergestelltem Frieden wieder in vollem Zuge gewesen sei, bezeugt ein drolliges Dokument, das ein Brandenstein ausstellte, darin er sich reversierte, sechs Wochen lang weder zu Altenburg noch anderweit »nicht mehr sich zu betrinken«:

»Demnach ich Endes Verzeichneter wegen gestrigen übertriebenen Trunks, wodurch ich leicht um Leib und Leben, meinem armen Weib und Kind zum höchsten Schaden hätte kommen sollen, mich nunmehr resolviert habe, zwischen hier und Jacobi (25. Juli) mich mit dergleichen Laster niemals zu überladen, auch zu desto steifer und fester Haltung derselben, da ich mich etwa binnen dieser Zeit dazu veranlassen dürfte, verpflichte ich mich zu allenmalen ein paar gute Maulschellen von meinem gnädigen Herrn, oder weme es ihre F. G. jemandes von den ihrigen anbefehlen wollte, zu erhalten, oder mich sonsten mit einer ungewöhnlichen adelichen Strafe belegen zu lassen. Zu mehrerer Bekräftigung habe ich solches eigenhändig unterschrieben. Altenburg, den 9ten Juni 1652.

Dabei ist zu gedenken, dass, wenn es auch anderweit geschehen sollte, ich mich gleichwohl zu ebenmäßiger Strafe erkenne.

(L. S.) Wolf Dietrich von Brandenstein.«

Während die Linie Altenburg ausstarb, blühte Weimar fort und teilte sich mit den Söhnen Herzog Johanns, der 1605 starb, Wilhelm und Ernst dem Frommen in die zwei noch blühenden Häuser: Weimar und Gotha.

Herzog Wilhelm von Weimar und Herzog Ernst der Fromme hatten noch neun Brüder, und unter diesen ward ein Prinz mit dem Unglücksnamen Johann Friedrich in ganz besonderer Beziehung tragisch merkwürdig: Er ward noch unglücklicher als sein in der Kustodie in

Österreich gestorbener Großoheim und sein bei Mühlberg gefangener Urgroßoheim. Röse, der Biograph Herzog Bernhards, hat auch von ihm eine Biographie geliefert.

Wie Herzog Ernst sich durch seine Frömmigkeit auszeichnete, wurde Johann Friedrich gerade durch das Gegenteil berüchtigt. Er gehörte zu denen, die, wie der französische Marschall von Luxemburg, ein Pactum mit dem Teufel nach der Volksmeinung abgeschlossen hatten und die, wie die superstitiöse Sprache jener Zeit es ausdrückte, der Teufel denn auch wirklich holte. Dieser Johann Friedrich von Weimar war geboren 1600 und widmete wie seine Brüder im Anfang des dreißigjährigen Kriegs seinen Degen der Sache der Protestanten. Auf seinen Erbgütern Ichtershausen, Reinhardsbrunn und Tambuchshof ergab er sich der schwarzen Kunst, mied den Umgang mit seinen Brüdern und den öffentlichen Gottesdienst, ging nie zum Abendmahl, bestritt die Fortdauer der Seele nach dem Tode und meinte, das Dasein eines Gottes lasse sich nicht beweisen. Er las die Schriften des Paracelsus, Cardanus und anderer Magier, suchte sich alle Zauberbücher und Segenssprüche zu verschaffen, mittelst welcher er die Stärke von zwölf Mann gewinnen, sich schussfest und unsichtbar machen wollte und gab sich diesen und andern geheimnisvollen Praktiken oft bis zwei Uhr Nachts hin. Zuletzt dingte er geradezu den Teufel, vorderhand wahrscheinlich nur nach der in Fausts Höllenzwang und ähnlichen Büchern enthaltenen Anweisung, wobei die Seele nicht Gefahr laufe, wenn man nur vorsichtig sei. Im Jahre 1625 trat er in die Dienste König Christians IV. von Dänemark, der damals den Oberbefehl der Protestanten gegen Kaiser und Liga führte und in dessen Heere sich bereits sein älterer Bruder Johann Ernst und der jüngste, der berühmte Bernhard befanden. Bei einer Aufwartung in den Gemächern des Königs bekam er mit seinem Bruder Bernhard und dem Pfalzgrafen von Birkenfeld ärgerliche Händel, sodass Johann Ernst, als dänischer Generalleutnant, vom König angewiesen wurde, ihn zu verhaften. Johann Friedrich, der die verlangte Ablieferung des Degens für eine unaustilgbare Schande ansah, wehrte sich wie ein Verzweifelter und versuchte sogar zuletzt in die Weser zu springen. In einer sofort aufgesetzten schriftlichen Eingabe an den König klagte er seinen Bruder an, mit ihm wie mit einem Hunde, nicht wie mit einem Kavalier umgegangen zu sein, und setzte bei, da man ihm seine Ehre geraubt, solle man ihm lieber vollends den Kopf vor die Füße legen, die Urheber der Tat aber hätten es zu verantworten, dass es mit ihm aufs Äußerste gekommen und er nun des Teufels werden müsse.

Infolge dieses Auftritts wurde Herzog Johann Friedrich vom protestantischen Heere weggeschickt, wo ohnehin schon schlimme Gerüchte über seinen Umgang mit dem Teufel ihn verrufen gemacht hatten. Er kehrte nun nach Ichtershausen zurück. Hier versank er in düstere Schwermut und in körperliches Leiden, sodass er sich, einem Briefe an seinen Bruder Herzog Wilhelm zufolge, den Tod wünschte. Er machte einen vereitelten Versuch, zu dem katholischen Heere zu entfliehen, wobei ein Mensch von ihm niedergestoßen wurde. Er schoss mehrere Male auf die Bauern in Ichtershausen und beging andere von halbem Wahnsinn zeugende Streiche. Endlich gelang es ihm im April 1627, zu den Ligisten zu entfliehen. Aber auch hier geriet er, und zwar gleich im Augenblick seiner Ankunft, in Händel und stieß einem Offizier den Degen durch den Leib. Tilly ließ ihn nach der Festung Erichsburg im Fürstentum Calenberg bringen, was wieder nur unter wütendster Gegenwehr von seiner Seite vollzogen werden konnte. Der Hof zu Weimar erwirkte hierauf seine Auslieferung von Tilly. Man brachte ihn nach Thüringen und wies ihm vorerst in dem ehemaligen Kloster Oldisleben ein Gefängnis an. Hier stand er einmal vom Bett auf, sah in die Winkel des Zimmers, murmelte in einen jeden derselben unverständliche Worte hinein, sprach leise zum Fenster hinaus und horchte aufmerksam wie in Erwartung einer Antwort. In der darauffolgenden Nacht hörten die Wächter ein starkes Toben unter dem Gefängnis. Der Herzog aber äußerte sich am Morgen lachend gegen die Aufwärter über das Geräusch und schüttelte seine Ketten mit Gewalt. Zur Ruhe ermahnt, sagte er: »Es soll und muss so sein, ich will euch sagen, warum ich solches tue. Man hat mir vergangene Nacht zugerufen, ich solle mich losmachen, sonst würde ich für einen schlechten Kerl gehalten.« Gegen Abend, als er sich vor der Belauerung sicher glaubte, hüllte er sich in seinen Mantel ein, winkte mit Kopf und Händen nach dem Fenster und gebärdete sich so, als ob jemand neben ihm sitzend mit ihm spräche. Darauf ordnete der Beichtvater eine Betstunde in der Wachtstube an. Wie man die Worte sang: »für dem Teufel uns bewahr«, sprang der Herzog wütend auf und tobte. Später rief er den Bösen oftmals unter dem Namen Hippokras oder Herman, und wenn derselbe nach seiner Meinung sich eingefunden hatte, überschüttete er ihn mit Vorwürfen. Der Oberaufseher, ein Herr von Sandersleben, bezeugte, dass er einst einen heftigen Streit zwischen dem Gefangenen und dem Unsichtbaren in französischer Sprache gehört habe, der anhielt, bis der Beichtvater wiederum eine Betstunde anordnete. Beim Gesang »Gott der Vater wohn' uns bei« sei dann der Herzog wiederum wie rasend gegen die Türe gerannt.

Von Oldisleben ward Johann Friedrich im Verlauf einiger Wochen nach Weimar versetzt. Für seinen neuen Kerker wurden neun Bürger vereidigt, ihn bei Todesstrafe zu bewachen, alle seine Reden und Bewegungen zu beobachten und bis zu seiner Todesstunde nichts von dem, was sie vernehmen würden, jemand anders als ihren Vorgesetzten zu offenbaren. Die Wachtstube ward mit Kanzel und sonstiger Einrichtung für den Gottesdienst versehen und von nun an täglich von den Geistlichen Beschwörungsformeln abgelesen, gepredigt, gebetet und gesungen. Der Gefangene antwortete auf dieses alles bald mit Hohn, bald mit Zorn. Er zerriss mehrere Male die schweren Ketten, die man ihm angelegt hatte. Endlich im Oktober 1627 legte er das Geständnis ab, sich dem Teufel mit seinem Blute verschrieben zu haben. Am andern Morgen fand man ihn tot, mit dem Gesicht gegen die Erde gekehrt, in gekrümmter Stellung, eine blutende Wunde in der Seite.

Die Wächter des Herzogs wurden sofort am weimarischen Hofe in Dienst aufgenommen, was verschiedenen

Auslegungen über die wirkliche Art seines Todes Raum lässt. Das Haus, wo er gestorben war, blieb bis auf die neueste Zeit verrufen wegen seines umwandelnden Gespensts, das das löschpapierene Gesicht im Volke genannt wurde.

Ich kehre nun zu den Brüdern dieses unglücklichsten unter den drei Johann Friedrichen zurück, zu denen, von denen die jetzt noch bestehenden ernestinischen Häuser Sachsens ihren Ursprung ableiten.

Stifter des Hauses Weimar war Herzog Wilhelm, der bis 1662 regierte. Seine Nachkommen teilten sich wieder in die drei Linien Weimar, Eisenach und Jena. Jena starb aus 1690, Eisenach 1741.

Stifter des Hauses Gotha war Herzog Ernst der Fromme, der bis 1675 regierte. Seine Nachkommen teilten sich wieder in sieben Linien Gotha, Coburg, Meiningen, Römhild, Eisenberg, Hildburghausen und Saalfeld. Von diesen sieben Linien starben vier wieder aus: Coburg 1699, worauf Saalfeld den Titel Coburg annahm, Eisenberg 1707, Römhild 1710 und Gotha 1825, worauf Coburg den Titel Coburg-Gotha annahm.

Der Hof
zu Weimar

Sachsen-Weimar

Herzog Wilhelm

gestorben 1662

Herzog Wilhelm, der Stifter des Hauses Weimar, geboren 1598, war ein Zwilling, sein Zwillingsbruder starb bei der Geburt. Seinen Vater Johann verlor er im siebenten Jahre, die Mutter Dorothea Marie von Köthen erzog ihn. Er war der fünfte von den elf Brüdern, die, was als größte Merkwürdigkeit auszuzeichnen ist, nacheinander geboren wurden und unter denen Ernst der Fromme, der neunte Bruder, der Stifter des Hauses Gotha, und der berühmte Bernhard von Weimar, der jüngste, elfte Bruder, den größten Namen sich machten, der achte Bruder mit dem Unglücksnamen Johann Friedrich aber durch sein tragisches Schicksal merkwürdig geworden ist. Neun Brüder, alle außer Ernst starben vor Herzog Wilhelm, außer Bernhard noch zwei im dreißigjährigen Kriege: der älteste Johann Ernst, der sich mit dem Grafen Mansfeld zu Bethlen Gabor gerettet, 1626 in Ungarn im Begriff, einen neuen Feldzug in Schlesien zu machen. Der dritte Bruder Friedrich focht ebenfalls bei Mansfeld und bei Braunschweig, als diese sich nach den Niederlanden warfen: Friedrich fiel auf dem Marsch dahin 1622 bei Fleury. Mit ihm hatte Herzog Wilhelm 1617 eine Reise nach den Niederlanden und 1618 nach Frankreich gemacht.

Auch Herzog Wilhelm wurde ein Hauptheld des dreißigjährigen Kriegs: Es leitete ihn, indem er seinen Degen der Sache der Protestanten widmete, die geheime Hoffnung, die Kur wieder erstreiten zu können. Er diente zuerst unter Kurfürst Friedrich von der Pfalz, König von Böhmen, und wohnte der unglücklichen Schlacht bei Prag bei, 1620: Er focht im Sterne des königlichen Tiergartens mit solchem Heldenmut, dass von den 2000 Mann seines Regiments Herzog von Weimar nur 26 Mann übrig blieben. Sodann focht Herzog Wilhelm in Gemeinschaft mit dem Grafen Mansfeld und dem Markgrafen Georg Friedrich von Baden-Durlach: Mit diesem wohnte er dem Treffen bei Wimpfen bei 1622. Darauf trat er in den Dienst Herzog Christians von Braunschweig, des bekannten abenteuerlichen Bischofs von Halberstadt. Gefangen bei dessen Niederlage 1623 bei Stadtlo im Stift Münster durch Tilly, ward er nach Neustadt bei Wien gebracht, 1625 aber nach siebzehn Monaten vom Kaiser durch des Kurfürsten von Sachsen Vermittlung nach getanem Fußfall – worauf er Kaiser Ferdinand II. bei der Tafel das Handtuch gereicht – wieder freigelassen und lebte seitdem ohne Teilnahme am Kriege in Weimar. Erst als 1631 Gustav Adolf nach Deutschland kam, verband er sich mit diesem nach dem Sieg bei Breitenfeld zu Halle, eroberte Erfurt und das Eichsfeld und nahm dann an dem Zug des Schwedenkönigs an den Lech, wo Tilly fiel, an dem Siegeseinzug in München und an dem blutigen Sturm des Lagers Wallensteins bei Nürnberg teil. Hier endeten die Kriegsunternehmungen Herzog Wilhelms, er begab sich seiner geschwächten Gesundheit halber zurück nach Erfurt, das Kommando seiner Truppen überließ er seinem Bruder Bernhard. Nach dem Tode Gustav Adolfs in der Lützner Schlacht ward Herzog Bernhard von Oxenstierna zum Herzog von Franken erhoben, Herzog Wilhelm erhielt das Eichsfeld. Aber nach dem Verlust der Nördlinger Schlacht 1634 trat Herzog Wilhelm dem 1635 von Kursachsen mit dem Kaiser geschlossenen Frieden zu Prag bei. Alle Pläne des weimarischen Hauses auf Ausdehnung seiner Macht in Thüringen und Franken vereitelte die Vergiftung des Helden Bernhard im Jahre 1639, eben als er sich ein neues Fürstentum im Elsass erkämpft hatte. Im westfälischen Frieden erhielt Weimar nichts, das Eichsfeld hatte wieder an das Erzstift Mainz gegeben werden müssen, dieses Erzstift erwarb auch 1664 den Hauptplatz Thüringens Erfurt.

Die Hauptperson, durch die die Geschäfte am weimarischen Hofe gingen, war der Geheime Rat Samuel Göchhausen, der 1658 starb, von der Familie, der die bekannte Hofdame unter Carl August und Goethe angehörte.

Vier Jahre nachher, 1662, starb Herzog Wilhelm vierundsechzig Jahre alt, nachdem er seit 1651 an die Stelle des 1618 durch Verwahrlosung eines Alchemisten abgebrannten Schlosses zu Weimar die Wilhelmsburg gebaut hatte, ein stattliches Schloss, mit Wällen, Außenmauern und Wassergräben umschlossen, das 123 Jahre gestanden hat und erst unter Carl August, ein Jahr ehe Goethe nach Weimar kam, 1774 abbrannte.

Herzog Wilhelm hinterließ von seiner Gemahlin Eleonore Dorothea von Dessau eine Prinzessin, die mit dem Herzog Moritz von Sachsen-Zeitz vermählt ward und vier Prinzen, von denen Johann Ernst in Weimar folgte; Adolf Wilhelm erhielt Eisenach, starb aber schon 1669, und nun fiel Eisenach an den dritten Bruder Johann Georg; der vierte, jüngste Prinz Bernhard ward der Stifter der Linie Jena, die schon mit seinem Sohn wieder ausging, worauf Jena 1690 an Eisenach kam.

Johann Ernst
1662–1683

Herzog Johann Ernst, geboren 1627, war der älteste Sohn und Nachfolger des Stifters des Hauses Weimar, Herzog Wilhelm. Sein Lehrer war der berühmte Friedrich Hortleder, aus dem Magdeburgischen gebürtig, der aus den Urkunden des weimarischen Archivs die Geschichte des schmalkaldischen Kriegs herausgab und als weimarischer Hofrat 1640 starb. Johann Ernst machte darauf 1646 mit seinem Hofmeister, dem nachmaligen Geheimen und Kammerrat Eustachius von Brink, die Reise durch die Niederlande, Frankreich und Italien, erkrankte aber zu Caen an den Blattern, und zwar zu derselben Zeit, als seine Geschwister dieselbe Krankheit zu Weimar überfallen hatte, was dazumal als ein Hauptbeweis von der Macht der Sympathie angesehen wurde.

Fünfunddreißig Jahre alt 1662, trat Johann Ernst die Regierung in Weimar an, regierte einundzwanzig Jahre und starb 1683. Eine Hauptfigur an seinem Hofe machte sein Geheimer Rat, der berühmte Rechtsprofessor und Ordinarius zu Jena Georg Adam Struve. Er ist der Ahnherr der in unsern Tagen vielgenannten deutsch-russischen Familie Struve. Er stammte aus dem Magdeburgischen von einem Mühlenvogt ab und war ein von den deutschen Fürsten weit und breit, wie später Pütter in

Göttingen, konsultierter Mann, der durch eine ungeheure körperliche sowohl als geistige Fruchtbarkeit sich einen Namen gemacht hat: Er hinterließ aus zwei Ehen sechsundzwanzig Kinder und dreißig Enkel, Bücher hat er noch ungleich mehrere hinterlassen. Er starb 1692, zwei Jahre nach dem Anfall von Jena an Weimar. Sein Sohn Burkhard Gotthelf Struve war Hofrat und Historiograph zu Weimar und einer der Begründer der Literarhistorie in Deutschland, der Verfasser der Bibliotheca historica, die zum ersten Mal das große historische Material, das sich in fast drei Jahrhunderten seit Erfindung der Buchdruckerkunst aufgehäuft hatte, zu einer Übersicht brachte, die später andere Gelehrte, Buder und Meusel, fortgesetzt haben. Burkhard Gotthelf hatte einen Sohn, der Professor in Kiel war, und dieser wieder einen Sohn, der russischer Staatsrat und Resident zu Regensburg bei dem deutschen Reichstage war, 1802 zu Greitz starb und zuerst den von Russland erteilten Adel geführt hatte. Sein Sohn war wieder russischer Staatsrat und Chargé d'affaires zu Karlsruhe und starb 1828. Dessen Sohn endlich ward auf ganz andere Weise wie seine Vorfahren bekannt: Es war der Phrenologe und Führer des badnischen Aufstands Gustav von Struve, früher oldenburgischer Legationssekretär zu Frankfurt, später Advokat in Mannheim und jetzt nach Amerika emigriert. Der Bruder des Karlsruher Gesandten war russischer Gesandter in Hamburg, in welchem Posten ihm sein Sohn, der gegenwärtige russische Gesandte, folgte: Dessen Schwester war die bekannte Schriftstellerin Therese von Bacheracht, die eine kleine Zeit die Geliebte Gutzkows war und 1852 als Frau von Lützow auf der Insel Java gestorben ist.

Vermählt war Herzog Johann Ernst seit dem Jahre 1656 mit Christina Elisabeth von Holstein-Sonderburg: Er hinterließ von ihr zwei Prinzen, Wilhelm Ernst und Johann Ernst, und drei Prinzessinnen, von denen eine als Äbtissin von Quedlinburg starb, die andere an den Fürsten von Schwarzburg-Sondershausen und die dritte an Herzog Philipp von Sachsen-Merseburg vermählt ward.

Wilhelm Ernst
mit seinem Bruder
Johann Ernst
und seinem Neffen
Ernst August
1683–1728

Auch die Prinzen Wilhelm Ernst, geboren 1662, und Johann Ernst, geboren 1664, machten wie ihr Vater in den Jahren 1679 bis 1680 die große europäische Tour. Wilhelm Ernst regierte, da noch kein Erstgeburtsrecht eingeführt war, gemeinschaftlich mit seinem Bruder Johann Ernst, und als dieser 1707 starb, mit dessen Sohn Ernst August.

Wegen dieser Mitregentschaft entstanden eine Menge Streitigkeiten, da Wilhelm Ernst ein zwar eifrig theologischer, gestreng lutherischer, aber über sein fürstliches Ansehen sehr eifersüchtig wachender Herr war. Sein Neffe Ernst August, mit dem es freilich nicht ganz richtig im Kopfe stand, stand völlig unter seiner Leitung. Ein halbes Jahr nach seinem Regierungsantritt hatte Wilhelm Ernst sich mit seiner Cousine Charlotte Marie, der einzigen Tochter seines Oheims Herzog Bernhard von Jena, vermählt, die Ehe war ohne Kinder und ward nach sieben Jahren 1690 durch Scheidung getrennt. Darauf führte der Neffe Ernst August, der seit 1716 vermählt war und Kinder hatte, im Jahre 1724, vier Jahre vor dem Tode seines gestrengen Oheims, mit Zustimmung desselben das Primogeniturrecht im Hause Weimar ein.

Der Hof zu Weimar war unter Wilhelm Ernst so eifrig lutherisch, wie sein Herr war. Der Herzog hielt alltäglich regelmäßige Betstunden, es mussten alle Diener, die die Aufwartung bei ihm hatten, in seinem Gemach laut die Bibel lesen und die Gebete nach der Ordnung verrichten, der Herr pflegte sie auch aus den angehörten Predigten genau zu examinieren. Der Hof war so still, dass regelmäßig im Sommer neun, im Winter acht Uhr abends Küche und Keller geschlossen und sämtliche Dienerschaft entlassen wurde. Der Herzog überwachte alle seine Leute streng, hielt auf pünktlichste Ordnung und war so aufmerksam, dass er jeden seiner Diener im Vorgemach an Gang und Auftritt von seinem Zimmer aus unterscheiden konnte. Eine seiner größten Herzensfreuden war, einen großen Predigercoetus in ihrem schwarzen Predigerschmucke versammelt um sich zu sehen. Sein Oberhofprediger und Geheimer Oberkirchen- und Konsistorialrat war auch ein Reichsbaron, einer von dem Erbkammertürhütergeschlecht des heiligen Römischen Reichs, der Baron und Dr. der Theologie Hans Friedrich von Werthern auf Wiehe in der goldnen Aue, der ihn um ein Jahr überlebte. Demnächst war der fromme Herr ein großer Liebhaber der Musik, er hielt sich eine Kapelle von sechzehn Musikern in Heiducken-Habit. 1696 ward das erste Opernhaus in der Wilhelmsburg erbaut und an seinem achtunddreißigsten Geburtstag 19. Oktober 1696 eingeweiht mit der raren Oper

»Von der denen lasterhaften Begierden entgegengesetzten tugendlichen Liebe«. Endlich war der fromme Herr auch noch ein großer Blumenliebhaber: Den Schlosszwinger, wo sonst wilde Bestien gehalten worden waren, ließ er in einen anmutigen Lustgarten umschaffen, er hielt darauf, jahraus, jahrein alle Tage einen frischen Blumenstrauß und schöne Früchte zu haben. Im Jahre 1706 ward das später durch die Feste in der Goethe-Periode so berühmt gewordene Lustschloss Ettersburg erbaut.

Noch erwarb sich Wilhelm Ernst den Ruhm, die Bibliothek zu Weimar ansehnlich vermehrt und den Grund zu dem berühmten sächsischen Münzkabinett in Weimar gelegt zu haben. Die Vermehrung der Bibliothek erfolgte besonders durch den Ankauf der Bücher des Professors Schurzfleisch in Wittenberg und der des Dichters Logau in Schlesien. Das Münzkabinett ordnete der Polyhistor Tentzel, der Historiograph des Hofs, der Verfasser der Saxonia numismatica, der 1707 unverheiratet und in drückender Armut starb, obgleich er den Hofratstitel geführt hatte. Sein Nachfolger als herzoglicher Historiograph und Hofrat war der Sohn des Ahnherrn der deutsch-russischen Familie Struve, der oben schon genannte Literarhistoriker Burkhard Gotthelf Struve. Ich erwähne noch, dass der Archivar Müller unter der Regierung Herzog Wilhelm Ernsts die bekannten »Annalen des Hauses Sachsen« herausgab; sein Sohn, ebenfalls Archivar, war der Lehrer Ernst Augusts.

Herzog Wilhelm Ernst starb im Jahre 1728, sechsundsechzig Jahre alt.

Ernst August
1728–1748

Personalien dieses wunderlichen Herrn. Weimarischer Hofbericht von Baron Pöllnitz von 1730. Durch die Furcht vor einem Duell abgenötigte zweite Heirat mit Charlotte von Bayreuth. Verordnungen gegen das Räsonnieren der Untertanen bei Zuchthausstrafe, gegen die Frauenzimmerseuche bei Hofe und gegen die Hochmutsseuche der Räte. Reskript über die Teller mit Feuerpfeilen, zu Löschung der Feuersbrünste zu brauchen. Korrespondenz über das wahre Philosophenlicht der Natur und die wahren Rutengänger zu Aufhilfe des Ilmenauer Bergbaus. Kavallerie- und Artillerieexerzitien im zweiten Stock der Wilhelmsburg. Der Falkenorden. Belvedere und Dornburg. Ausländer an der Spitze von Hof und Staat.

Herzog Ernst August war einer der originellsten kleinen deutschen Fürsten des achtzehnten Jahrhunderts. Er war bereits vierzig Jahre alt, als er die Alleinregierung antrat, die Einschränkung, in der ihn sein Oheim bei der gemeinschaftlichen Regierung gehalten hatte, hatte die Sonderbarkeit seines Charakters ausgebildet. Er war auf eine ganz eigentümliche Weise ausgezeichnet durch seine ungemeine Hagerkeit und durch eine Reizbarkeit, Wunderlichkeit, Heftigkeit und Empfindlichkeit, von der die seltsamsten Dicta und Facta ausgeboren wurden. Gleich im ersten Regierungsjahre lud er Zinzendorf zu sich und zog ihn sogar über Regierungssachen zurate, aber auf die Anmutung des Grafen, »dem Herrn auf den Knien nachzukriechen«, antwortete er: »man müsse nur den Kopf nicht hängen«. Später verfolgte er seine eigenen Wege, um zum »Lichte der Natur« vorzudringen. Baron Pöllnitz sah ihn kurz nach seinem Regierungsantritt und beschreibt ihn in seinen Memoiren folgendergestalt:

»Der Herzog wohnt wenig in seiner Hauptstadt, seine gewöhnliche Residenz ist ein Lustschloss in der Nähe von Weimar. Er hat es Belvedere* genannt wegen der verschiedenen schönen Gegenstände, die in den Zimmern des ersten Geschosses zu sehn sind. Das Schloss ist klein, seine Hauptschönheit ist seine reizende Lage. Die Gärten, die nach sehr guten Zeichnungen ausgelegt sind, werden schön werden, ebenso die Fasanerie und Menagerie, wo man alle Arten indianische Vögel sieht.

Der Herzog ist Witwer von einer Prinzessin von Anhalt-Köthen**, die eine Frau von ausgezeichnetem Verdienst gewesen sein soll. Sie hat ihm einen Sohn und drei Töchter hinterlassen. Der junge Erbprinz*** ist zehn Jahre alt. Er hört und spricht nur mit Mühe und ist dabei von einer sehr delikaten Gesundheit. Die Ärzte sagen, dass das nichts zu bedeuten habe und dass ihm mit der Zeit die Leichtigkeit im Sprechen kommen werde. Ich zweifle daran und glaube vielmehr, dass ihn die

* Erbaut im Jahr 1730.
** Gestorben 1726.
*** Johann Wilhelm, geb. 1719, gest. 1732.

Schüler Aeskulaps zur andern Welt befördern werden. Auf diesem Kinde beruht die ganze männliche Nachkommenschaft des Hauses Weimar. Der Herzog von Sachsen-Eisenach, der nächste Verwandte, hat keine Kinder, dergestalt, dass beide Länder Weimar und Eisenach auf dem Punkte sind, an das Haus Sachsen-Gotha zu fallen. Die Untertanen des Herzogs von Weimar liegen ihm sehr an, sich wieder zu verheiraten, aber es scheint nicht, als ob der Herzog daran denke, ihnen zu Willen zu sein. Ich habe öfters von ihm sagen hören, dass, wenn man seine Feindschaft haben wolle, man ihm nur von Heirat sprechen müsse.

Kein Mensch wird es wagen, nach Belvedere zu gehen, ohne dahin gerufen worden zu sein. Nur alle Montage ist es den Leuten aus den niederen Ständen erlaubt, ihre Bittschriften dem diensttuenden Sekretär zu übergeben, der sie sodann dem Herzog zustellt. Die Personen von Stande, fremde sowohl als einheimische, lassen sich durch den Hofmarschall anmelden, und es wird ihnen nur selten die Vorstellung abgeschlagen.

Für gewöhnlich hat der Herzog in Belvedere keine andere Gesellschaft als zwei Fräulein von Stande, die er »seine Ehrenfräulein« nennt, und drei bürgerliche Mädchen, die er seine Kammerfrauen nennt, einen Major von seinen Soldaten und den Gardeoffizier, der ein Leutnant oder ein Fähnrich ist. Mit diesen Personen bringt der Herzog seine Zeit zu. Er ist frühzeitig wach, steht aber sehr spät auf: Er nimmt seinen Tee im Bett und spielt darin bisweilen Violine, manchmal lässt er seine Architekten und Gärtner kommen, mit denen er sich beschäftigt zu zeichnen. Auch kommen seine Minister, um mit ihm über die Geschäfte zu sprechen. Um Mittag steht er auf. Sobald er angekleidet ist, sieht er die Wachtparade aufziehen, die aus dreiunddreißig Mann besteht und die ein Leutnant oder ein Fähnrich kommandiert. Er lässt die Soldaten exerzieren und korrigiert sie selbst, wenn sie einen Fehler machen. Darauf macht er einen Spaziergang, und um zwei oder drei Uhr setzt er sich zur Tafel. Die beiden Ehrenfräulein, der Stallmeister, der Major, der Gardeoffizier und die Fremden, wenn deren da sind, werden zur Tafel gezogen. Das Diner dauert lange, manchmal drei, vier und fünf Stunden. Man trinkt dabei sehr stark und der Herzog spricht viel, aber die Unterhaltung erstreckt sich gewöhnlich über wenig angenehme Gegenstände. Nach dem Diner wird der Kaffee genommen, der Herzog zieht sich auf einige Augenblicke zurück, dann spielt er mit den beiden Ehrenfräulein und dem Major Quadrille; manchmal raucht er auch bloß und öfters zieht er sich in sein Zimmer zurück, wo er sich bis zum Schlafengehen mit Zeichnen und Violinspielen unterhält.

Wenige Wochen vergehen, wo der Herzog nicht wenigstens ein- oder zweimal die Standespersonen seines Hofes und alle Offiziere seiner Armee einladen lässt. Es werden da zwei große Tafeln gehalten. Man diniert, spielt, soupiert, und zuletzt tanzt man bis zum Morgen.«

Die Markgräfin von Bayreuth entwirft von diesem hageren, sonderbaren Herrn in ihren Memoiren eine Schilderung bei der Gelegenheit der zweiten Vermählung desselben mit ihrer Schwägerin, der Prinzessin Charlotte von Bayreuth, die, nachdem der Erbprinz 1732 dreizehnjährig gestorben war, 1734 geschlossen wurde.

»Die Prinzessin Charlotte«, erzählt die Markgräfin, »war bis zum Einsperren verrückt. Zuweilen hatte sie so schwarze Launen, dass sie von Zeit zu Zeit wütend ward. Der Markgraf, ihr Vater, musste sie damals schlagen, sonst kam kein Mensch mit ihr aus. Die Ärzte behaupteten, diese Tollheit hätte ihren Grund in einem zu verliebten Temperament und das einzige Heilungsmittel für sie sei die Ehe. Sie urteilten ganz richtig, wie sich aus mehreren Umständen, die ich hier nicht auseinandersetzen kann, erwies: Früh und abends erschien sie öffentlich, und die übrige Zeit ließ man sie nicht aus den Augen. Wenn sie einen Mann sah, lachte sie und machte ihm Zeichen, man suchte dem Dinge immer eine schickliche Wendung zu geben und veranstaltete es immer so, dass sich Damen ihr gegenüber befanden, so dass sie sich nicht zu vergessen in Gefahr kam.

Der Herzog von Weimar hatte seit langer Zeit Absichten auf sie. Er galt immer, dafür in seiner Art ebenso närrisch zu sein wie die Prinzessin in der Ihrigen, so dass sie vollkommen zu einander passten.

Der Herzog kam nach Bayreuth wie Nikodemus in der Nacht, denn er ließ seine Ankunft nur wenige Stunden vorher melden. Er ist klein und mager wie ein Klepper, er stellte sich mir sehr artig vor, und den ersten Tag fand ich nichts Lächerliches an ihm. Den andern Tag zeigte er sich ein wenig mehr. Er unterhielt mich zwei Stunden lang mit so groben Lügen, dass er sie unmöglich woanders als in der Schule des Teufels so keck hatte vorbringen lernen. Zu Mittag rief ich alles zusammen, was ich von toller Musik auftreiben konnte, Trompeten, Pauken, Pfeifen und Dudelsäcke, Hörner, Jagdhörner, was weiß ich alles. Des Herzogs Narrheit kam nun bald zum Vorschein, er legte sie in vollem Glanze vor Augen, so dass man ihn hätte für besessen halten sollen. Er stand vom Tische auf, spielte selbst die Pauken, strich die Geige, tanzte, sprang und beging alle möglichen Torheiten. Nach Tische führte ich ihn mit dem Prinzen von Coburg, der zugegen war, der Prinzessin Charlotte und meinen Damen in mein Kabinett.«

Es ist nun höchst ergötzlich, weiter bei der Markgräfin zu lesen, wie der Herzog von Weimar dazu gebracht wurde, die Prinzessin Charlotte zu heiraten. Der Herzog prahlte damit, dass der Markgräfin Vater, der König Friedrich Wilhelm I. von Preußen, sie selbst ihm zur Gemahlin angetragen, er aber, da er sie nicht gekannt, sie ausgeschlagen habe. Darauf trug ihm die Markgräfin, um ihm für den Schimpf dieser Ausschlagung Satisfaktion zu geben, ihre Schwägerin an. Der Herzog wollte sie umarmen, sie stieß ihn aber zurück. »Schwerenot, die ist stolz«, rief er, »aber sie gefällt mir und ich bin es zufrieden.« Man nahm ihm darauf sein Versprechen ab. Sogleich wurden die Kanonen gelöst und die Glückwünsche unverzüglich angenommen. Aber schon am folgenden Morgen hatte der Herzog sich wieder anders besonnen, er wollte die Sache nur als einen Scherz betrachten, er blieb am Hochzeitabend aus. Der Erbprinz von Bayreuth, der Gemahl der Markgräfin, sah sich genötigt, dem Herzog Angst einzujagen, er drohte ihm, sich mit ihm zu schlagen. Da endlich begab sich der Herzog in das hochzeitliche Gemach.

Der höchst wunderliche Charakter dieser weimarischen Durchlaucht lässt sich schon aus dieser von der Markgräfin von Bayreuth erzählten Heiratsgeschichte ersehen. Völliger erkennt man ihn aus den höchst seltsamen Fassungen der Verordnungen, die er erließ. Eine Verordnung von Sr. Durchlaucht aus Belvedere vom 3. November 1736 lautete also: »Das vielfältige Räsonnieren der Untertanen wird hiermit bei halbjähriger Zuchthausstrafe verboten und haben die Beamten solches anzuzeigen, maßen das Regiment von Uns und nicht von denen Bauern dependiert und wir keine Räsonneurs zu Untertanen haben wollen. Und obgleich die Beamten mit denen Untertanen nicht allzu hart verfahren sollen, so wollen Wir doch Unsere gnädigsten Befehle jedes Mal mit der äußersten Accuratezza beobachtet wissen.«

Eine zweite Verordnung Sr. Durchlaucht vom Jahre 1738 verbot der Landschaft, aus den Landeskassen Geschenke oder Besoldungen an die Präsidenten, Kanzler und andere Beamten zu geben: »Da Uns als Landesfürsten die Disposition der Landeseinkünfte zustehet und wir Uns von keinem Minister, Rat oder Dames maitrisieren lassen, und obwohl die Frau Oberhofmeisterin, welche in Ansehung ihrer und andrer dieserhalb einige Proposition tun lassen, eine kluge, welterfahrene Dame ist, so hegt sie doch principia imperiantia und mischt sich in alles, welches Wir aber bei Unserm Leben nicht dulden werden, noch, dass die Frauenzimmer-Seuche nach Unserm Tode einwurzle, allermaßen bekannt ist, dass die meisten Höfe durch die Reifröcke die größten und geheimsten Affären, dem Fürsten zum Schaden und zum Verderb Land und Leute zu dirigieren gesuchet.«

Im Jahre 1741 trat die Erledigung des Eisenach'schen Landesanteils ein, zu dem seit 1690 auch Jena gehörte, und Weimar erbte denselben dergestalt, dass nun wieder das gesamte ursprüngliche Besitztum von Weimar, wie es Herzog Wilhelm, der Stifter des Hauses, besessen hatte, in einer Person vereinigt war. Die ausgestorbene Linie Eisenach besaß aber zugleich durch Heirat die Grafschaft Sayn-Altenkirchen im westfälischen Kreise als Allod, und dieses fiel wieder vermöge Heiratstitels an Brandenburg-Anspach. In dieser Erbschaftsangelegenheit erließ der wunderliche und empfindliche Herzog Ernst August ein drittes, besonders merkwürdig formuliertes Reskript dd. Weimar am 26. Dezember 1741 an die Regierung in Eisenach:

»Beste, Hochgelahrte Räte, Liebe Getreue, Euch ist zweifelsohne erinnerlich, wie Wir in einen und andern Unserer dortigen von hier aus deputierten Kommission aufgetragenen Sachen, e. g. die Landschafts-Forderung an dem Fürstlichen allodio betreffend und deren mehrern, auch ebenmäßig zu Obtinierung Unseres gefassten Endzwecks possibilice eurerseits nach Pflicht und Gewissen zu contribuicren anbefohlen. Wenn Wir aber einige Zeit hero wahrnehmen müssen, wie ihr diejenigen Reskripte, so wir euch auf obige Maße zugeschicket, erwähnter Unserer Kommission schlechterdings zugestellet, mithin der euch hierunter obliegenden Schuldigkeit, euren eignen Fleiß und Geschicklichkeit mit sehen zu lassen, zur Ungebühr entzogen und lieber monatweis in euren Taschen herumgetragen, ohne denen andern zu kommunizieren, Wir wissen nicht, ob es aus passion oder praepotence geschehen; als verweisen Wir euch dergleichen Beginnen und Anmaßen, als wäret ihr große Herren und könntet, was euch nicht gefällt, lediglich nach Gutdünken an die von Uns allezeit dependierende Kommission verweisen, hiermit von jetzo und in Zukunft und begehren hiermit gnädigst: Ihr wollet dergleichen fernerhin euch um desto weniger ermächtigen, als zu Unserm größten Tort und Nachteil dergleichen sonst denen Berliner Abgeordneten statt Unserer Kommission, wie bei der Landschafts-Forderung geschehen, in die Hände geraten können, einfolglich, was Wir euch als Unsern Dienern gnädigst befehlen, ohne weiteres Bedenken eurer Schuldigkeit nach zur Vollziehung bringen, damit Wir nicht zu glauben bewogen werden, als wenn ihr verdächtig handeltet und andern auf dem Seil liefet, da euch Gott in Gnaden dafür behüte! Indem Wir keine praepotence und keinen Dominat verstatten, mithin die Subordination, es sei Geistlich oder Weltlich oder geringer Notstand, aufrechtzuerhalten Uns jederzeit bestreben werden, gestalten Wir die unter der großen a Longue peruquen und großen theologischen pharisäischen Narren-Krausen steckende Eisenachische Hochmuts-Seuche, daran auch sogar die dii minorum gentium laborieren, schon zu kurieren suchen werden, und dass ihr meinet, dass Wir nach eurer caprice Uns richten werden, dürfte wohl fehlschlagen, indem Wir selbsten wohl wissen, was Justiz sei und ein großer Herr in Seinen Landen tun könne, von denen Dienern aber liegt mehr als zu klar am

Tage, wie gewissenhaft sie vor des Fürstlichen Hauses Wohl und Interesse portiert gewesen, da man wohl gerne gesehen, wenn das ganze Fürstentum in einem Testament an Fremde vererbet werden können. Wir sind gewohnt, dass in Unseren Landen nicht die Uhrmachergesellen, sondern der Meister die Uhr stelle; daran geschiehet Unsere Meinung und Wir sind Euch mit Gnaden gewogen.

Datum Weimar, den 26. Dez. 1741.

Dieses befehlen Wir euch auf Pflicht und Gewissen ad Acta zu heften, damit es heut oder morgen wiederzufinden sei.«

Ernst August H. z. S.

Die allerseltsamste Verordnung, welche diese wunderliche Durchlaucht von Weimar an ihre guten Untertanen ausgehen ließ, ist die vierte vom Jahre 1743: In protestantischen Landen ist es gewiss eine in ihrer Art einzige zu nennen, und überflüssig ist daraus zu vermerken, dass es bei dieser Durchlaucht gar nicht hell im Kopf war. Als »untrügliches Mittel zum Löschen der Feuerbrände« wurde nämlich anbefohlen:

»in allen Städten und Dörfern hölzerne Teller mit einem Feuerpfeile, nach beigesetzter Zeichnung versehen, anzuschaffen und diese Teller freitags bei abnehmendem Monde zwischen 11 und 12 Uhr mit frischer Tinte und neuer Feder mit den Worten beschrieben: ›An Gottes Allmacht liegt's. Consummatum est°‹ bei jeder vorfallenden Feuersbrunst im Namen Gottes ins Feuer zu werfen.«

° Es ist vollbracht.

Dieselbe grobe Superstition, die Herzog Ernst August bei dem Anbefehlen dieses untrüglichen Mittels zum Löschen bei Feuersbrünsten bewies, bewies er überhaupt bei seinen geheimen Naturstudien, denen er höchst eifrig nachging; er aber scheint in dem ganz ernsthaften Glauben gestanden zu haben, »das wahre Philosophenlicht der Natur« erkannt zu haben. Auf die barockste Weise trieb er namentlich Chemie und Bergbaukunst. Er erbaute sich ein großes Laboratorium und suchte besonders dem Ilmenauer Bergbau durch »wahre Rutengänger, die ohntrüglich alles, was in der Erde vergraben ist, anzeigen und finden«, aufzuhelfen. In dieser Ilmenauer Bergbauangelegenheit wandte er sich in den vierziger Jahren an den kursächsischen Bergrat Henkel in Freiberg, und Bernoulli hat in seinem Archiv für Geschichte einige der höchst wunderlichen Briefe mitgeteilt, die er damals stellte. Einer dieser Briefe ist aus Nürnberg, seit Leibniz' Zeiten dem Eldorado der Adepten, vom 8. Mai 1740. »En honnet homme«, schreibt der Herzog, »liebe ich Sie, als ein Fürst, der – – der Natur Gott zu Ehren und dann meinem Nächsten zum Besten das wahre Philosophenlicht der Natur kennet, über und unter sich. Gott hat mich wunderbarlich anhero getrieben nacher Nürnberg, alwo mich befinde und bleibe es auch unter uns verschwiegen etc. Die Zeit ist edel, das Leben kurz und leider mehrern faitiguen als Glücksstunden unterworfen. Alles dependieret von Gott, dem Herrn, dem ich alles gewidmet habe, mein Leben und Endzweck etc. P. S. Mein Titel an Mons. de Prevué Lieutenant Colonel – à Nuremberg bei H. Kaufmann Ohmann.« Unterm 22. Januar 1742 schreibt der Herzog weiter: »Ich habe bereits wohl mehr als 100 Rutengänger gehabt, es sind aber lauter Betrüger und Windmacher gewesen.« Und endlich unterm 9. April 1742 schreibt er: »Ich habe selbst hierinne ziemliche Wissenschaft und brauche weder metallne noch hölzerne, sondern ganz andere Ruten, welche unter gewissen Konstellationen, worauf es hierbei lediglich ankommt, präpariert werden müssen. Es bestehet aber das rechte Kennzeichen eines wahren Rutengängers darinnen, dass er ohntrüglich alles, was in der Erde vergraben ist, anzeigen, finden, auch gewiss sagen könne, was es sei und worinnen es eigentlich bestehe.«

Außer dem »wahren Philosophenlicht der Natur« liebte diese kleine, hagere, kuriose, durch und durch wunderliche Durchlaucht aber auch alle jene menus plaisirs, welche an den damaligen großen und kleinen Höfen nach dem herrschenden französischen Geschmacke zur Mode gehörten, als Feste und Lustbarkeiten, Jagd, Musik, Bauten, gute Tafel, jene Ehrenfräulein und bürgerlichen Kammermädchen, die er nach Pöllnitz' Bericht sich in Belvedere hielt usw. Auch die Hauptpassion seiner Zeit, die Soldatenliebhaberei und die Soldatenverkäuferei, machte er mit. Er ahmte den gestrengen Friedrich Wilhelm I. von Preußen in dem kleinen Fürstentum nach. Er errichtete sogleich nach seinem Regierungsantritt 1728 ein Bataillon Infanterie von 700 Mann und eine Reiterschwadron von 180 Mann, die in polnisch-sächsischen Sold gegeben wurden; dazu eine Kompanie Nobelgarde junger Edelleute zu Pferd und eine Schwadron Husaren. Im Jahre 1732 schloss er mit Kaiser Carl VI.

einen Vertrag ab, nachdem er ihm in dem damaligen polnischen Sukzessionskrieg gegen Frankreich zwei starke Regimenter stellte, die teils am Rheine, teils in Italien verwendet wurden: Zur Belohnung ernannte ihn der Kaiser 1733 zum kommandierenden General der Kavallerie. Ein Tourist, der Weimar zwei Jahre nach dem Tode des Herzogs sah, 1750, und dessen Bericht in Bernoullis Archiv steht, berichtet wieder eine gehörige Wunderlichkeit dieses durchaus barocken Selbstherrschers von Weimar: Er merkt nämlich an, dass er den großen Saal im zweiten Stock der Wilhelmsburg zu Weimar gesehen habe, darauf der Herzog »seine Pferde gemustert und Kanonen heraufbringen lassen, davon er zu sinken angefangen, für die Pferde habe er eine eigene Treppe von Pflastersteinen bauen lassen.«

Um den Glanz seines kleinen Hofs zu erhöhen, stiftete Ernst August im Jahre 1732, demselben Jahre, wo er den Soldatenverkauf mit dem Kaiser abschloss, auch einen Ritterorden, dem er den Namen von dem edlen Vogel stiftete, welcher der Gefährte des Adlers ist: den noch heutzutage bestehenden weißen Falkenorden oder Orden der Wachsamkeit, dessen Motto lautete: »Vigilantia ascendimus.«

Die Hauptdenkmale, welche heutzutage noch in Weimar an die Regierung Ernst Augusts erinnern, sind seine Bauten: die Lustschlösser Belvedere und Dornburg. Beide sind im leichten luftigen Stile italienischer Sommervillen aufgeführt: Des Belvedere, eine halbe Stunde von der Stadt Weimar und durch eine Kastanienallee mit ihr verbunden, ist schon in dem oben angeführten Hofberichte von Pöllnitz gedacht, und über Dornburg schreibt einmal Goethe im Jahre 1779 an Frau von Stein: »Auf meinem Schlösschen ist mir's sehr wohl, ich habe recht dem alten Ernst August gedankt, dass durch seine Veranstaltung an dem schönsten Platz auf dem besten Felsen eine warme Stätte zubereitet ist.« Durch Goethe und Carl August ist dieses Schloss zu Dornburg – unter dreien das mittlere, das s. g. »neue Schloss« – durch die anmutigsten Gartenanlagen von schattigen Spaziergängen, Weinpflanzungen und Blumenterrassen zu einem in seiner Art einzigen Sommeraufenthalt gemacht worden.

An der Spitze des Hofstaats Ernst Augusts fand der Tourist Pöllnitz Fremde: Der Baron Franz Rudolf Schmiedel aus einem böhmischen Geschlechte war Hofmarschall und hatte zugleich die Kriegskasse unter sich, und zwei Herren aus schlesischen Geschlechtern, ein Baron Reinbaben und ein Baron Studnitz, führten die Geschäfte, jener als Direktor der ersten Landesbehörde, des Geheimen Konsiliums und Regierungspräsident, dieser als Kammerpräsident.

Georg Wilhelm Baron von Reinbaben stammte aus dem Fürstentume Oels und wird als ein redlicher, gelehrter und auch praktisch gewandter Minister gerühmt, er war ein genauer Freund Zinzendorfs und des damals auf der Wilhelmsburg zu Weimar in großem Ansehen stehenden kaiserlichen Generals Baron Gottfried Ernst von Wuttgenau, der ebenfalls aus Oels stammte und einer der entschiedensten Anhänger Speners und Franckes war. Reinbaben hatte zuerst als

Hofmarschall und Geheimer Rat in Weimar fungiert, und als solcher war er im Jahre 1707 beim Einfalle Carls XII. von Schweden in Sachsen als Gesandter Weimars zu diesem martialischen König ins Altranstädter Lager gegangen, später hatte er sich an den frommen Hof zu Saalfeld als Geheimer Rat und Kammerpräsident begeben. Von Saalfeld berief ihn Ernst August in der Eigenschaft als Geheimen-Rats-Direktor und Regierungspräsident zurück. Reinbaben war mit einer Baronin Frankenberg vermählt, ebenfalls aus einer schlesischen Familie, die Gotha einen berühmten Minister gegeben hat, er wurde 1736 von Kaiser Carl VI. baronisiert und starb 1739, neun Jahre vor seinem wunderlichen Herzog.

Hans Georg Baron von Studnitz stammte ebenfalls aus Oels, war erst Kammerjunker bei der Erbstatthalterin in Holland, dann Oberstallmeister beim Herzog von Sachsen-Weißenfels-Barby und dann Geheimer Rat und Kammerpräsident in Weimar. Er blieb aber nicht bei diesem Kammerdirektionsposten seines wunderlichen Herrn, sondern ging als Kammerdirektor nach Hildburghausen und ist endlich als Bergrat in Dresden gestorben.

Der Favorit des wunderlichen Herrn war ebenfalls ein Herr, der später als Oberstallmeister am Dresdner Hofe fungiert hat: der Bruder des berüchtigten Premiers in Sachsen, Adolf von Brühl, welcher als Stallmeister fungierte und nebst dem Major, dem Gardeoffizier und den Ehrenfräulein zu der stehenden Tischgesellschaft im Belvedere gehörte.

Ernst August brachte sein wunderliches Leben auf sechzig Jahre: Er starb zu Eisenach 1748.

Außer seinem Nachfolger Ernst August Constantin hinterließ er nur drei Töchter, welche an den Herzog Ernst Friedrich III. von Hildburghausen, einen Fürsten von Schwarzburg-Rudolstadt und einen Grafen von Lippe-Schaumburg sich vermählten. Acht Kinder waren vor Ernst August gestorben.

Ernst August Constantin
1748–1758

Des wunderlichen Ernst August Nachfolger, Ernst August Constantin, war zum Glück erst elf Jahre alt. Der Herzog Friedrich III. von Gotha übernahm die Vormundschaft, und der junge weimarische Herzog wurde nun an dem hochgebildeten Hof von Gotha, wo damals Herzog Friedrichs Gemahlin Luise Dorothee von Meiningen, die Freundin Friedrichs des Großen und Voltaires, ihren schönen Kreis hatte, erzogen. 1755 trat er die Regierung in Weimar an und ernannte den berühmten Grafen Heinrich von Bünau, den Geschichtsschreiber der Deutschen, der schon zeither Statthalter in Eisenach gewesen war, zu seinem ersten Minister. 1756 vermählte sich Ernst August Constantin mit der berühmten Amalie, der Tochter Herzog Carls und der Schwester Carl Wilhelm Ferdinands von Braunschweig, der bei Auerstädt auf den Tod verwundet ward, starb aber schon 1758, noch nicht einundzwanzig Jahre alt, an der Auszehrung. Er hinterließ einen erst neun Monate alten Erbprinzen, den nachher so berühmt gewordenen Carl August, und seine Gemahlin in gesegneten Umständen, die nach drei Monaten den zweiten Prinzen Constantin gebar, der 1793 als General in kursächsischen Diensten gestorben ist.

Der geniale Knebel, auf den ich zurückkomme, war Hofmeister dieses Posthumus, Prinzen Constantin, der sehr von seinem rührigen und verständigen Bruder verschieden war. Carl August schreibt über ihn an Knebel am 8. Februar 1782: »Seine Art zu genießen, inspiriert mir nicht den mindesten Anteil. Die unendliche Ruhe, mit der er die Dinge, die andere Leute außer sich bringen, zu genießen sich rühmt, tut mir den Effekt, als sagte mir einer ›gute Nacht, wie will ich nicht schlafen‹.« Nachdem er schon in Weimar eine unglückliche Liebschaft mit Fräulein Caroline von Ilten gehabt hatte, ging Prinz Constantin mit Hofrat Albrecht, dem Stiefsohn Jerusalems, 1781 auf Reisen, nach Italien. »Dieser«, schreibt Knebel, »hatte schon ehemals die Reise nach England gemacht, war ein unterrichteter und gebildeter Mann, doch, wie es sich für einen Mathematiker ziemt, etwas ernster Natur. Man konnte dem Prinzen Glück wünschen, wenn er ihn zu gebrauchen gewusst hätte. Doch die Sache schlug um. Der Prinz suchte schon in Paris mit Hilfe einer Kokette – Mad. Darsaincourt – seiner loszuwerden, gab ihm einen aparten Reisewagen und ging mit seiner Schönen nach London, wohin er ihm zu folgen die Ehre hatte.« 1783 schickte sie der Prinz nach Weimar voraus, wo sie ihn erwarten sollte. Der Hof sandte sie nach Tannrode, um in dem Hause eines Oberförsters ihr Schicksal zu erwarten. Goethe vermittelte ihre Zurückbringung nach Frankreich. Carl August schrieb am 15. Januar 1784 wieder an Knebel: »Die jüngste Katastrophe, welche C. betraf, hat ihm, wenigstens im Äußerlichen, Nutzen geschafft. Die hiesige Gesellschaft suchte mir ihre Treue zu beweisen, da sie öffentlich seine Aufführung tadelte, ihn verließ und ihn der genauesten Einsamkeit überließ. Dieser bestimmte Tadel der Zuschauer fiel ihm sehr auf die Nerven und machte ihn fühlen: wie sehr er eines äußerlichen guten Anstrichs bedürfe, um in Gesellschaften gut gelitten zu werden und wie wenig ihn sein Stand vor Missachtung schütze. Dieses bewirkte, dass er zwar anfangs lächerliche Mittel gebrauchte (denn er machte zahllose Visiten ohne Auswahl), doch aber sich eine äußerlich anständige Form gab, exakter in der Beobachtung der gemeinen gesellschaftlichen Pflichten wurde und nun seine Rolle so spielt, dass er überall als ein wohlerzogener Mensch nicht missfallen wird. Ich arbeite daran, ihm im sächsischen Dienst einen Platz zu verschaffen.«

Der Hof

der Vormünderin-Regentin

Amalie und Carl Augusts

1758–1828

Amalie,
Vormünderin-Regentin 1758–1775, und
Carl August
1775–1828

1. Hofbericht von 1770. Graf Görtz. Die weimarische Genieperiode. Knebel, Goethe, Einsiedel, Wedel, Charlotte von Stein. Die Herzogin Luise.

Die siebzehnjährige Vormundschaft der jungen, selbst noch minderjährigen Herzogin-Mutter Amalie von Braunschweig wird für Weimar eine ewig denkwürdige bleiben, weil in ihr der Ansang mit dem guten Glücke und mit dem guten Geschicke gemacht wurde, durch welche es gelang, den kleinen Hof zum Asyl für die damals auftauchenden deutschen Kraftgenies, zum Sammelplatz der Koryphäen der durch sie begründeten neuen deutschen Nationalliteratur zu erheben. Dadurch bekam der Hof von Weimar einen obwohl stillen, aber doch sehr wirksamen Glanz, wie er von keinem andern deutschen Hofe jemals ausgegangen war und bis jetzt ausgegangen ist. Die Namen Wieland, Herder, Goethe und Schiller machten Weimar einen unsterblichen Namen in der Partie der Unsterblichkeit, welche den Deutschen vorzugsweise eignet.

Die Herzogin-Mutter Amalie von Braunschweig war, als sie ihre Regentschaft antrat, eine junge Dame von achtzehn Jahren. Fünf Jahre des siebenjährigen Kriegs fielen noch in den Anfang ihrer Regierung. Die Männer, die sie im Hof- und Zivilstaat vorfand, waren alle von der alten Schule, ausgezeichnet war, mit Ausnahme etwa des Grafen Görtz, den sie selbst 1762 aus Hannover berief, keiner unter ihnen. Desto exzeptioneller war ihre Individualität, und mit dieser gelang es ihr, dass man sie ihren eignen Weg gehen ließ. Die Erziehung, die sie ihrem Sohne, dem künftigen Herzog, gab, macht Epoche in der deutschen Prinzenerziehung: Sie wagte es, ihn selbst in voller Freiheit eines Kraftgenies sich entwickeln zu lassen, ja sie gab ihm sogar einen Poeten zum Erzieher, sie berief dazu im Jahre 1772, als Carl August fünfzehn Jahre alt war, den heiteren, fast frivolen Wieland, der damals Professor der Philosophie in Erfurt war und eben den »goldnen Spiegel« – einen Fürstenspiegel – geschrieben hatte, der zunächst auf den jungen, hoffnungsvollen Kaiser Joseph II. berechnet war.

Ein ungenannter Tourist des vorigen Jahrhunderts, ein Hofkavalier, dessen Tagebuch Bernoulli in seinem Reisebeschreibungsarchiv mitgeteilt hat, sah die junge Herzogin Regentin am 23. Februar 1770: Sie hatte damals ihr dreißigstes Jahr zurückgelegt. »Es war«, schreibt er, »heute Geheimer-Rats-Tag, daher dauerte es – ich war auf 1/2 zwei Uhr bestellt worden – etwas lange, bis die Herzogin erschien; endlich kam sie und ich wurde ihr sogleich vorgestellt. Sie ist klein von Statur, sieht wohl aus, hat eine spirituelle Physiognomie, eine braunschweigische Nase, schöne Hände und Füße, einen leichten und doch majestätischen Gang, spricht sehr schön, aber geschwind und hat in ihrem ganzen Wesen viel Angenehmes und Einnehmendes. Sie sprach mich auf Französisch an, und nach einer kurzen Unterredung gingen wir zur Tafel. Hier ist gar keine Marschalls-Tafel, außer an Galatagen, und überhaupt ist dieser Hof zwar nicht so groß und brillant als der zu Gotha, jedoch ebenso angenehm für Fremde, denen man unendlich viel Aufmerksamkeit bezeigt. Die Herzogin sitzt bei Tafel in der Mitte, auf beiden Seiten die Hofdamen° und der Fräulein von Quernheim zur Rechten saß ich; mit dieser klugen und artigen Dame hatte ich Gelegenheit mich sehr angenehm zu unterhalten. Die jungen Prinzen speisen oben auf ihrem Zimmer, des Abends aber unten bei ihrer Mutter, als die sie in die Mitte nehmen.« Diesen selben Abend war Redoute auf dem Rathause, das Billet zu einem Gulden. Der Hof fuhr acht Uhr hin. »Die Herzogin war prächtig en domino und brillierte auch sonst mit ihrem Schmuck von Juwelen. Die Herzogin tanzt schön, leicht und mit vielem Anstand, die jungen Prinzen, die en Zéphir und Amour maskiert waren, tanzten auch sehr gut. Die ganze Maskerade war sehr voll, animiert und eine Menge artige Masken, wohl 2–300. Es war auch ein Pharotisch da; der geringste Point war 1/2 Gulden. Die Herzogin setzte immer Laubtaler und halbe Louisd'or, spielte sehr generös und verlor einige Louisd'or. Da sie aber sehr gern tanzte, so spielte sie auch nicht lange. Sie tanzte mit jeder Maske, die sie aufnahm, und blieb bis früh um drei, da fast alles aus war.« Den Tag darauf war

° Auch diese verloren 1789 die Hofspeisung. Siehe unten den Brief Herders an Knebel.

Konzert bei Hofe, »da sang Mlle. Benda, Kammerjungfer der Herzogin, die selbst auf dem Klavier sehr gut spielt und eine große Musikverständige ist. Den folgenden Tag, Sonntag, (war ich) mittags und abends bei Hofe, wo Cour-Tag war und die Damen aus der Stadt abends beim Essen blieben. Den 26. Februar Montag abends mit dem Hof in die Komödie: Es spielte die berühmte Kochische Bande, die sich jetzt in Weimar aufhält, zur Messzeit aber nach Leipzig geht. Madame Koch kam während des Ballets in die herzogliche Loge und wurde von der Herzogin sehr gelobt: sie spielte im Kaufmann von London das verführende Mädchen. Den 27. Februar als an Fastnacht fuhr ich nach dem Abendessen wieder mit dem Hof auf die Redoute. Die Herzogin war en Reine Grecque, eine sehr prächtige Maske, die ihr wie alles sehr gut ließ. Es war heute ungemein voll, brillant und belebt auf der Redoute, die bis um fünf Uhr dauerte; und waren auch einige Studenten da von Jena. 2. März abends letzte Redoute: Die Herzogin schickte eine ihr eigene Savoyarde masque moire doré mit couleur de rose Band eingefasst, en Jésuite gemacht, ich wurde bei der Gräfin von G. (Görtz) angezogen, von ihrer Kammerjungfer als Dame frisiert und erschien nebst dem jungen Graf G., der auch so gekleidet war, bei Hofe, aß so bei der Tafel und fuhr mit dem Hofe auf die Redoute: Sie dauerte bis sechs Uhr.«

Gouverneur der Prinzen Carl August und Constantin war schon seit 1762, wo ersterer in sein fünftes Jahr trat, der Graf Johann Eustach von Schlitz-Görtz, gebürtig aus Hannover, wo sein Vater Schlosshauptmann und sein

Großvater Premierminister gewesen war. Graf Görtz, als er, von Amalie aus Hannover berufen, sein Amt am weimarischen Hofe antrat, fünfundzwanzig Jahre alt, war ein ernster, gravitätischer und formenstrenger Herr, der mit Nachdruck auf die Etikette hielt, aber im vertrauten Zirkel allerlei Kurzweil zuließ. So führte er beim Erbprinzen, wie Böttiger von Wieland erzählt wurde, das Spiel Plumpsack und Schmitzchen mit den Fingern zu schlagen ein und ließ es zu, dass der Herzog, der lange, während er geschont wurde, gewaltig zuschlug, zuletzt, um ihn milder zu stimmen, auch nicht mehr geschont wurde. Auch sonst wurden die Prinzen nicht behindert, der Nachsicht sich zu gebrauchen, die ihnen die Mutter in reichem Maße zukommen ließ. Görtz ward später Oberhofmeister Luisens, der Gemahlin Carl Augusts, und nachdem Friedrich der Große vor Ausbruch des bayerischen Erbfolgekriegs ihn als Diplomat in München gebraucht hatte, trat er 1778 als Grand Maître de la garderobe in preußischen Hofdienst über und fungierte als Gesandter Friedrichs in Petersburg. Lord Malmesbury, der hier mit ihm zusammentraf, prädiziert ihn »als einen Mann von Talenten und Kenntnissen, der aber, da er nur gewohnt sei, sich in den kleinen Zirkeln von Weimar und Zweibrücken zu bewegen, in der weiten und eigentümlichen Sphäre am Petersburger Hofe nicht recht an seinem Platze sei«. Görtz stand zuletzt als Gesandter beim Reichstag zu Regensburg »als altmodisches Petrefakt«, wie Hormayr sich ausdrückt. Hier sah er das deutsche Reich begraben und starb auch hierselbst im Ruhestand, erst 1821, vierundachtzig Jahre alt. Seine Frau, die Carl August in einem Briefe an Merck vom 31. Januar 1780 »die langnäsichte Oberhofmeisterin« nennt, war allen den schönen Geistern am Hofe tödlich zuwider. Sie war eine Tochter des gothaischen Geheimen Rats von Uechtritz und ist sechzigjährig 1809 zu Regensburg gestorben.

Dass Görtz ein Mann von Geist war, beweist außer dem Gebrauch, den Friedrich der Große von ihm machte, auch der Umstand, dass er es war, der nebst dem Statthalter von Erfurt, dem berühmten Dalberg, Wieland empfahl. Wieland zog wieder Knebel aus Potsdam nach Weimar, er kam 1774 als Erzieher des jüngeren Prinzen Constantin dahin, damals dreißig Jahre alt. Knebel war es wieder, der Goethe Carl August zuführte, der 1775, siebenundzwanzig Jahre alt, als Legationsrat und Mitglied des Geheimen Conseils nach Weimar kam. Goethe berief 1776 Herder als Generalsuperintendent, und Herder wieder war es, der besonders nebst Frau von Kalb der Magnet für Schiller wurde, dass er 1787, nachdem ihn zwei Jahre zuvor Carl August nach Anhörung einiger Szenen aus Don Carlos zum Rat ernannt hatte, nach Weimar sich wandte. Schiller ward vorerst Professor in Jena, 1799 Theaterdirektor in Weimar und wie sein Vorgänger Goethe (1782) und Herder (1801) 1802 geadelt. Jean Paul hat nur anderthalb Jahre in Weimar, wohin er, ebenfalls von Frau von Kalb gezogen, 1793 kam, ausgehalten; und dass im Gerede gewesen, man wolle auch Bürger einbürgern lassen, scheint ein Brief Lichtenbergs an den Antikeninspektor Becker in Dresden zu bezeugen, der aus Göttingen 26. März 1781 so schreibt: »Heute vor acht Tagen war der Herzog von Weimar inkognito hier; er eilte, nachdem er einige Professoren und auch mich besucht hatte, zum Amtmann Bürger und blieb einige Zeit bei ihm, nötigte ihn mit nach Heiligenstadt und brachte da die Nacht mit ihm zu. Seit der Zeit will man sagen, Bürger ginge auch nach Weimar, um die Zahl der dortigen Heiligen zu vermehren. Ich glaube es aber nicht, wünschen wollte ich indessen dem guten Manne, dass er im Nimbo eines schöngeisterischen Hofes zu seiner Ruhe käme; zum Amtmann ist er nicht geschaffen.«

Die beiden bedeutendsten Männer für die Entwicklung Carl Augusts wurden Knebel und Goethe: Sie wurden beide Freunde des Herzogs im wahren Sinne des Worts und hielten beide auch bei ihm aus bis zu ihrem Tode. »Goethe«, schrieb einmal Knebel an Lavater, »hat dem Herzog zwei Drittel seiner Existenz gegeben.«

Carl Ludwig von Knebel war ein Franke. Er war geboren 1744 und stammte aus den Fürstentümern Ansbach und Bayreuth, wo sein Vater Geheimer Rat und von Friedrich dem Großen 1757 geadelt worden war, weil er als anspachischer Komitialgesandter in Regensburg seine Stimme zu der Reichsachtserklärung des Königs gegen die Instruktionen seines Hofs verweigert hatte. Knebel war Major unter Friedrich dem Großen und stand in Potsdam in Garnison. Schon während seines preußischen Militärdienstes kam er mit den schönen Geistern in Verbindung, kam im Jahre 1773 zu einem Besuche Wielands nach Weimar, ward am Hofe Amalies beliebt und kehrte nach kurzer Rückreise nach Potsdam, müde des zehnjährigen Garnisondienstes hier, für immer nach Weimar zurück, um die Erziehung des jüngeren Prinzen zu übernehmen. Noch in demselben Jahre reiste er mit beiden Prinzen und Graf Görtz nach Paris. Knebel war ein stattlicher, feiner, weltvertrauter Mann, eine durchaus ehrenwerte, streng rechtliche und moralische Persönlichkeit, alles falschen Scheins und aller »deutschen Niederträchtigkeit« entschiedener Feind, Freund der neuen republikanischen Bewegung in Frankreich, höchst interessant durch seine barocke Genialität, aber ein tiefer Hypochonder. Durch eine entschieden krankhafte Empfänglichkeit für unangenehme äußere Eindrücke war er von ihnen abhängig und durch sie gestört. Schiller fand in ihm viel Verlebtes und Sattes. »Der Mensch hat gar zu viel Eitelkeit und ein gar zu gutes Herz«, schreibt er einmal an seine spätere Frau. Das leichte Blut der Kraftgenies war in Knebel nicht, er stand dieser Richtung, wie sie Carl August mit Goethe verfolgte, mehr kontemplativ, ruhig und bequemlich passiv, ja, aber mit Horazischer Urbanität, satirisch gegenüber. Wieland war sein Intimus, Lukrez, den er ins Deutsche übersetzte, sein langjähriges Studium. Herder nannte ihn »seinen lieben alten Mönch« und »den menschenfreundlichen Timon«. Knebel schrieb im Jahre 1797: »Das Diktum Kants: er kenne kein abscheulicher Leben als unter bloßen Gelehrten, haben wir in Weimar fast wahr gemacht, und ob uns gleich die Eitelkeit, bei Hofe etwas zu gelten, hier und da gefälliger gemacht hat, so konnte doch, da dieser Eitelkeit die Nahrung nach und nach benommen wurde, die Sache nicht mehr bestehen. Nun sind wir krank, ohne Hilfe und Verein, weder von oben noch neben, noch unten. Mein einziger Wunsch und Bitte ist, mich unter diesen Umständen nur nicht in Weimar fortleben zu lassen.« Er entzog sich schon 1793 der weimarischen Hofgelehrtenatmosphäre und Kleinstädterei, verheiratete sich 1798 mit einer Berlinerin, der Sängerin Luise von Rudorf, und lebte vierzig Jahre lang in der Zurückgezogenheit des Thüringer Waldgebirges in Ilmenau und zuletzt in Jena, hier in einem kleinen, reizend gelegenen Besitze in der Nähe des »Paradieses«, wo er erst 1834 als ein neunzigjähriger Greis starb, erst zwei Jahre nach dem vier Jahre jüngeren Goethe. Seine Witwe lebte noch 1852. Knebel war einer der einsichtsvollsten und liberalsten politischen Köpfe in dem kleinen Weimar. Er schrieb an Böttiger schon 1799: »Ich hasse das französische Direktorialwesen mit dem bittersten Hasse, und wenn ich noch zwanzig Jahr jünger wäre, so zöge ich mit den Österreichern gegen sie zu Felde; dann aber besorgte ich auch bei der Rückkehr, dass Deutschland eine übereinstimmende Verfassung erhielte, um sich seiner Größe und Würde gemäß der schändlichen Despotie und Willkür aller andern zu widersetzen. La France disparaîtra de l'Europe. Diese Phrase ist etwas alt und haben die windigen Emigrierten an unsere Höfe gebracht. Elle ne disparaîtra point, wenn sie sich nur in ihrem orbite halten wollte.« – »Ich sitze auf meinem Zauberfleck (in Ilmenau) noch immer ruhig fort. Die nahe Welt interessiert mich wenig, die ersten Produkte der Natur ausgenommen; desto mehr das übrige Spiel der Zeit, dessen heftigerer Rotation ich am liebsten aus meinem stillen Flecken zusehen mag.« – »Was für ein Publikum, das deutsche! Ils n'ont point d'honneur sagen, wie ich höre, selbst in Weimar die Emigranten.« Später machte er über die Befreiungskriege das launige Distichon:

»Riese ging mit dem Zwerg hinaus, den Drachen zu töten.

Riese schlug ihn, doch Zwerg kehrt triumphierend zurück.«

Seinen Sohn hatte Knebel aber den Kampf mitmachen lassen.

Goethes Bekanntschaft machte Carl August durch Knebel 1774 auf der Pariser Reise, derselben Reise, wo er auch Luise von Darmstadt, die Tochter der geistvollen Landgräfin Caroline von Darmstadt, der Freundin Friedrichs des Großen, kennen lernte, welche im Jahre 1775, dem Jahre, wo er mit achtzehn Jahren mündig ward und die Regierung antrat, ebenfalls achtzehnjährig seine Gemahlin ward. Es war am 11. Februar 1774, wo Knebel den Verfasser des Götz und Werther vorstellte. Graf Görtz bat Goethe zum Dejeuner beim Herzog im roten Hause zu Frankfurt; Carl August hatte eben den Götz gelesen und war sehr begierig, den Autor dieses Kraftwerks von Angesicht zu Angesicht kennen zu lernen.

Goethe hatte eben seine drei großen Herzenskrisen durchgemacht: Er hatte die Sesenheimer Pfarrerstochter Friederike Brion, verherrlicht durch das schöne Lied:

»Erwache, Friederike,
Vertreib die Nacht,

Die einer Deiner Blicke
Zum Tage macht.«
»Der Vögel sanft Geflüster
Ruft liebevoll,
Dass mein geliebt Geschwister
Erwachen soll.«
»Ist Dir Dein Wort nicht heilig
Und meine Ruh?« usw.

diese Friederike, die, wie er selbst an Frau von Stein schrieb, »ihn schöner liebte als er's verdiente und mehr als andere, an die er viel Liebe und Treue verwendet habe«, hatte er »in einem Augenblicke verlassen, wo es ihr fast das Leben kostete« – er hatte darauf sich von der Wetzlarer Amtmannstochter Lotte Kästner schmerzlichst trennen müssen, die, obwohl sie ihn liebte, schon mit einem andern verlobt war – und er war darauf, nachdem er sich von seinem Schmerz durch Werthers Leiden befreit hatte, von der reizenden Lili Schönemann, Tochter des reichen Frankfurter Bankiers Schönemann, obwohl er mit ihr verlobt war, selbst wenn nicht verlassen, doch zur herben Demütigung seines Stolzes gewaltig vernachlässigt worden, weil sie, gar nicht in ihm ihr ein und alles findend, ihn gar nicht so vergötterte, wie er von der ganzen Welt vergöttert wurde, wie sie denn auch kurz nach Goethes Weggang von Frankfurt sich mit Baron Türckheim, Bankier in Straßburg, vermählte. Er selbst schrieb am Abend seines Lebens, wo er noch einmal zu dem reizenden Lilibilde zurückkehrte, das wahrlich nicht das Geringste ist, was seine Phantasie geschaffen hat: »Lili war in der Tat die erste, die ich tief und wahrhaft liebte. Auch kann ich sagen, dass sie die letzte gewesen.«

Goethe erschien auf die Einladung des Grafen Görtz im roten Hause zu Frankfurt und erschien dem jungen, lebenslustigen Herzog in seiner kräftigen, jugendlichen Schönheit und in seiner liebenswürdigen, witzig genialen Gebahrung wie dazu gemacht, der Kumpan und trauteste Genosse zu einem lustigen Genieleben zu werden, wie es ihm eben dazumal zu führen zu Sinn stand. Der Aplomb, der Goethe bei aller Genialität, die die jovial humoristische, poetisch begabte Mutter auf ihn gebracht hatte, von dem Vater, einem zeremoniösen, steifen Frankfurter Ratsherrn*, angeschult war, dieser Aplomb, der Goethe Zeit seines Lebens zu Gebote gestanden hat, war ganz geeignet, auch Leute, die darauf viel gaben, wie den Grafen Görtz, für ihn einzunehmen. Goethe gefiel außerordentlich und gefiel allgemein.

Auf Einladung des Herzogs, der weiter nach Mainz reiste, kam er ihm dahin nach und verweilte mit den Fürstlichkeiten mehrere Tage im Gasthofe zu den drei Kronen. Über den Abschied in Mainz schreibt er unterm 28. Februar 1774 an Knebel: »Mir war's seltsam, als ich so unter dem Thore der drei Kronen stand, als es anfing zu tagen. Recht, wie vom Vogel Greif in eine fremde

* Als dieser Mann starb, schrieb der Herzog Carl August am 30. März 1782 an Merck: »Goethes Vater ist ja nun abgestrichen und die Mutter kann nun endlich Luft schöpfen. Die bösen Jungen geben Ihnen Schuld, dass Sie wohl gar bei diesem Unglück imstande wären zu behaupten, dass dieser Abmarsch wohl der einzige gescheite Streich wäre, den der Alte je gemacht hätte.«

Welt unter alle die Sterne und Kreuze geführt und dadrin so mit ganz offnem Herzen herumgewebt, und auf einmal alles verschwunden!«

1775, als Carl August zur Vermählung nach Darmstadt reiste, ward Goethe förmlich nach Weimar eingeladen, wo der Herzog sich mit ihm, über den Zwang »der spanischen Stiefel« des Fürstenstands und die Langweiligkeit der Formen der Hofetikette hinweg, in einem andern, ungebundenen Leben zu erholen gedachte. Dieses Leben sollte dem von üppiger Jugendkraft strotzenden Fürsten den Weltgenuss in der besten Gesellschaft eines gleichgestimmten jungen Lebemannes gewähren, der schon durch poetische Kraftwerke die volle Zuversicht erweckt hatte, dass er um diesen Genuss des jovialisch heitern Lebens in Natur, in Wald und Feld, auf verliebten Abenteuern bei allerlei Volk in Stadt und Land den verklärenden Zauber der Poesie zu legen und ihn damit desto genussreicher zu machen verstehe. Der in Karlsruhe zurückgebliebene Kammerjunker von Kalb, in der Suite des Herzogs, Sohn des alten Kammerpräsidenten und später selbst Kammerpräsident, erhielt Befehl, Goethe in dem von Straßburg erwarteten Landauer Staatswagen mit nach Weimar zu bringen. Der Wagen blieb lange aus, Goethes grämlicher, fürstenfeindlicher Vater hatte ihm schon mit dem warnend spottenden Zurufe »Nah bei Hof, nah bei der Höll'« die Befürchtung in die Seele geworfen, er könne nur der Spielball für einen fürstlichen Einfall gewesen sein; Goethe hatte schon die Fluchtreise nach Italien angetreten, als diese glücklich in Heidelberg unterbrochen wurde. Es hing an einem Faden, dass Goethe nicht nach Weimar kam und dass sonach aus der ganzen Genieperiode nichts wurde: Goethe hat noch in seinem späten Alter sich des wahrhaft Dämonischen dieser Situation erinnert.

»So kam«, erzählt Böttiger, »Goethe am 7. November 1775 in Weimar an, und Kalb logierte ihn, bis er selbst eine bequemere Wohnung hatte, bei seinem Vater, dem alten Kammerpräsidenten, ein, erwies ihm, da er bald merkte, dass dies der allvermögende Liebling des achtzehnjährigen Herzogs werden würde, alle mögliche Gefälligkeit und Gastfreundschaft und hatte selbst gegen die Liebelei, die der schmucke Goethe mit seiner damals noch unverheirateten Schwester, der späteren Frau von Seckendorf, trieb, nichts einzuwenden. Nur der alte Kalb rief seiner Tochter ein »Mädchen mit Rat!« zu und rettete sie. Goethe vertauschte bald diese Liebe mit der Seladonschaft bei der damals reizend aufknospenden Kotzebue, nachmaligen Gildemeister, der zu Gefallen er damals auch das liebliche kleine Stück ›Die Geschwister‹ schrieb, worin er sich mit seiner Geliebten selbst kopierte. Dann kamen die Liebschaften mit der Frau von Stein, davon der Park ein so schönes Epigramm zum Denkmal erhielt.«

»Goethe«, schrieb Wieland unterm 25. März 1776 an Merck, »bleibt nun wohl hier, solange Carl August lebt, und möchte das bis zu Nestors Alter währen! Er hat sich ein Haus gemietet, das wie eine kleine Burg aussieht, und es macht ihm großen Spaß, dass er mit seinem Philipp* ganz allein sich im Notfalle etliche Tage gegen ein

* Dem Bedienten.

ganzes Korps darin wehren könnte, insofern sie ihm das Nest nicht überm Kopfe ganz anzündeten. Er ist auch im Begriff, einen Garten zu kaufen.«

Dieser Garten war Bertuchs, Schatulliers des Herzogs, Garten am Stern des Parks, den dieser abtreten musste. »Bertuch, ich muss Deinen Garten haben!«, sagte eines Tags der Herzog zu seinem Vertrauten. »Aber Durchlaucht, wie« – »Kein aber«, unterbrach ihn Carl August, »ich kann Dir nicht helfen, denn Goethe will ihn haben und mag hier nicht ohne ihn leben.« Wenige Tage darauf hatte Goethe den Garten, er bezog ihn am 10. Mai 1776. Er etablierte hier, so erzählte Wieland an Böttiger, seine Junggesellenwirtschaft, eine echte Geniewirtschaft. »Hatte er keine weiße Kanevasweste und Hosen (die damals Genietracht waren), so ließ er sich aus der herzoglichen Garderobe sein Bedürfnis holen. Oft schickte er zu Bertuchs Frau und ließ sich ein Schnupftuch holen. Versteht sich, dass nie etwas zurückgegeben wurde. Oft schickte er in ein Haus und ließ sagen, er würde heute abend da essen. So bat er sich oft bei Wieland abends zu Gaste. Denn der Herzog, mit welchem Goethe alle Mittage aß, speiste abends nur selten, außer wenn er alle seine Umgebungen mit delikaten Bratwürsten traktierte, die ›in unendlicher Menge‹ gemacht werden mussten. Damals war das Wort ›unendlich‹ überall wiederkehrendes Stichwort. Wenn Goethe abends bei Wieland essen wollte, so schickte er seinen Bedienten (der beiläufig in allem seinen Herrn nachahmte, so ging, den Kopf schüttelte, sprach etc.) vorher ins Haus und ließ sich eine unendliche Schüssel unendlicher Borsdorfer Äpfel (gedämpft) ausbitten.

Alle Welt«, erzählte Wieland weiter an Böttiger, »musste damals im Wertherfrack gehen, in welchen sich auch der Herzog kleidete, und wer sich keinen schaffen konnte, dem ließ der Herzog einen machen. Nur Wieland nahm der Herzog selbst aus, weil er zu alt zu diesen Mummereien wäre. Görtz hielt es mit der regierenden Herzogin. Sonst zog die Verwitwete alles an sich. Goethes Geniestreiche und Feuerwerke spielten nirgend ungescheuter als bei ihr. Goethes große Kunst bestand von jeher darin, die Konvenienz mit Füßen zu treten und doch dabei immer klug um sich zu sehen, wie weit er's gerade wagen dürfe. Oft hat er sich in Gegenwart der Herzogin-Mutter auf dem Boden im Zimmer herumgewälzt und durch Verdrehung der Hände und Füße ihr Lachen erregt. Oft stellte sich der Herzog mit Goethe stundenlang auf den Markt in Weimar und knallte mit ihm um die Wette mit einer abscheulich großen Parforcekarbatsche. Niemand«, setzte Wieland hinzu, »kann diese Periode besser beschreiben als Bertuch, der dabei abscheulich mystifiziert und einmal so geärgert wurde, dass er bald an einem Gallenfieber gestorben wäre.« Damit stimmt eine briefliche Äußerung Wielands, die er unterm 24. Juli 1776 an Merck gab: »Goethe hat in den ersten Monaten die Meisten (mich niemals) freilich oft durch seine damalige Art zu sein skandalisiert und dem Diabolus prise über sich gegeben. Aber schon lange und von dem Augenblicke an, da er dezidiert war, sich dem Herzog und seinen Geschäften zu widmen, hat er sich mit untadeliger σωφροσυνη und aller ziemlichen Weltklugheit aufgeführt.«

»Goethe«, schreibt Knebel, »ging wie ein Stern in Weimar auf, der sich eine Zeit lang in Wolken und Nebeln verhüllt. Jedermann hing an ihm, sonderlich die Damen. Er hatte noch die Werther'sche Montierung an und viele kleideten sich danach. Er hatte noch von dem Geist und von den Sitten des Romans an sich, und dieses zog an. Sonderlich den jungen Herzog, der sich dadurch in Geistesverwandtschaft seines jungen Helden zu setzen glaubte. Manche Exzentrizitäten gingen zur selbigen Zeit vor, die ich nicht zu beschreiben Lust habe, die uns aber auswärts nicht in den besten Ruf setzten. Goethes Geist wusste indessen ihnen einen Schimmer von Genie zu geben. Die Herzogin Amalie war immer sehr nachsichtig auch gegen ihre Söhne.«

Das Geschrei im Ausland über die sonderbare Lebensweise, die Goethe und der Herzog führten, muss recht vernehmlich gewesen sein, denn Klopstock tat den auffallenden Schritt, als Mentor sich einzumischen. Er schrieb aus Hamburg den 8. März 1776:

»Hier einen Beweis meiner Freundschaft, liebster Goethe. Er wird mir zwar ein wenig schwer, aber er muss gegeben werden. Lassen Sie mich nicht damit anfangen, dass ich es glaubwürdig weiß, denn ohne Glaubwürdigkeit würd' ich schweigen. Denken Sie auch nicht, dass ich Ihnen, wenn es auf Ihr Tun und Lassen ankommt, dreinreden wolle; auch das denken Sie nicht, dass ich Sie deswegen, weil Sie vielleicht in diesem und jenem andere Grundsätze haben als ich, streng verurteile. Aber Grundsätze – Ihre und meine beiseite, was wird denn der unfehlbare Gang sein, wenn er fortfährt?

Der Herzog wird, wenn er sich fortwährend bis zum Krankwerden betrinkt, anstatt, wie er sagt, seinen Körper dadurch zu stärken, erliegen und nicht lange leben. Es haben sich wohl starkgeborne Jünglinge, und das ist denn doch der Herzog gewiss nicht, auf diese Weise früh hingeopfert ...

Die Teutschen haben sich bisher mit Recht über ihre Fürsten beschwert, dass diese mit ihren Gelehrten nichts zu schaffen haben wollen. Sie nehmen jetzt den Herzog von Weimar aus. Aber was werden andere Fürsten, wenn sie in dem alten Tone fortfahren, nicht zu ihrer Rechtfertigung anzuführen haben, wenn es nun wird geschehen sein, was ich fürchte, dass geschehen werde? – Die Herzogin wird vielleicht jetzt ihren Schmerz noch niederhalten können, denn sie denkt sehr männlich. Aber dieser Schmerz wird Gram werden. Und lässt sich der etwa auch niederhalten? Louisens Gram! Goethe! – Nein, rühmen Sie sich nur nicht, dass Sie sie lieben, wie ich ... Ich muss noch ein Wort von meinem Stolberg sagen. Er kommt aus Freundschaft zum Herzoge. Er soll doch also mit ihm leben? Wie aber das? Auf seine Weise? Nein! Er geht, wenn er sich nicht ändert, wieder weg. Und was ist dann sein Schicksal? Nicht in Kopenhagen, nicht in Weimar. Ich muss Stolberg schreiben. Was soll ich ihm schreiben?

Es kommt auf Sie an, ob Sie dem Herzoge diesen Brief zeigen wollen oder nicht. Ich für mich habe nichts darwider. Im Gegenteil. Denn da ist er gewiss noch nicht, wo man die Wahrheit, die ein treuer Freund sagt, nicht mehr hören mag. Ihr Klopstock.«

Darauf kam die Antwort von Goethe, die Klopstock wohl hätte ahnen können:

Weimar, am 21. März 1776

»Verschonen Sie nur künftig mit solchen Briefen, liebster Klopstock. Sie helfen nichts und machen uns immer ein paar böse Stunden. Sie fühlen selbst, dass ich darauf nichts zu antworten habe. Entweder ich muss als Schulknabe ein Pater peccavi anstimmen oder sophistisch entschuldigen oder als ein ehrlicher Kerl verteidigen und käme vielleicht in der Wahrheit ein Gemisch aus allen dreien heraus, und wozu? Also kein Wort mehr zwischen uns über diese Sache. Glauben Sie mir, dass mir kein Augenblick meiner Existenz über bliebe, wenn ich auf alle solche Briefe, auf alle solche Anmahnungen antworten sollte. Dem Herzog tat es einen Augenblick weh, dass es von Klopstock wäre. Er liebt und ehrt Sie, von mir wissen Sie eben das. Leben Sie wohl. Stolberg soll immer kommen. Wir sind nicht schlimmer und will es Gott besser, als er uns selbst gesehen hat. G.«

Klopstock endigte diesen sonderbaren Notenwechsel mit folgenden Strafzeilen:

Hamburg, am 9. Mai 1776

»Sie haben den Beweis meiner Freundschaft so sehr verkannt, als er groß war; groß besonders deswegen, weil ich unaufgefordert mich höchst ungern in das mische, was andere tun.

Und da Sie sogar unter all solche Briefe und all solche Anmahnungen (denn so stark drücken Sie sich aus) den Brief werfen, welcher diesen Beweis enthielt, so erklär' ich Ihnen hierdurch, dass Sie nicht wert sind, dass ich ihn gegeben habe.

Stolberg soll nicht kommen, wenn er mich hört oder vielmehr, wenn er sich selbst hört.

Klopstock.«

Die Hoffnung, etwas Näheres über die kuriosen Details der so viel besprochenen Genieperiode Weimars aus den Briefen Knebels an Goethe zu erfahren, ist, seit Riemer neuerlich dieselben herausgegeben hat, vereitelt: Alle Briefe Knebels von 1775, Goethes Eintreffen in Weimar an bis 1793, dem Jahre der Übersiedelung Knebels von Weimar nach Ilmenau, fehlen, sie befanden sich zum Teil unter denen, welche Goethe vor seiner Abreise nach Italien und bei anderen Gelegenheiten selbst vernichtet hat. Goethe blickte später nur höchst ungern auf die ersten wilden weimarischen Jahre und mochte kaum die Haupttummelplätze derselben wiedersehen.

Außer Goethe und Knebel standen besonders noch zwei Männer dem Herzoge nahe, zwei Kammerherren, die als solche in der steten nächsten Umgebung Carl Augusts sich befanden: Einsiedel und Wedel.

Friedrich Hildebrand von Einsiedel, geboren 1750, war zuerst Page am Hofe, dann ward er 1776 Kammerherr der Herzogin-Mutter Amalie und 1773 nach Graf Görtzens Abgang Oberhofmeister der Herzogin Luise und Geheimer Rat. Schon als Page hatte er die mutwilligsten Streiche getrieben, die in der weimarischen Hofchronik zu sprichwörtlichen Überlieferungen wurden, und sich durch Geist und Humor in der Gunst des damaligen Erbprinzen befestigt. Er blieb durch seine epikureische Ausgelassenheit, durch seine joviale, leichtblütige, launige Gemütlichkeit und durch einen großen Fonds von Herzensgüte – er hieß allgemein: l'ami – ein dem muntern Kreise des Herzogs stets werter Mann. Ergötzlich waren seine Schwächen, wozu besonders seine Faulheit und seine Zerstreutheit gehörten. »Einsiedel hat neulich«, schreibt der Herzog einmal am 26. August 1780 an Merck, »mit jemandem (wahrscheinlich war es der Herzog selbst) sehr eilig nach Gotha auf eine Maskerade fahren sollen. Er nahm's mit vielen Freuden an, blieb aber, da schon über eine Stunde alles fertig war, noch immer aus. Man suchte ihn und fand endlich, dass er diese Zeit erwählt hatte, um auf dem Basse zu spielen, welchen er mit großer Leidenschaft treibt.« Sogar im Ausdruck seiner Sympathien und Antipathien war Einsiedel komisch, wie er denn z. B. versicherte, dass er das Bier so hasse, dass er das Wort weder ausspreche noch es je geschrieben habe. Statt des gemeinen Bieres hielt er sich einen ausbündig wohlfournierten Keller feiner Weine, die die Franzosen bei der Plünderung von Weimar sich wohlschmecken ließen. Er war Virtuos auf dem Violoncell, Komponist und Poet und immer bereit, mit seinen Talenten zur allgemeinen Ergötzlichkeit beizutragen, er spielte im Orchester, agierte beim Liebhabertheater und übersetzte und dichtete Dramen und Operetten. Im Übrigen war er ein echter chevaleresker Hofkavalier und besonders Herders treuester Freund. Auch Schiller wusste ihn zu schätzen: »Einsiedel«, schreibt er unterm 7. November 1803 an Körner, »ist ein guter und natürlicher Mensch, nicht ohne einige Talente, den aber die Zerstreuung seines Charakters und seines Berufs zu nichts Ordentlichem haben kommen lassen.« Trotz seiner Faulheit in Weimar machte Einsiedel von Zeit zu Zeit große Reisen, 1785 mit zwei Brüdern sogar eine ganz große nach Afrika, wo er aber nicht über Tunis hinauskam. Diese Reise war im höchsten Grade romantisch, er machte sie mit Frau von Werthern, geborenen von Münchhausen. Diese hatte, nachdem sie die Nachricht von ihrem Tode verbreiten lassen, ihr eigenes Leichenbegängnis veranstaltet, eine Puppe statt ihrer begraben lassen, um ihrem Geliebten zu folgen. Einsiedel wollte in Afrika Goldbergwerke aufsuchen und bauen. Ohne seine Absicht zu erreichen, kam das Paar zurück, und es ward nun eine Scheidung eingeleitet. In den Jahren 1787–90 begleitete Einsiedel die Herzogin-Mutter Amalie nach Italien.

Einsiedel starb achtundsiebzig Jahre alt erst im Jahre 1828. Noch in den letzten Jahren seines Lebens beschäftigten ihn seine Lieblinge, Terenz und Plautus, die er übersetzte. Um sich mit der Plautinischen Übersetzung gedruckt zu sehen, erbot er sich in einem Briefe an Böttiger am 2. Februar 1821, 250 Taler dem Verleger zu zahlen; mit dem früheren Terenzischen hatte derselbe sehr unglückliche Geschäfte gemacht.

Einsiedel zur Seite stand der Kammerherr Siegmund von Seckendorf, der ebenfalls Komponist und Poet war und eine sehr schöne Frau besaß, die Tochter des alten Kammerpräsidenten Kalb. Sie war es, die Einsiedel, ehe er die romantische Tour mit Frau von Werthern nach Afrika machte, besonders sehr zerstreut gemacht hatte. Seckendorf ging 1784 als Gesandter Friedrichs des Großen beim fränkischen Kreise nach Nürnberg und starb schon das Jahr darauf, erst vierzig Jahre alt. Goethe schrieb darüber an Knebel am 30. April 1785: »Seckendorfs Tod wird Dich unerwartet getroffen haben, wie uns alle. Es ist dieser Fall reich an nachdenklichem Stoff.« Frau von Seckendorf hatte nachher als Witwe eine anderweite Liaison mit dem Domherrn Dalberg, der Herder aufforderte, mit ihm nach Italien zu reisen. Darüber schrieb Schiller an Körner unterm 14. November 1788: »Herder ist durch Dalberg hässlich circumveniert worden, ohne dass man ihn darum gefragt oder prävenniert hätte, hat sich eine Dame, eine Frau von Seckendorf, die Schwester des Herrn von Kalb, bei der Partie gefunden, die die Reise nach Italien mitmachte und mit der Dalberg in Herzensangelegenheiten stehen mag. Herder fand erstaunlich viel Unschickliches darin, mit einer schönen Witwe und einem Domherrn in der Welt herumzuziehen. In Rom hat er sich ganz von der Gesellschaft getrennt; hier in Rom wird er sehr gesucht und geschätzt; der Sekretär der Propaganda Borgia hat ihn bei einem Souper einigen Kardinälen als den ›Erzbischof von Sachsen-Weimar‹ präsentiert.«

Der zweite Jugendgespiele des Herzogs war der Kammerherr und Oberforstmeister von Wedel, der »schöne« Wedel genannt, ein nicht minder durch seinen trockenen Witz und seine tollen Einfälle sehr beliebter Mann und stattlicher Hofherr. Er war der stete Begleiter Carl Augusts auf seinen Jagden und sonstigen Abenteuern in Feld und Wald, in Gebirg und Tal, in Städten und Dörfern, bei Jahrmärkten und Kirmessen, auf des Herzogs fast unaufhörlich angestellten Durchzügen, Ritten und lustigen Fahrten durch sein kleines Land. 1779 begleitete Wedel Carl August nebst Goethe in die Schweiz. Er muss vor der Katastrophe von 1806 gestorben sein: Im weimarischen Hofkalender auf dieses Jahr steht er nicht mehr. In diesem Jahre findet sich als Oberhofmeisterin der Herzogin Luise: Marie Henriette, verwitwete von Wedel, geborene Freiin von Wöllwarth.

Ein Lieblingsplatz für die abenteuerlichen Fahrten des Herzogs, wo, wie Goethe hie und da in seinem Tagebuch schreibt, »viel tolles Zeug und Allotria getrieben wurden«, war Ilmenau, wo das Bergwerk wieder aufgebracht wurde und wo später Knebel einen Teil seiner letzten Lebensjahre zubrachte. Aus dem Volksleben und den altertümlichen Baulichkeiten dieser jetzt durch einen großen Brand verwüsteten Stadt entnahm Goethe die Bilder zu seinem »Ilmenau«, und das Haus des Apothekers verewigte er nach der Sage in »Hermann und Dorothea«. Eine Hauptsache, die man damals trieb, war Mineralogie. »Da gab es eine Zeit«, schreibt Böttiger, »wo der Mensch gar nichts, der Stein alles war. Goethe fand in der Organisation des Granits die göttliche Dreieinigkeit, die nur durch ein Mysterium erklärt werden könnte. Alles mineralogisierte: Selbst die Damen, wie die Hofdame Fräulein von Göchhausen, fanden in den Steinen einen hohen Sinn und legten sich Kabinette an.« Berufen wegen der tollen Streiche, die da vorfielen, war besonders das Dorf Stützerbach bei Ilmenau: Über die dortigen Fata ward, wie Knebel, Goethes mineralogischer Schildknappe, schreibt, ein eignes vertrautes Tagebuch gehalten, und zwar gemeinsam, jeder der Teilnehmenden beschrieb abwechselnd davon eine Seite. Auf dem Kickelhahn bei Ilmenau, einer der Thüringer Waldspitzen, dichtete aber auch Goethe in der Waldeinsamkeit das wunderschöne Lied:

»Über allen Gipfeln
Ist Ruh,
In allen Wipfeln
Spürest du
Kaum einen Hauch;
Die Vögelein schweigen im Walde.
Warte nur, balde
Ruhest du auch.«

Man liest das Lied noch von Goethes Hand mit Bleistift geschrieben an der Holzwand zu Seiten eines Fensters in der halb verfallenen Mooshütte, einem ganz einfachen, nur mit einem hölzernen Riegel verschlossenen Hause von zwei Gestocken und einer Treppe, das nur für die übernachtenden Jagdfreunde zusammengezimmert war. In diesem Hause, wo damals die jetzt hochheraufgeschossenen Tannenbäume noch nicht die Aussicht nach der fränkischen Seite verhinderten, in der allerreinsten Bergluft, mehrere tausend Fuß hoch über dem Werkeltagstreiben, umgossen vom ersten Tageslicht und seinem letzten Schimmer, hat Goethe mit Carl August unvergessliche Tage und Nächte verlebt: das Datum des Lieds ist der 7. September 1783.[*]

[*] Es trägt noch die unverkennbaren Züge der festen, klaren Handschrift Goethes und ist nach fast fünfzig Jahren bei einem Besuch kurz vor seinem Tode von ihm selbst, der die verlöschenden Worte mit dickem Zimmermannsbleistift nachzog, aufgefrischt worden.

Die joviale Lust und heitere Ungebundenheit jener Tage der weimarischen Genieperiode ward sehr durch einen äußeren Umstand unterstützt. 1774, ein Jahr, ehe Goethe nach Weimar kam, war die alte Wilhelmsburg abgebrannt. Fünfzehn Jahre lang gaben die Trümmer einen unheimlichen Anblick, erst 1790 wurde der Wiederaufbau des Schlosses unter Leitung von Thouret in Stuttgart in Angriff genommen, erst 1803 das neue Schloss vollendet. Während dieser ganzen Zeit von neunundzwanzig Jahren wohnte der Hof in den beschränkten Räumen des sogenannten »Fürstenhauses« dem Schauspielhause gegenüber, das, von der Landschaft erbaut, selbst kaum vollendet war, als die fürstliche Familie sich aus den Flammen der Wilhelmsburg dahin flüchtete. »In Sälen und Gemächern«, schreibt Hofrat Schöll in seinen »Denkwürdigkeiten Weimars«, »an welchen der ursprünglichen Übereilung wegen noch lange nachzubessern war, unter Decken, die eigentlich den Einsturz drohten, fand die lustige Unruhe der ersten Regierungsperiode Carl Augusts ihren Spielraum. Hierher kam der Liebling Goethe zu Tafel und Konzert, Ball oder Komödie, übernachtete beim Herzog vor und nach der Jagd und ging des Morgens eine Treppe höher ins Conseil.« Die Enge und Beschränktheit der äußeren Umgebung bewirkte gerade, dass man sich innerlich umso näher kam, dass man umso traulicher sich aneinander schloss.

Die damalige Stadt Weimar selbst war kaum eine Stadt, kaum eine kleine Stadt zu nennen. Schiller schien gegen Weimar selbst das kleine Jena eher noch den Eindruck einer Stadt zu machen. »Das Dorf Weimar«, schreibt er an Körner; »das wüste Weimar, dieses Mittelding zwischen Dorf und Hofstadt«, schreibt um dieselbe Zeit, 1786, Herder an Knebel. Der Park, jetzt die Hauptzierde Weimars, schöner als der Wörlitzische, war damals noch nicht geschaffen: Er entstand langsam unter den Händen Goethes und Carl Augusts. 1778, beim Geburtstag der Herzogin Luise, überraschte Goethe seine Herrschaften mit dem »Borkenhäuschen« oder »Kloster«, einem mit Baumrinde bekleideten Holzhause, umgeben von einer Galerie, das Carl Augusts Lieblingsaufenthalt für den Sommer wurde; erst etwa zwanzig Jahre später ward das »römische Haus« als eine bequemere Sommerwohnung erbaut. Die Esplanade, jetzt der glänzendste Stadtteil Weimars, mit drei- und vierstöckigen Häusern besetzt, war noch im Jahre 1803 ein Spaziergang, der zu dem außerhalb der Stadtmauern, die ein Stadtgraben umgab, gelegenen Schauspielhaus führte. Das jetzt noch zwischen den großen, neu erbauten Häusern wie ein Zwerg stehende kleine einstöckige Giebelhäuschen mit der Inschrift »Hier wohnte Schiller« stand damals einzeln auf der Esplanade, nur das kleine Palais, das der Herzogin Amalie als Witwensitz diente, war in der Nähe; Schillers Haus gegenüber war alles voll schöner grüner Bäume und die ganze Umgebung völlig ländlich. Wo jetzt die stattliche Häuserreihe des Karlsplatzes steht, standen strohgedeckte Scheunen der Ackerbürger Weimars, der Karlsplatz selbst war ein Teich am Fuße des Stadtwalls. Ähnliche Teiche gingen terrassenförmig hinab bis zum Jakobstor. Das Pflaster in den kleinen, engen Straßen war von schrecklicher Beschaffenheit, die Straßen ohne alle Beleuchtung. Frau von Staël, die 1803, als das neue Schloss gebaut war, nach Weimar kam, meinte: »Weimar n'est pas une petite ville, mais un grand chateau.« Goethe scherzte einmal, als Zelter vom Bau eines Theaters fürs Volk von Weimar sprach: »Wie kann in Weimar viel von Volk die Rede sein, in dieser kleinen Residenz, die 10.000 Poeten und einige Einwohner hat?«

Eine Hauptrolle spielten in der weimarischen Genieperiode die Damen. Erst 1780 am 27. Juli schrieb der Herzog an Knebel, der damals in der Schweiz war: »Verliebt ist hier fast niemand mehr.« Er meinte das in dem Sinne, wie es früher fünf Jahre lang getrieben worden war. Er und Goethe hatten damals ausgebraust, er und Goethe hatten damals den »Talisman einer schönen Liebe« gewonnen, wie Goethe es nennt. Des Herzogs Herzensflamme war die Gräfin Werthern, auf die ich unten zurückkomme, geworden, die Goethes Frau von Stein.

Charlotte von Stein war geboren 1743 und die Tochter des Hofmarschalls von Schardt. Dieser alte Hofmarschall muss ein ganz origineller Hofherr gewesen sein. Carl August schrieb einmal über ihn an Merck, d. d. Belvedere am 31. Mai 1781: »Der alte Geheime Rat Schardt hat sich neulich in seiner konfusen Sprache ganz besonders über meine und meiner Mutter Sammlerei ausgelassen, er erzählte, er habe meine Gemälde gesehen. ›Mein Gott‹, sagte er, ›wer hängt dem Herren die Kopien nur auf, straf mir Gott, von allen habe ich die Originale‹; und die Frau Herzogin-Mutter kauft Kupfer, ich könnte sie ihr weit besser geben. Aber man glaubt mir nicht. Noch neulich war ich bei der guten Dame, da hab' ich sie denn alle gesehen, und gewiesen hab ich's ihr, und straf mir Gott, in allen war hinein ratefoutiert.« Die liebenswürdige Tochter dieses sonderbaren Hofmannes war mit dem Oberstallmeister Baron von Stein verheiratet worden, 1764, elf Jahre vorher, ehe Goethe nach Weimar kam, sie hatte aus dieser Ehe schon sieben Kinder. Stein war ein Mann, von dem sein eigener Sohn schreibt, »dass seine Kinder ihn eigentlich gar nicht zu sehen bekamen, da er mittags bei Hofe speiste und abends fast immer in Gesellschaft war«. Er war aber ein schöner Mann und besaß im hohen Grade den Ton der feinen Welt. Schiller, der sehr vorteilhaft von Frau von Stein urteilt, erfand an Herrn von Stein »ein leeres Geschöpf, dabei sei er ein Kopfhänger und sein Kopf in täglicher Gefahr«. Die Wahrheit dieses Urteils bewährte sich, Stein starb in Gemütskrankheit schon 1793, seine Frau überlebte ihn noch vierunddreißig Jahre: Sie war, als sie 1827 starb, dreiundachtzig Jahre alt. Ob ein Präsident von Schardt, der nach der Restauration unter den katholischen Konvertiten Deutschlands vorkommt, ein Bruder der Frau von Stein gewesen sei, kann ich nicht sagen.

Als Goethe im Jahre 1775, siebenundzwanzigjährig in Weimar erschien, war Frau von Stein, die fünf Jahre älter als Goethe war und, wie gesagt, sieben Kinder geboren hatte, nicht mehr jugendlich, schön war sie nie gewesen, aber sie war noch jugendlich lebendig und geistvoll. Sie wurde Goethes erklärte Herzensflamme: Die Vergötterung, welche die reizende, unvergessliche Lili vorenthalten hatte, gewährte Frau von Stein, und dies war es, was Goethe glückselig machte. »Sie hat«, schrieb er im August 1780 an Lavater, »meine Mutter, Schwester und Geliebten nach und nach geerbt, und es hat sich ein Band geflochten, wie die Bande der Natur sind«. Das höchst delikate Verhältnis ward durch Charlottes sehr feines Gefühl, mit dem sie es jederzeit auf den Grenzen der in ihrer Lage als Gattin und Mutter möglichen Vertraulichkeit zu halten wusste, für Goethes Natur jahrelang eine Art von kleinem irdischen Paradies. Er kam täglich zu ihr in ihre Wohnung, welche er ihr selbst in einem der herrschaftlichen Gebäude hinter dem Fürstenhause am Eingang des Parks, wo, wie erwähnt, der Hof damals wohnte, eingerichtet hatte, es waren nur zwanzig Minuten Wegs von seinem Garten. Er tauschte über alles und jedes seine Gedanken mit ihr aus, er las mit ihr sogar den Spinoza.* Er war untröstlich, wenn sie zu lange auf ihrem Gute in Kochberg verweilte. Auch wenn sie in Weimar war, wechselte er unausgesetzt, fast täglich und manchmal an einem Tage mehrere Billette und Briefe. Diesen Briefwechsel Goethes mit Frau von Stein hat Hofrat Schöll in Weimar nach langem Warten endlich im Sturmjahr 1848 herausgegeben, und er hat allerdings die interessantesten Aufschlüsse über die interessante Entwicklungsgeschichte des Dichters und seines fürstlichen Freundes geliefert. Der so zurückhaltende, bemessene Goethe geht hier mit der ganz freien Herzenssprache he-

* Goethe an Knebel, den 11. November 1784: »Ich lese mit der Frau von Stein die Ethik des Spinoza. Ich fühle mich ihm sehr nahe, obgleich sein Geist viel tiefer und reiner ist als der meinige.«

raus: Wer Goethe vorher nicht geliebt hatte, lernt ihn nach diesen Briefen an Frau von Stein lieben.

Die Intimität dieses Briefwechsels geht aber nur bis zu der italienischen Reise, 1786, dem berühmten Wendepunkt in Goethes Leben. Unmittelbar vor dieser Reise scheint ein Plan im Werke gewesen zu sein, dass Goethe sich mit Frau von Stein verbinden wollte. Goethe schrieb ihr acht Tage vor seiner heimlichen Abreise aus Karlsbad, die am 3. September 1786 geschah: »Auf alle Fälle muss ich noch eine Woche bleiben; dann wird aber auch alles so sanft endigen und die Frucht reif in den Schoß fallen. Und dann werde ich in der freien Welt mit Dir leben und in glücklicher Einsamkeit ohne Namen und Stand der Erde näher kommen, aus der wir genommen sind.«

Was die Ausführung dieses Plans, der auf eine Scheidung und ein Zusammenleben in Italien gegangen zu sein scheint, verhindert hat, ist nicht bekannt geworden: Frau von Stein hat vor ihrem Tode von Goethe sich ihre eignen an ihn gerichteten Briefe wiedergeben lassen und sie samt und sonders vernichtet. Einen Fingerzeig gibt vielleicht, was damals unterm 9. Juli 1786 Goethe über die Negotiation des Afrikaners Einsiedel an Frau von Stein schrieb, der mit seiner Geliebten, Frau von Werthern, geborenen Münchhausen, die eine Puppe für sich hatte begraben lassen, aus Tunis zurückgekommen war. »Einsiedel war bei der Werthern Bruder und hat freundschaftlich mit ihm getrunken. Dieser edle Bruder ist des Morgens düster, nachmittags betrunken, und das Resultat der Unterhandlungen ist sehr natürlich und sehr sonderbar ausgefallen. Münchhausen erklärt, dass, wenn seine Schwester ordentlich von ihrem Manne geschieden, mit ihrem Liebhaber ordentlich getraut sein werde, er sie für seine Schwester erkennen und bei der Mutter auswirken wolle, dass sie auch als Tochter anerkannt und ihr das Erbteil nicht entwendet werde. Für einen Trunkenen ein sehr nüchterner Vorschlag. Nun aber unsre Flüchtlinge! Wie abscheulich! – Zu sterben! Nach Afrika zu gehen, den sonderbarsten Roman zu beginnen und sich am Ende auf die gemeinste Weise scheiden und kopulieren zu lassen! Ich hab es höchst lustig gefunden. Es lässt sich in dieser Werkeltagswelt nichts Außerordentliches zustande bringen.«

Goethe reiste ganz insgeheim allein von Karlsbad durch Bayern nach Italien ab, niemand als der Herzog wusste um die Reise. In Italien schrieb er noch lange auf die alte Weise an Charlotte, kam aber dann auf andere Gedanken, er rettete sich aus seiner idealen Liebe in die Freuden, die er in den Römischen Elegien beschreibt. Damals, während Goethes Abwesenheit, schrieb Schiller im Jahre 1787 an Körner über Frau von Stein »nach einem Abendspaziergang in Weimar in adeliger Gesellschaft«: »Frau von Stein ist die beste unter allen, eine wahrhaft eigene, interessante Person, und von der ich begreife, dass Goethe sich so ganz an sie attachiert hat. Schön kann sie nie gewesen sein, aber ihr Gesicht hat einen sanften Ernst und eine ganz eigene Offenheit. Ein gesunder Verstand, Gefühl und Wahrheit liegen in ihrem Wesen. Diese Frau besitzt vielleicht über tausend Briefe von Goethe, und aus Italien hat er ihr noch jede Woche geschrieben. Man sagt, dass ihr Verhältnis ganz rein und untadelhaft sein soll.«

Am 5. Oktober 1775 war des Herzogs Vermählung mit Luise von Darmstadt gewesen, am 7. November darauf war Goethe nach Weimar gekommen. Schon am 26. Januar 1776 berichtete Wieland an Merck: »Goethe kommt nicht wieder von hier los. Carl August kann nicht mehr ohne ihn schwimmen noch waten.« Unterm 27. Januar 1776 schrieb Goethe an Frau von Stein nach einer Maskenballnacht: »Liebe Frau, ich war heut Nacht in einem Teufelshumor zu Anfange. Es drückte mich und die Herzogin, dass Sie fehlten. Endlich fing ich an zu miseln° und da ging's besser. Die Liebelei ist doch das probateste Palliativ in solchen Umständen. Ich log und trog mich bei allen hübschen Gesichtern herum und hatte den Vorteil, immer im Augenblick zu glauben, was ich sagte. Die Niedlichkeit der italienischen Blumenkränze stand der Gräfin G.°° nicht besser zu Gesicht und Taille als die Festigkeit und Treue Coucy°°°, ihrem Manne. Die Herzogin M. (Mutter) war lieb und gut, Herzogin Luise ein Engel! Aber ich blieb in Fassung und kramte läppisches Zeug aus. Sie widersprach über eine Kleinigkeit dem Herzog heftig, doch machte ich sie nachher lachen.« Ein paar Tage darauf schreibt Goethe: »Kommen Sie heut zu Hof? Luise war gestern lieb. Großer Gott, ich begreife nur nicht, was ihr Herz so zusammenzieht.« Und unterm

° Das hieß in der damaligen Kraftgeniesprache schöntun, den Damen den Hof machen.
°° Wahrscheinlich Görtz.
°°° Der berühmte Sänger aus der Zeit der Kreuzzüge.

1. September 1776 schrieb er: »Wenn das so fortgeht, beste Frau, werden wir wahrscheinlich noch zu lebendigen Schatten. Es ist mir lieb, dass wir wieder auf eine abenteuerliche Wirtschaft ausziehen*, denn ich halt's nicht aus. So viel Liebe, so viel Teilnahme! So viel treffliche Menschen und so viel Herzensdruck!« Endlich am 12. September: »Gestern war ich in Belvedere. Luise ist aber ein unendlicher Engel, ich habe meine Augen bewahren müssen, nicht über Tisch nach ihr zu sehen – Die Götter werden uns allen beistehn. – Die Waldnern** ist recht lieb, ich war früh bei ihr, wir haben uns herumgeschäkert. Abends alle Durchlauchten in Tiefurt. Ihr*** Mann war guten Humors, machte possierliche Streiche mit der Oberhofmeisterin. Ich habe die Hofleute bedauert, mich wundert, dass nicht die meisten gar Kröten und Basilisken werden.«

Über sein Leben schrieb Goethe unterm 8. März 1776 an Merck in Darmstadt: »Wir machen des Teufels Zeug. Es geht mit uns allen gut, denn was schlimm geht, lass ich mich nicht anfechten. Den Hof hab ich nun probiert, nun will ich auch das Regiment probieren und so immer fort. Ich streiche was ehrlichs in Thüringen herum und kenne schon ein brav Fleck davon. Das macht mir auch Spaß, ein Land so auswendig lernen.« Unterm 24. Juli 1776 schreibt er an Merck: »Glaub, dass ich mir immer gleich bin, freilich hab ich was auszustehn gehabt, da-

* Nach Ilmenau, wo der 3. September, der Geburtstag des Herzogs, gefeiert wurde.

** Fräulein Adelaide von Waldner, Hofdame der Herzogin Luise, eine Elsässerin.

*** Frau von Steins.

durch bin ich nun ganz in mich gekehrt. Der Herzog ist ebenso, daran denn die Welt freilich keine Freude erlebt; wir halten zusammen und gehen unsern eigenen Weg, stoßen so freilich allen Schlimmen, Mittelmäßigen und Guten für'n Kopf, werden aber doch hindurchdringen, denn die Götter sind sichtbar mit uns.« – Und unterm 22. November 1776 schreibt er an Merck: »Ich bin weder Geschäftsmann noch Hofmann und komm' in beiden fort. Der Herzog und ich kriegen uns täglich lieber, werden täglich ganzer zusammen, ihm wird's immer wohler und ist eben eine Kreatur, wie's keine wieder gibt.« Endlich unterm 5. Januar 1777 heißt es wieder an Merck: »Ich lebe immer in der tollen Welt und bin sehr in mich zurückgezogen. Es ist ein wunderbar Ding ums Regiment der Welt; so einen politisch-moralischen Grindkopf nur halbweg zu säubern und in Ordnung zu halten.« Wieland schrieb am 27. Mai 1776 an Merck: »Goethe lebt und regiert und wütet und gibt Regenwetter und Sonnenschein tour à tour, comme vous savez, und macht uns alle glücklich, er mache, was er will.« – Und am 21. Oktober 1777 schrieb er an Merck: »Goethe leidet zeither immer an Zahnschmerz comme un damné. Aber er macht's auch darnach mordiable; man muss die alte bestialische Natur brutalisieren, pflegte der alte mordiable von Bassenheim zu Mainz zu sagen. Goethe und der Herzog sind auch von diesem Glauben; aber sie befinden sich meistens so übel dabei, dass ich keine Versuchung kriege, ihr Proselyt zu werden.« Merck endlich schrieb im Herbst 1777 an eine Freundin: »Goethe spielt allerdings groß Spiel in Weimar, lebt aber doch am Hofe nach seiner eignen Sitte. Der Herzog ist, man mag sagen, was man will, ein trefflicher Mensch und wird's in seiner Gesellschaft noch mehr werden. Alles, was man aussprengt, sind Lügen der Hofschranzen. Sie können sich darauf verlassen, dass es Lügen sind, denn Flachsland, Bruder von der Frau Herders, der bei mir im Hause wohnt, ist neuerlich von Weimar zurückgekommen und hatte sich neun Monate bei seiner Schwester aufgehalten. Es ist wahr, die Vertraulichkeit geht zwischen dem Herrn und Diener weit, allein was schadet das? Wär's ein Edelmann, so wär's in der Regel. Goethe gilt und dirigiert alles, und jedermann ist mit ihm zufrieden, weil er vielen dient und niemandem schadet. Wer kann der Uneigennützigkeit des Menschen widerstehen?« Unmittelbar auf die von Wieland angedeutete Zahnschmerzperiode kam die berühmte einsame Abenteuerfahrt Goethes auf den Brocken im Anfang des Dezembers 1777, während welcher er das bekannte wunderschöne Gedicht »Harzreise im Winter« schrieb. Unterm 9. Dezember 1777 berichtete er darüber an Frau von Stein: »Ich habe mich tiefer ins Gebirg gesenkt und will morgen von da in seltsame Gegenden streifen, wenn ich einen Führer durch den Schnee finde. Ich denke des Tags hundertmal an den Herzog und wünsche ihm den Mitgenuss so eines Lebens, aber den rechten leckeren Geschmack davon kann er doch nicht haben, er gefällt sich noch zu sehr, das Natürliche zu was Abenteuerlichem zu machen, statt dass es einem erst wohltut, wenn das Abenteuerliche natürlich wird.« Am 10. Dezember schrieb Goethe: »Ein Viertel nach zehn auf dem Brocken. Ein Viertel nach eins droben. Heitrer, herrlicher Tag, rings die ganze Welt in Wolken und Nebel, oben alles heiter. – ›Was ist der Mensch, dass du sein gedenkest?‹ Um vier wieder zurück.«

Nach dieser heiteren Brockenfahrt schrieb Goethe 22. Januar 1778 an Merck: »Ich bin nun ganz in alle Hof- und politische Händel verwickelt und werde fast nicht wieder weg können. Meine Lage ist vorteilhaft genug und die Herzogtümer Weimar und Eisenach immer ein Schauplatz, um zu versuchen, wie einem die Weltrolle zu Gesichte stände. Ich übereile mich drum nicht und Freiheit und Gnüge werden die Hauptkonditionen der neuen Einrichtung sein, ob ich gleich mehr als jemals am Platze bin, das durchaus Sch…ige (der stärkste Ausdruck) dieser zeitlichen Herrlichkeit zu erkennen.«

Bei Hofe war Goethe nach Kräften beflissen, Abwechslung in die Lustbarkeiten zu bringen. So führte er unter anderm das Schlittschuhlaufen ein. Der Kammermusikus Krenz in Weimar berichtet darüber unterm 16. Februar 1778 an Goethes Mutter: »Neues wüsste ich Ihnen nicht zu schreiben, als dass der Geheime Legationsrat dann und wann mit den Herrschaften abends Schlittschuhe läuft, und zwar en masque. Die Herzoginnen, gnädige Frauen und Fräuleins lassen sich im Schlitten schieben. Der Teich, welcher nicht klein ist, wird rundum mit Fackeln, Lampen und Pechpfannen erleuchtet. Das Schauspiel wird auf der einen Seite mit Hautboisten- und Janitscharen-Musik, auf der andern mit Feuerrädern, Raketen, Kanonen und Mörsern vervielfältigt. Es dauert oft zwei bis drei Stunden.« – Über die Sommerlustbarkeiten berichtet Wieland an Merck unterm

3. Juni 1778: »Der Herzog und Goethe kamen vorgestern vormittags von ihrer Wanderung nach Leipzig, Dessau und Berlin zurück. Abends ging ich mit meiner Frau und beiden ältesten Mädchen über den nach Goethes Plan und Ideen seinem Garten gegenüber neuangelegten Exerzierplatz, um von da nach dem s. g. Stern zu gehen und meiner Frau die neuen Poemata zu zeigen, die der Herzog nach Goethes Invention und Zeichnung dort am Wasser anlegen lassen und die eine wunderbar künstliche, anmutig wilde, einsiedlerische und doch nicht abgeschiedene Art von Felsen und Grottenwerk vorstellen, wo Goethe, der Herzog und Wedel oft selb drei zu Mittag essen oder in Gesellschaft einer oder der andern Göttin oder Halbgöttin den Abend passieren etc. Wir trafen den Herzog und Goethe in Gesellschaft der schönen Schröterin* an, die in der unendlich edeln attischen Eleganz ihrer schönen Gestalt und in ihrem ganz simpeln und doch unendlich raffinierten und insidiosen Anzug wie die Nymphe dieser anmutigen Felsengegend aussah etc. Du solltest einmal Deinen Braunen zwischen die Füße nehmen und kommen und all unser Wesen selbst beaugenscheinigen. Denn die Dinge hier wollen durchaus gesehen und selbst gefühlt und beschnuffelt sein. Zum Exempel, so wie Du mit Deinen Augen den Herzog, Goethe, die Schröterin und ihre dicke Cypassis, die ihr zur Folie dient, in vorbesagter Felsenszene an der Ilm, die dort einen Fall hat, dem Stern (einem Bosquet), Goethes Garten und einem lieblichen, bis nach Belvedere

* Corona Schröter, Kammersängerin der verwitweten Herzogin.

sich herabziehenden Wiesental gegenüber, gesehen haben würdest, NB. so offen unter Gottes Himmel und in den Augen aller Menschen, die da von Morgen bis in die Nacht ihres Wegs vorübergehen: So würde und müsste Deine Seele Wohlgefallen daran haben, und Du würdest einer ganzen Welt, die etwas dagegen hätte, ins Gesicht speien – und so ist's mit zwanzig andern Dingen.«

Die neugeschaffene Ilm-Szenerie ward manchmal noch besonders durch den inventionsreichen Goethe verherrlicht. »Verwichenen Sonnabend«, schreibt Wieland an Merck den 27. August 1778, »fuhren wir zu Goethe, der die Herzogin (Amalie) auf den Abend in seinen Garten eingeladen hatte, um sie mit allen den Poemen, die er in ihrer Abwesenheit an den Ufern der Ilm zustande gebracht, zu regalieren. Wir speisten in einer gar holden kleinen Einsiedelei*, und da fand sich's, dass casu quodam der siebente Stuhl an einer Tafelrunde, wo wir saßen, leer war. Dies brachte in allen einmütig den Wunsch hervor, dass es der Deinige sein möchte etc. Wir tranken auf Deine Gesundheit eine Flasche Johannisberger Sechziger aus, und wie wir nun aufgestanden waren und die Türe öffneten, siehe, da stellte sich uns, durch geheime Anstalt des Archi-Magus, ein Anblick dar, der mehr einer realisierten dichterischen Vision als einer Naturszene ähnlich sah. Das ganze Ufer der Ilm, ganz in Rembrandts Geschmack beleuchtet – ein wunderbares Zaubergemisch von Hell und Dunkel, das im Ganzen einen Effekt machte, der über allen Ausdruck geht. Die

* Das Borkenhäuschen, das damals eingeweiht wurde.

Herzogin war davon entzückt wie wir alle. Als wir die kleine Treppe der Einsiedelei herabstiegen* und zwischen den Felsenstücken und Buschwerken längs der Ilm gegen die Brücke, die diesen Platz mit einer Ecke des Sterns verbindet, hingingen, zerfiel die ganze Vision nach und nach in eine Menge kleiner Rembrandt'scher Nachtstücke, die man ewig hätte vor sich sehen mögen und die nun durch die dazwischen durchwandelnden Personen ein Leben und ein Wunderbares bekamen, das für meine poetische Wenigkeit gar was Herrliches war. Ich hätte Goethe vor Liebe fressen mögen.«

Über die Tätigkeit Goethes bei Hofe, worin er in seinem eigensten Lichte strahlte, über die Tätigkeit als Hofpoet, berichtet ein späterer Brief der Hofdame der Herzogin Amalie, Luise von Göchhausen an Merck vom 11. Februar 1782: »Von so recht eklatantem Jammer und Elend**«, schreibt sie, »kann ich eigentlich von hier nichts melden; dafür sind wir aber, wie billig, das ganze Jahr nicht sonderlich à notre aise, und weltkundig ist es, dass bei uns im Julius noch Kaminfeuer brennt. Die Zeit des Karnevals hat indessen für jetzt zu allerlei Selbstbetrug Anlass gegeben, und man ist wenigstens darauf bedacht gewesen, die maladie contagieuse des Hof-Ennui recht brillant zu machen. Komödien, Bälle, Aufzüge, Redouten etc., das alles hat sich gejagt. Auch Freund Goethe hat sein Goldstück zu anderer Scherflein gelegt und

* Diese kleine Felsentreppe dicht an der Hintertüre des Borkenhäuschens diente zum leichteren Entschlüpfen bei Überraschungen, und es kursieren von der gelegentlichen Benutzung derselben noch manche Traditionen in Weimar.

** wie Merck in letzter Zeit gehabt hatte.

auf der Herzogin Luise Geburtstag, der den 30. war, eine artige Comédie ballet geliefert, die folgenden Inhalts war:

Eine Fee und ein Zauberer hatten einen mächtigen Geist beleidigt, und ihnen wurde dadurch das Vorrecht, ewig jung zu bleiben, geraubt. Sie wurden alt mit allen andern Feen und Zauberern, die ihnen ergeben waren. Diese Strafe sollten sie dulden, bis in gewissen Bergklüften der große Karfunkel gefunden würde, dem das verzaubert war, was ihnen allen fehlte. Diesen Stein zu erhalten, vereinigten nun die Fee und der Zauberer ihre Macht. Die Berggeister wurden beschworen, Feen, Gnomen und Nymphen taten durch wunderbare Zaubereien ihr Bestes, und das Abenteuer wurde bestanden, der große Karfunkel herbeigeschafft und – Amor sprang heraus. In diesem Augenblick gingen die großen Verwandlungen vor sich, und aus einem ganzen Theater voll alter Mütterchen und Gnomen wurden lauter schöne Mädchen und Jünglinge. Diese Verwandlungen gingen sehr gut, und Dekoration und Musik war recht artig. Das Ganze war mit Gesang und Tänzen gemischt und endigte mit einem großen Ballet, wo Amor der Herzogin beiliegende Verse gab, die Goethe nebst vielen Grüßen sendet, sich daran zu erbauen.[*]

Den Freitag darauf war Redoute. Unter andern produzierten sich neun weibliche Tugenden, worunter die Bescheidenheit die Verse Nr. 2[**], auch von Goethe, der Herzogin übergab. Wieland ließ sich bei dieser Gelegen-

[*] Goethes Werke. Stuttgart 1816. Band VIII. S. 366.
[**] Ebd., S. 365.

heit verlauten, dass noch eine weibliche Tugend mangele, nämlich die Schwerenot, welche eigentlich die echte häusliche sei.

Vergangenen Freitag wurde in einem Aufzug zum zweiten Mal der Winter mit allen seinen Lustbarkeiten repräsentiert, welches alles auf dem gedruckten Zettel zu lesen.«*

Mit Goethe war schon im Jahre 1778, nach der oben erwähnten Brockenfahrt, eine merkliche Veränderung vor sich gegangen: Er schloss sich immer mehr von der Welt ab und in seinen Garten ein. Dieser Garten wurde sein Eldorado: Er pflanzte und baute darin mit eben der Inbrunst, mit der er früher Verse gemacht hatte und später Kupferstiche, Bilder, Münzen, Autographen und andere Kuriositäten sammelte und Geologie, Meteorologie, Knochenlehre, Farbenlehre und dergleichen Naturalia trieb. »Ich war gestern Nachmittag«, schreibt einmal Wieland an Merck unterm 8. November 1777, »bei Goethe auf seinem Altan. Kein lieberes, sich wärmer an einen anlegendes, oder wie die Schwaben sagen, ein mehr anheimelndes Plätzchen auf Gottes Erdboden müssen Sie nie gesehen haben. Es ist recht, als ob Goethes Genius das alles von Jahrhunderten her so angelegt, gepflanzt und gepflegt hätte, damit er's einst in Weimar völlig und fertig fände und sich nur hineinzulegen brauchte.«

Adolf Stahr hat neulich in seinem Tagebuch aus Weimar einen Bericht von der gegenwärtigen Beschaffenheit des berühmten Gartenhäuschens Goethes am Stern des

* Ebd., S. 259ff.

Parks zu Weimar gegeben: »Etwa zwanzig Minuten von der Stadt entfernt, hart am Wege nach dem Dörfchen Oberweimar am Fuße des Horn genannten Höhenzuges, erhebt sich aus dem schattigen Grün hochwipfliger Baumpflanzungen ein kleines, spitzbedachtes Häuschen, dessen schwarzgraues Schieferdach reichlich die Hälfte seiner ganzen zweistöckigen Höhe ausmacht. Die nach der Fahrstraße gelegene Vorderfront, hoch hinauf von Rosen und wildem Wein umrankt, blickt westwärts über die Wiesen nach dem Park hin. Der nördliche Giebel gewährt die Aussicht auf den Stern, der südliche auf die Höhen von Belvedere, während die östliche Seite, im Schatten der umgebenden Bäume, dem Garten zugewendet ist. Zwei Holzgittertüren mit wenigen Steinstufen inmitten einer fast gleich hohen lebendigen Hecke bilden die Eingänge zum Garten. Wenige Schritte aufwärts steigend erreicht man das Haus, dessen niedrige, dem Innern des Gartens zugelegene Türe zu den beschränktesten Räumen führt. Ein Zimmer, Küche und Flur im untern, ein Frontezimmer und zwei kleine Seitenkabinette im oberen Stock, alles niedrig, eng und schmal. Nur in einem der oberen Zimmer sahen wir einen Kamin; das Arbeitszimmer, nach Norden blickend, hat nur ein Fenster, das zweite ist vermauert. Hier ward an einem Frühlingsabend 1779 nach einem schweren Protokollen- und Aktentage Iphigenie begonnen, während ein Quatuor nebenan in der grünen Stube die Seele löste. Aus dem Hause tretend, wo ein zierlich nach Art der Mosaikböden in römischen Villen gepflasterter Vorplatz uns empfängt, gelangten wir den Garten hinansteigend zu einem von hohen Bäumen beschatteten Ruheplatz. Über demselben auf einer in die Tuffwand eingelassenen Steintafel liest man die Inschrift, welche in Goethes Gedichten die Bezeichnung ›Erwählter Fels‹ trägt (eine Huldigung an Frau von Stein) etc. Auf den Blumenbeeten wucherte Unkraut, die Gänge und Wege waren vielfach mit Gras bewachsen« etc. etc. In diesem Häuschen wohnte Goethe sieben Jahre, bis er im Jahre 1782 das Haus am Frauenplan in der Stadt bezog, welches zehn Jahre später Carl August ihm schenkte. Der Garten blieb bis zu seinem Tode sein Lieblingszufluchtsort, er brachte gewöhnlich Sonnabend und Sonntag da zu. Seit Goethes Tode haben verschiedene Mieter das Häuschen bewohnt.

Wieland hätte gern manchmal seinen Liebling in diesem Eldorado besucht, aber der Liebling sperrte sich ab. »Goethe«, schreibt er unterm 12. April 1778 an Merck, »bekomme ich gar nicht mehr zu sehen; denn er kommt weder an den Konzerttagen nach Hof, noch zu mir; und zu ihm zu kommen, wiewohl unsere Domänen eben nicht sehr weit voneinander liegen, ist auch keine Möglichkeit, seitdem er beinah alle Zugänge verbarrikadiert hat. Denn alle näheren Wege zu seinem Garten gehen über die Ilm und teils durch eine ehemals öffentliche Promenade, den Stern, teils über eine herrschaftliche Wiese. Nun hat er zwar, pour faciliter la communication, im vorigen Jahre drei bis vier Brücken über die Ilm machen lassen, aber Gott weiß warum, sie sind mit Türen versehen, die ich, so oft ich noch zu ihm gehen wollte, verschlossen angetroffen habe. Da man nun nicht anders zu ihm dringen kann als mit einem Zug Artillerie oder wenigstens mit ein paar Zimmerleuten, die einem die Zugänge mit Äxten öffnen, so ist ein gemeiner Mann wie unsereiner gezwungen, das Abenteuer gar aufzugeben und in seinem eigenen zu bleiben. So viel ich höre, ist er heute mit dem Herzog nach Ilmenau, wo sie vermutlich eine Zeit lang sich mit der Jagd divertieren werden.«

Es handelt sich hier um die denkwürdige Metamorphose, welche mit Goethe vorgegangen war, die Metamorphose, wodurch das wertherisierende Genie ein feierlicher Kammerpräsident ward.

Schon unterm 3. Juni 1778 hatte Wieland klagend an Merck geschrieben: »Statt der allbelebenden Wärme, die sonst von Goethe ausging, ist politischer Frost um ihn her. Er ist immer gut und harmlos, aber er teilt sich nicht mehr mit, und es ist nichts mit ihm anzufangen.«

Goethes Eintreten in die Staatskarriere war den weimarischen Hof- und Zivilspießbürgern ein Dorn im Auge gewesen, ein Kraftgenie im Geheimen Conseil schien ihnen ein Gräuel. Das ward viel schlimmer, als 1779 seine Ernennung durch Carl August zum Geheimen Rat kam. Unterm 21. September 1779 schrieb Wieland an Merck: »Seitdem er das heißt, was er schon allezeit vorher war, ist das Publikum unglaublich intrigiert und das odium Vaticinianum fast aller weimarischen Menschen gegen ihn, der im Grunde doch keiner Seele Leids getan hat, auf eine Höhe gestiegen, die nahe an stille Wut grenzt.« Goethe war gescheit genug, das zu bemerken, und die letzte Geniefahrt, die er machte, war die Schweizerreise im Herbst 1779 mit dem Herzog und Wedel zu Pferde, inkognito, ohne alles zeremonielle Hofgefolge. Sobald er zurückkam, trug er gestickte Westen und Staatskleider und trat im vollen Ministeraplomb auf.

Bei Hofe mussten eigne Künste gespielt werden, um Goethe mit der regierenden Herzogin Luise spielfähig zu machen. Erst ging, erfuhr Böttiger von Kalb, Goethe nach Meiningen, wo er am Hofe öffentlich mit den Herrschaften Whist spielte. Nach dieser Einleitung wurde die Sache in Weimar so eingerichtet, dass der Stallmeister von Stein mit der Herzogin spielte, plötzlich abgerufen wurde und nun Goethe, der schon darauf wartete, sich indessen für ihn einsetzte. Nun war das Eis gebrochen, und von nun an ging die Sache ohne Schwierigkeit. Die Herzogin Luise hielt streng aufs Zeremoniell. Die Frau des englischen Konsuls in Hamburg, Madame Melish, eine geborene Fräulein von Stein, später Schwiegermutter des Grafen Marschall, Oberforstmeisters zu Moritzburg bei Dresden, durfte nicht eher bei Hofe dinieren, nur soupieren, bis ihr Mann auf des Herzogs Rat preußischer Kammerherr geworden war. Legationsrat Gerning durfte als Nichtadeliger nicht zum adeligen Hofball eingeladen werden. Sogar der Dichter des Wallenstein war zwei Jahre in Weimar, ehe man ihn zu Hofe einlud. Endlich erfolgte eine Einladung, und Schiller lehnte sie ein für allemal ab. »Da ich nun zwei Jahre hier wohne«, schrieb er 2. Januar 1802 an Frau von Stein, »ohne nach Hofe eingeladen zu sein – so wünschte ich auch fürs Künftige, wegen meiner Kränklichkeit davon ausgeschlossen zu bleiben. Für mich selbst bin ich, wie Sie mich kennen, nach keiner Auszeichnung begierig, die nicht persönlich ist« usw. Hierauf ward Schiller geadelt »wegen seiner Verdienste um die deutsche Sprache«. Schiller schrieb damals an Humboldt: »Sie werden wohl gelacht haben, da Sie von unserer Standeserhöhung hörten. Es war ein Einfall von unserm Herzog, und da es geschehen ist, kann ich es mir um der Lolo und der Kinder willen gefallen lassen.« Lolo schrieb dem jungen Stein: »Aus dem Diplom kann jeder sehen, dass Schiller ganz unschuldig daran ist, und dies ist es, was mich beruhigt.«* Die Nobilitierung Goethes war nach der Meinung der Welt geschehen, um seine Verheiratung mit Frau von Stein möglich zu machen, so schrieb noch 1787 Schiller an Körner. Aber aus einem Billet Goethes an Frau von Stein vom 17. November 1781 erfahren wir ganz anderes: »Die Herzogin-Mutter«, schreibt er, »hat mir gestern eine weitläufige Demonstration gehalten, dass mich der Herzog müsse und wolle adeln lassen. Ich habe sehr einfach meine Meinung gesagt und einiges dabei nicht verhehlt, was ich Dir auch noch erzählen will.« Im Juni 1782 erfolgte das kaiserliche Adelsdiplom, das Goethe an Frau von Stein mit den dürren Worten schickte: »Ich bin so wunderlich gebaut, dass ich mir gar nichts dabei denken kann.«

* Freiherr von Maltitz schrieb ins Schilleralbum:

»Deutscher Dichter, frei und groß,
Seltsam fiel Dein Lebenslos:
Wardst verketzert und verwiesen,
Wardst gefeiert und gepriesen,
Angestaunt in Deinem Streben
Und der Armut preisgegeben;
Dumm gelobt und dumm getadelt,
Und zuletzt auch noch geadelt!
Ach, vergieb dem Vaterland,
Meister, seinen Unverstand!«

Der Herzog seinerseits verwandelte sich ebenfalls nach der oben erwähnten Schweizerreise 1779 sichtbar, aber in anderer Weise wie Goethe: Er ließ sich die Haare abschneiden und fing an, einen Schwedenkopf wie Carl XII. zu tragen. Er selbst meldet unterm 27. Februar 1780 das große Ereignis an Merck: »Ich bin acht Tage in Neuheiligen bei den Grafen Werthers gewesen, und als ich zurückkam, schnitt ich mir die Haare ab. Dieses ist die nouvelle du jour, die den meisten Lärm macht.« Carl August spricht in einem Brief vom 2. Juni 1783 an Merck davon, dass er die »Taciturnität« seines Kammerpräsidenten durch Geschenke von Handzeichnungen, die er sammle, zu entwurzeln suche, und 1797 schreibt er über Goethe an Knebel: »Es ist gar possierlich, wie der Mensch gar so feierlich wird.«

Der Grund zu dieser Feierlichkeit war der Anteil, den Goethe an den Regierungsgeschäften zu nehmen gezwungen war, ein Anteil, den die Art und Weise, wie der Herzog in sie eingriff, jezuweilen nicht sehr angenehm machte. Die Finanzen des kleinen Herzogtums befanden sich seit lange her in großer Verwirrung: Der alte Kammerpräsident von Kalb, der während der Vormundschaft der Herzogin-Mutter Amalie fungierte, scheint ein übler Staatshaushalter gewesen zu sein. Kurz nach Carl Augusts Regierungsantritt, in der Zeit der Genieperiode des Hofs, übernahm sie wie erwähnt der jüngere Kalb, sein Sohn. Um Geld zu beschaffen, wurden Anleihen gemacht, unter andern eine beim Kanton Bern. Es ergab sich dringender Verdacht gegen des jüngeren Kalb Rechtschaffenheit, und Carl August entließ ihn. Als Goethe damals im Sommer 1782 die Kammerpräsidentenstelle aus den Händen des liederlichen Kalb übernahm, hatte er an Merck unterm 16. Juli geschrieben: »Es geht mir wie dem Treufreund in meinen Vögeln. Mir wird ein Stück des Reichs nach dem andern auf einem Spaziergang übertragen. Diesmal muss mir's nun freilich ernst, sehr ernst sein, denn mein Herr Vorgänger hat saubre Arbeit gemacht. Manchmal wird mir's sauer, denn ich stehe redlich aus. Dann denk' ich wieder: Hic est aut nusquam quod quaerimus.« In demselben Sinne schrieb Goethe unterm 27. Juli 1782 an Knebel: »Dass Kalb weg ist und dass auch diese Last auf mich fällt, hast Du gehört. Jeden Tag, je tiefer ich in die Sache eindringe, sehe ich, wie notwendig dieser Schritt war. Als Geschäftsmann hat er sich mittelmäßig, als politischer Mensch schlecht und als Mensch abscheulich aufgeführt, und wenn Du nimmst, dass ich diese dreie sehr wohl mit der Feder sondern kann, im Leben aber es nur ein und derselbe ist, so denke Dir. Doch Du kannst Dir's und brauchst Dir's nicht zu denken. Es ist vorüber. Nun hab' ich von Johanni an zwei volle Jahr aufzuopfern, bis die Fäden nur so gesammelt sind, dass ich mit Ehren bleiben oder abdanken kann. Ich sehe aber auch weder rechts noch links, und mein altes Motto wird immer wieder über eine neue Expeditionsstube geschrieben: ›Hic est aut nusquam quod quaerimus.‹ Dabei bin ich vergnügter als jemals, denn nun hab ich nicht mehr, wenigstens in diesem Fache, das Gute zu wünschen und halb zu tun und das Böse zu verabscheuen und ganz zu leiden. Was nun geschieht, muss ich mir selbst zuschreiben, und es wirkt nichts dunkel durch den Dritten und Vierten, sondern hell gerade auf mich. Dass ich bisher so treu und fleißig im Stillen fortgearbeitet habe, hilft mir unendlich; ich habe nun anschauliche Begriffe fast von allen notwendigen Dingen und komme so leicht durch. Du kannst denken, dass ich über diese Dinge mit niemanden spreche, und also bitt ich Dich, auch keinen Gebrauch hiervon, selbst zu meinem Vorteile zu machen. Die Menschen müssen verschieden über solche Vorfälle urteilen, und man muss tun, was man muss.«

Damals hatte Goethe dahin gearbeitet, dem Herzog einen festen Etat der Einnahmen und Ausgaben vorzulegen, damit dieser sich verbindlich mache, sich mit seinen Forderungen nicht darüber zu erstrecken, sondern mit diesem festen Etat sich zu begnügen. Die selbstangelegte Fessel, obgleich sie weit leichter als die Goethische war, war dem Herzog aber doch zu schwer geworden. Goethe machte damals, um den Handel kurz abzuschneiden, nach seiner gewohnten Art wieder eine Reise: Er ging damals 1786 nach Italien, wo er fast zwei Jahre blieb. Als es sich um die Rückkehr handelte, schrieb er an den Herzog aus Rom zwei Briefe, in denen er auf sehr feine Weise das neue Verhältnis andeutete, in das er wieder eintreten wolle.

»Wie sehr danke ich Ihnen, dass Sie mir diese köstliche Muße geben und gönnen. Da doch einmal von Jugend auf mein Geist diese Richtung genommen, so hätt' ich nie ruhig werden können, ohne dies Ziel zu erreichen. Mein Verhältnis zu den Geschäften ist aus meinem persönlichen zu Ihnen entstanden, lassen Sie nun ein neu

Verhältnis zu Ihnen nach so manchen Jahren aus dem bisherigen hervorgehen.

Ich darf wohl sagen, ich habe mich in dieser anderthalbjährigen Einsamkeit selbst wiedergefunden. Aber, als was? – Als Künstler! Was ich sonst noch bin, werden Sie beurteilen und nutzen. Sie haben durch Ihr fortdauerndes wirkendes Leben jene fürstliche Kenntnis, wozu die Menschen zu brauchen sind, immer mehr erweitert und geschärft, wie mir jeder Ihrer Briefe deutlich sehen lässt. Dieser Beurteilung unterwerf' ich mich gern. Fragen Sie mich über die Symphonie, die Sie zu spielen gedenken, ich will gern und ehrlich jederzeit meine Meinung sagen. Lassen Sie mich an Ihrer Seite das ganze Maß meiner Existenz ausfüllen, so wird meine Kraft wie eine neu geöffnete, gesammelte, gereinigte Quelle von einer Höhe nach Ihrem Willen leicht da oder dorthin zu leiten sein. Schon sehe ich, was mir die Reise genützt, wie sie mich aufgeklärt und meine Existenz erheitert hat. Wie Sie mich bisher getragen, sorgen Sie ferner für mich; Sie tun mir mehr wohl als ich selbst kann, als ich wünschen und verlangen darf. Ich habe so ein großes und schönes Stück Welt gesehen, und das Resultat ist, dass ich nun mit Ihnen und mit den Ihrigen leben mag. Ja, ich werde Ihnen noch mehr werden als ich oft bisher war, wenn Sie mich nur das tun lassen, was niemand als ich tun kann, und das Übrige anderen auftragen. Ihre Gesinnungen, die Sie mir in Ihrem Briefe zu erkennen geben, sind so schön, für mich bis zur Beschämung ehrenvoll, dass ich nur sagen kann: ›Herr hier bin ich, mache aus Deinem Knecht, was Du willst.‹

Ist mir erlaubt, einen Wunsch, den ich für die Zeit meiner Rückkehr hege, noch beizufügen, so wäre es: Ihre Besitztümer sogleich nach meiner Wiederkunft sämtlich als Fremder bereisen, mit ganz frischem Auge und mit der Gewohnheit Land und Welt zu sehen, Ihre Provinzen beurteilen zu dürfen. Ich würde mir nach meiner Art ein neues Bild machen, einen vollständigen Begriff erlangen und mich zu jeder Art von Dienst gleichsam aufs Neue qualifizieren, zu dem mich Ihre Güte, Ihr Zutrauen bestimmen will. Bei Ihnen und den Ihrigen ist mein Herz und Sinn, wenn sich gleich die Trümmer einer Welt in die andere Waagschale legen. Der Mensch bedarf wenig, Liebe und Sicherheit seines Verhältnisses zu dem einmal gewählten und gegebenen kann er nicht entbehren.«

Nach der Zurückkunft aus Italien 1788 nahm Goethe seinen Platz im Geheimen Conseil nicht wieder ein, und die Kammerpräsidentenstelle erhielt Schmidt. In den Jahren 1790 und 1791 war es im Werke, Friedrich von Schuckmann, den nachherigen preußischen Minister des Innern, als Geheimen Rat mit 2000 Talern Besoldung zu berufen: Der Herzog, der preußischer General war und mit der preußischen Armee damals in Schlesien stand, hatte ihn in Breslau kennen gelernt. Goethe schrieb an Schuckmann unterm 25. November 1790: »Es besteht das Kollegium gegenwärtig aus drei Männern, alle von Jahren. Mein Stuhl, der dritte, steht seit sechs Jahren leer, aus Ursachen, die ich Ihnen rein sagen werde. Nehme ich ja wieder Besitz davon, so werde ich mich freuen, mit Ihnen zu arbeiten, und ich hoffe, auch zu Ihrer Zufriedenheit.«

Als Schuckmann die Stelle nicht annahm, musste Goethe wieder eintreten, und er trat ein mit der feierlichen Miene, die der Herzog recht wohl zu deuten wusste. Schon 1782 hatte er an Frau von Stein geschrieben: »Wehe dem, der sich von großer Herren Gunst ins Freie locken lässt, ohne sich den Rücken gedeckt zu haben!«

2. Der Hof Amalies zu Ettersburg und Tiefurt: Die Göchhausen, Bode, Bertuch

Einen besonderen Hof neben dem Hof des Herzogs, dem »regierenden Hof«, wie er hieß, bildete der sogenannte »verwitwete Hof«, der Hof der Herzogin-Mutter Amalie. Diese Frau, die, wie Wieland, ihr Liebling und Vertrauter, einmal in seiner »Guido'schen Manier« gegen Mercks »Rembrandt'sche« sie bezeichnete, »telle qu'elle est eines der liebenswürdigsten und herrlichsten Gemische von Menschheit, Weiblichkeit und Fürstlichkeit« war, hatte nicht wenig Gefallen an dem Kraftgenieleben, das ihr Sohn mit Goethe in Weimar aufgebracht hatte, sie bestärkte ihn darin und nahm ihrerseits selbst daran teil. Jenes »telle qu'elle est« Wielands klärt Schiller in einem Brief an Körner auf, wo er schreibt: »Ihr Geist ist äußerst borniert, nichts interessiert sie als was mit Sinnlichkeit zusammenhängt: Diese gibt ihr den Geschmack, den sie für Musik und Malerei und dergleichen hat oder haben will.« Ein andermal unterm 18. August 1787 schreibt er: »Die Herzogin macht sich durch ein Attachement lächerlich, das sie für einen jämmerlichen Hund, einen Sänger hat, der bei Bellomo* gewesen und nun in ihren Diensten ist. Er soll nach Italien reisen, und man sagt ihr nach, dass sie ihn begleiten werde.«

Wie Wieland und Herder Böttiger mitteilten, hatte Amalie schon als Regentin wie ein halber Student gelebt. In Belvedere wurden damals bei Mondschein Studentenlieder gesungen. Wedel, damals Jagdjunker, intonierte: »Bruder, auf dein Wohlergehen.« Ein anderes Mal fuhr die Regentin zu acht Personen auf einem Heuwagen von Tiefurt nach Tennstädt, es kam ein Gewitter mit einem heftigen Regenguss: Die Herzogin, die wie alle anderen Damen in ganz leichtem Kleide war, zog Wielands Oberrock an.

Amalie trieb alles, was sie trieb, enthusiastisch: Unter anderm lernte sie sogar Griechisch, und zwar so gut, dass sie in kurzer Zeit den Aristophanes in der Ursprache lesen konnte. Am enthusiastischsten trieb sie Musik, sie malte auch enthusiastisch und schwärmte für Italien und italienische Literatur, in der ihr Führer der Rat Jagemann war, ein entflohener Mönch aus Konstanz, dann Beichtvater am Hofe zu Florenz, seit 1775 ihr Bibliothekar, Vater der schönen Caroline, der Geliebten Carl Augusts. Nachdem Goethe 1786 über die Alpen gegangen war, brach auch Amalie 1787 dahin auf, in Begleitung des Oberhofmeisters Einsiedel und ihrer beiden Hofdamen. Herder folgte 1788 ihr nach, erst 1790 kehrte sie

* Direktor der weimarischen Schauspielergesellschaft.

zurück: Goethe holte sie ab in Venedig. Amalie versammelte um sich einen ihr sehr ergebenen Zirkel: Wieland, ihr Intimus, ist schon genannt; am nächsten nächst diesem stand ihr ihre vertraute Hofdame, Fräulein von Göchhausen; ihr artistisches Faktotum war Oeser aus Leipzig; außerdem gehörten noch zu den Habitués am verwitweten Hofe Bode und Musäus, und der Maître de plaisir und Hofgalopin war Bertuch.

Fräulein Luise von Göchhausen stammte aus der weimarischen Geheimen-Rats-Familie dieses Namens, wir treffen schon unter dem ersten Herzog von Weimar, Wilhelm, einen Geheimen Rat Samuel von Göchhausen an, der 1658 starb und durch den die Hauptgeschäfte gingen, und ebenso findet sich im Hofetat 1767 unter den Geheimen Räten der Vormünderin-Regentin ein von Göchhausen. Luise war früher in Süddeutschland, in Karlsruhe, Hofdame bei der Markgräfin von Baden gewesen, seit 1778 war sie bei Amalie installiert. Sie stand sehr gut bei ihr und auch sehr gut bei dem Herzog, ihrem Sohn: Dieser pflegte sich gern mit ihr zu necken, und je toller sie gepeinigt wurde, desto lieber war es ihr. Ihr früherer Verehrer war Knebel. Sie war ein höchst aufgewecktes, lebenslustiges Mädchen, das aber mit dem warmen Blute französische Feinheit, geistreiche Einfälle und scharfen Witz verband und durch ihre Klugheit auch am regierenden Hofe einen großen Einfluss gewann. Sie war, wie Schiller bei der ersten Bekanntschaft auffiel, ein wenig verwachsen und ein wenig mokant, sonst aber, wie er selbst nachher fand, eine Person, wie man sie an einem Hofe sich nur wünschen konnte. »Obgleich keine Aufrichtigkeit von ihr zu erwarten, so ist es in ihrer Stelle sogar Pflicht, jedem es wohl zu machen, etwas Verbindliches zu sagen oder zu tun und die heterogenen Elemente durch ein gewisses Studium der Schwächen zu vereinigen.« Sie führte den Namen Thusnelda und war eine enthusiastische Verehrerin der Gebrüder Stolberg, deren Epiphanie am weimarischen Hofe der grämliche Klopstock hintertrieb: Im Jahre 1780 hingen ihr der Herzog und Goethe »den großen Orden«, nämlich das Symbol der Gebrüder, eine Gruppe von zwei Zentauren, in ein Goldrähmchen gefasst, an einer Kette um den Hals. Sie starb in einem Jahre mit ihrer Herzogin 1807.

Oeser, das artistische Faktotum der Herzogin Amalie, kam alljährlich aus Leipzig nach Weimar. »In Ettersburg«, schreibt unterm 3. Juli 1780 Goethe an Merck, »wird elektrisiert und Anstalten zu neuen wunderseltsamen Schauspielen gemacht. Die Herzogin war sehr vergnügt, solange Oeser da war, jetzt geht's freilich schon ein wenig einfacher zu. Der Alte hatte den ganzen Tag etwas zu kramen, anzugeben, zu verändern, zu zeichnen, zu deuten, zu besprechen, zu lehren usw., dass keine Minute leer war.«

Der von Hessen-Darmstadt zum Geheimen Rat kreierte Bode war im Jahre 1778 mit seiner Freundin, der Witwe des dänischen Ministers Grafen Bernstorf, nach Weimar gekommen. Er stammte aus Braunschweig und war früher Buchhändler in Hamburg gewesen: Er war unter anderm der Verleger von Lessings Dramaturgie. Später trat er selbst als Literat auf, übersetzte englische Romane und Montaigne. In dem Ordenswesen damaliger Zeit spielte Bode eine Hauptrolle, er trat als »Amelius« in den Illuminatenorden ein und ward im Juni 1782 zum Illuminatus dirigens befördert; nach Weishaupts Austreibung aus Bayern ward er sein Nachfolger. Er ging 1786 und 1787 nach Paris, um Frankreich zu illuminieren, und ward von Herzog Philipp von Orleans, dem nachmaligen Egalité, mit Enthusiasmus aufgenommen. In der bayerischen Hofgeschichte ist der Brief Nicolais abgedruckt, worin nachgewiesen ist, wie der Hauptmacher Bode-Amelius bei seinem angeblichen Machen für den Orden nur seine eigene Eitelkeit und seinen eigenen Ehrgeiz zu befriedigen suchte: »Sein Ehrgeiz ging dahin, mit Fürsten und vornehmen Herren in Konnexion zu sein und von ihnen gesucht zu werden, zur Tafel und sonst, er liebte über alles Bequemlichkeit und gutes Essen und Trinken. In Paris schmeichelte man seiner Eitelkeit, man brachte ihn zu großen Gastereien und mit hübschen Frauen zusammen und ließ ihn laufen.« In Weimar dagegen hatte sich Bode einen großen Stand gemacht: Er war mit seinem trockenen Witze die Geisel der dortigen Genies. Als Literat und als Virtuos auf der Violine war er zu der Herzogin Amalie Lieblingsgenuss, den theatralischen Vorstellungen, sehr willkommen. Er starb mitten in der französischen Revolution 1793 in Weimar.

Ein großer Liebling Amalies, der ebenfalls bei den theatralischen Vorstellungen mitwirkte, war Musäus, Professor am Gymnasium zu Weimar, der joviale Autor der vortrefflichen »Volksmärchen der Deutschen«. Musäus war einer der beliebtesten der schönen Geister in Weimar, und die Weimaraner besitzen noch gegenwärtig ihren Hauptvergnügungsort »die Erholung« in dem Garten an der Ilm, welcher einst die Sommerwohnung des Dichters der Volksmärchen war. Er überlebte ihr Erscheinen nur fünf Jahre, er starb schon 1787.

Den Schaffner und Maître de plaisir bei der Ausrüstung der theatralischen Feste Amalies pflegte der Legationsrat Bertuch zu machen, des Herzogs Geheimer Sekretär und Zahlmeister, der die größte praktische und gemeinnützige Notabilität war, die damals in Weimar lebte: Von ihm sind unter anderm der Plan zur Literaturzeitung in Jena 1785, das weimarische Industrie-Comtoir 1791, die Modezeitung, das Gartenmagazin, das bekannte naturgeschichtliche Bilderbuch für Kinder und eine Menge Journale ausgegangen für Forstwesen, Ethnographie, Geographie, Astronomie und Linguistik. Bertuch war Hofmeister gewesen im Hause des Geheimen Rats von Backhoff, eines geborenen Gothaners, früher dänischen Gesandten in Madrid: Von diesem lernte er spanisch und übersetzte später den Don Quixote. 1772 schon war er nach Weimar gekommen. Unterm 18. August 1792 schrieb Schiller über ihn an Körner: »Bertuch habe ich kürzlich besucht. Er wohnt vor dem Tore und hat unstreitig in ganz Weimar das schönste Haus. Es ist mit Geschmack gebaut und recht vortrefflich möbliert, hat zugleich, weil es doch eigentlich nur ein Landhaus sein soll, einen recht geschmackvollen Anstrich von Ländlichkeit. Nebenan ist ein Garten, nicht viel größer als der Japanische (in Dresden), der unter 75 Pächter verteilt ist, welche einen bis zwei Taler jährlich für ihr Plätzchen erlegen. Die Idee ist recht artig, und das Ökonomische ist dabei auch nicht vergessen. Auf diese Art ist ein ewiges Gewimmel arbeitender Menschen zu sehen, welches einen fröhlichen Anblick gibt. Besäße es einer, so wäre der Garten oft leer. An dem Ende des Gartens ist eine Anlage zum Vergnügen. Eine Grotte, die ihm zufälligerweise das Gewölbe einer Brücke über einen jetzt vertrockneten Bach dargeboten hat, ist sehr benutzt: Hier hat er einen großen Teil seines Don Quixote diktiert.«

Die theatralischen Feste Amalies – es gab ein französisches und ein deutsches Gesellschaftstheater – wurden in der Stadt aufgeführt in der nach dem Schlossbrand 1774 bezogenen, sehr beschränkten herzoglichen Wohnung im Fürstenhaus und seit 1779 im Redoutensaal, ganz besonders aber auf den Sommersitzen Amalies im Freien außerhalb des Schlosses Ettersburg in dem schönen benachbarten Walde, oder im Park zu Tiefurt, wo früher Prinz Constantin mit Knebel, später Amalie Residenz hielt, in der Mooshütte. Rollen übernahmen: die Herzogin Amalie und die Göchhausen, der Herzog, Prinz Constantin, Goethe, Einsiedel, Knebel, Wedel, Bode, Bertuch und Musäus. In den Operetten sangen die reizende Corona Schröter, die auch die Rolle der Iphigenia zuerst verherrlichte, und Knebels spätere Frau, Fräulein Luise von Rudorf, beide Kammersängerinnen Amalies und Amalie Kotzebue, Kammerfrau derselben. Eine Menge lustige Gelegenheitsstücke sind in Ettersburg von den Vertrauten des Kreises der Herzogin Amalie gegeben worden, so 1778 Goethes Jahrmarkt zu Plundersweiler und 1779 zur Feier des Geburtstags des Herzogs eine

Farce: Orpheus und Euridice von Einsiedel. Orpheus spielte Wedel, Euridice Amalie selbst. Es war eine derbe Parodie der Alceste von Wieland, die dieser mit eignen Ohren und Augen auffassen musste. Die Arie: »Weine nicht, du Abgott meines Lebens« ward auf die allerlächerlichste Art, die man sich denken kann, mit dem Posthorn begleitet, dem schallenden Gelächter der zahlreichen Hofversammlung preisgegeben, auf den Reim Schnuppe ward ein langer Triller abgeleiert. Die dergestalt zermarterte Arie ward sogar da capo begehrt. Wieland wurde wild und lief davon. Unterm 21. September 1779 schrieb er an Merck: »Der unsaubere Geist der Polissonerie und der Fratze, der in unsere Oberen gefahren ist, verdrängt nachgerade alles Gefühl des Anständigen, alle Rücksicht auf Verhältnisse, alle Delikatesse, alle Zucht und Scham.« Gleichzeitig erfolgte die sogenannte »Kreuzerhöhungsgeschichte« mit dem »prätentiösen« Woldemar von Jacoby: Das Buch ward von Merck mit dem Einband an eine alte Buche des Ettersburger Waldes genagelt, sodass die Blätter im Winde flatterten, Goethe bestieg den belaubten Gipfel des Baums und hielt von da herab hochnotpeinliches Halsgericht über die Scharteke. Nachher ward ein Vogelschießen nach ihr veranstaltet. Man sieht noch in Ettersburg diese alte Buche, die leider durch einen Blitzstrahl stark versehrt worden ist: In die Rinde haben die Teilnehmer dieses Woldemar-Autodafés ihre Namenszüge eingeschnitten, die kaum noch leserlich sind. Merkwürdig war, dass Goethe mit seiner eignen Person durchaus keinen wenn auch noch so harmlosen Scherz spielen ließ. Als 1776 sein

Landsmann, der Frankfurter Klinger, zum Besuch in Weimar war, pflegte man im Gang des herzoglichen Wohnhauses sich mit Schießen nach dem Ziele zu üben und dazu ein Porträt hinzustellen. Klinger nahm einmal Goethes Porträt, und danach ward wirklich geschossen. Das konnte Goethe niemals vergeben. Auch Nicolai, der den »Werther« travestiert, schrieb einmal an Höpfner aus Leipzig unterm 6. Mai 1779: »Ich bedaure einen Mann, der sich stark dünkt und doch so empfindlich ist.«

Die Komödien in Ettersburg pflegten bei Fackelschein im Walde gegeben zu werden. Man sieht hier noch die abgesteckten Grenzen zu den Waldbühnen, wo die tollsten Stegreifschauspiele aufgeführt wurden; in den Bäumen des Waldes sind überall noch die halb und ganz verwachsenen Inschriften der Namen Herder, Gleim, Lavater, Wieland, Goethe vorhanden. Nächst den Komödien kamen auch Zigeunerwirtschaften auf der Ilm mit Elfen, Nixen, Sonne, Mond und Sternen und dergleichen unter den Lustbarkeiten vor. Öfters wurden von Weimar aus frühmorgens schon Waldpartien von den Hofherren und Hofdamen unternommen, ein mit dem Mundvorrat beladener Küchenwagen fuhr nach. In Tiefurt ward das Erntefest mit Tanz und Festmahl und einem Aufzuge der Schnitter, Winzer und Fischer mit ihren Mädchen und Frauen gefeiert: Abends war der Park die Ufer der Ilm entlang glänzend dekoriert und illuminiert, das Fest pflegte sich mit rauschendem Applaus des bäuerlichen Publikums zu enden.

Eine merkwürdige Figur spielte an Amalies galantem Hofe Papa Wieland. »Es ist mir«, teilte er an Böttiger mit, »oft vorgekommen, dass mir die Verhältnisse der Höflinge gegen einander und gegen die Fürsten fremd blieben, während alle Welt um und neben mir davon unterrichtet war und mich selbst darin verwickelt glaubte. So bin ich fast täglich mit der Frau v. W. (Werthern) umgegangen, ohne ihr Verhältnis zu dem Herrn v. E. (Einsiedel) zu ahnen, von dem sie sich in der Folge aus dem Grabe entführen ließ.«

Unmittelbar nach jener Parodierung seiner Alceste, die Wieland offenbar zu hoch nahm, weil er einen Monat vorher wegen des Oberons die volle Anerkennung vom Herzog und von Goethe sogar einen Lorbeerkranz erhalten hatte, schrieb er unterm 3. Oktober 1779, als eben Goethe mit dem Herzog und Wedel nach der Schweiz abgereist war, an Merck: »Die Herzogin Amalie ist vorgestern nach Ilmenau abgegangen, vermutlich um sich bei dermalen eingefallenem nassen Wetter in den dortigen Tannenwäldern zu erlustigen. Man glaubt, sie werde ihrem lieben Sohn nach Italien nachreisen, ich glaube aber nicht daran, wiewohl dermalen bei uns nichts unmöglich ist. Überhaupt steht's bei uns so, dass für unsereinen weiter nichts zu tun ist, als sich in seine Tugend einzuhüllen, zu Hause zu bleiben, seine Kinder umzutragen und Stanzen zu machen.« Am 4. November 1779 schrieb die Herzogin selbst an Merck, als sie wieder in die Stadt gezogen war: »Die Nachrichten, die ich von den Reisenden bekomme, machen mir öfters den Kopf schwindlig. Doch gönne ich's ihnen von Herzen und mach's wie die Frau Aja (Goethes Mutter), setz' mich ans Klavier oder zeichne, da werden die Ideen wieder Couleur de Rose. Dass die schöne Fräulein von Wangenheim auf die Vermehrung der Welt bedacht gewesen sei, leuchtet mir so ziemlich ein, aber dass Lenz Professor geworden, kommt mir wunderbar vor; die Universität, die ihn dazu gemacht hat, muss toll und Lenz gescheit geworden sein.«

3. Die Fremden in Weimar. Charlotte von Kalb und ihr Verhältnis zu Schiller und Jean Paul. Caroline von Wolzogen und Schillers projektierte Ehe nach dem Beispiel des Grafen von Gleichen. Weimarische Hofzustände nach den Briefen Schillers an Körner und Jean Pauls an Otto. Die geistreichen und die schönen Damen Weimars. Gräfin Henckel. Besuch der Madame de Staël. Die Gores. Das weimarische Hoftheater seit 1791. Wolf.

Der Naturmensch Lenz, ein Livländer, gehörte zu den Kraftgenies, die von allen Seiten nach der Ilm pilgerten, um in der Gnadensonne, die Goethe aufgegangen war, sich zu sonnen. Er kam eines schönen Tages 1776 sehr abgerissen im Erbprinzen zu Weimar an und fertigte sofort eine Karte an Goethe ab des Inhalts: »Der lahme Kranich ist angekommen. Er sucht, wo er seinen Fuß hinsetze. Lenz.« Goethe befand sich eben beim Herzog, um ihm bei einer leichten Unpässlichkeit Gesellschaft zu leisten. Er musste laut auflachen, als er das Billet gelesen, zeigte es dem Herzog, und dieser befahl sogleich Lenz kommen zu lassen. Er erschien, über sein zerlumptes Ansehn keineswegs sich Gedanken machend, in des Herzogs Wohnung und war voll Selbstgefühl und Keckheit. Carl August ließ ihn aus seiner Schatulle in allem freihalten, auch vom Kopf bis zum Fuß neu kleiden. Von Lenzens Zeit an führte Bertuch, der Schatullier für die menus plaisirs, in seinen Rechnungen eine eigne Rubrik für die Garderobe der kraftgenialischen Gäste. Den folgenden Abend nach Lenzens Ankunft war Redoute bei Hofe, über den damals noch der zeremoniöse Graf Görtz die Hand hielt, so sehr sich auch der Herzog darüber formalisierte. Lenz dachte gar nichts andres, als dass öffentlicher Maskenball sei. Er ließ sich einen roten Domino bringen und eine Maske und ging keck und wohlgemut in den Tanzsaal. Hier zog er eine Fräulein von Losperg zum Tanz auf, dieselbe, die sich zwei Jahre später 1778 aus Gram, dass sie ihr Geliebter, ein Schwede, von Wrangel, verlassen, mit dem Werther in der Tasche in der Ilm ertränkte.* Lenz tanzte frisch weg. Auf einmal desorganisiert sich der Hofball. Es wird ruchbar, dass ein bürgerlicher Wolf unter die Adelsherde geraten sei. Kammerherr von Einsiedel begibt sich atemlos zum Herzog herauf und erzählt ihm die Geschichte. Dieser lässt Lenz ruhig kommen und weist ihn zurecht. Lenz ließ es sich auf des Herzogs Kosten in Stadt, Wald und Gebirg wohl sein, beging aber einen Affenstreich nach dem andern. Nach jener Maskenballszene schrieb Goethe an Frau von Stein: »Lenzens Eselei von gestern Nacht hat ein Lachfieber gegeben. Ich kann mich gar nicht erholen.« Und Wieland schrieb an Merck 27. Mai 1776:

* Auf diese traurige Veranlassung dichtete Goethe das schöne Lied »Füllest wieder Busch und Tal«.

»Lenz liefert alle göttliche Tage regulièrement seinen dummen Streich.« Der kleine tolle Lenz musste endlich ausgeschafft werden und bekam vom Kammerpräsidenten Kalb noch einige Louisd'or Reisegeld auf den Weg.

Vor ihm 1775 hatten schon die beiden Grafen Stolberg eingesprochen auf ihrer Rückreise aus der Schweiz. Friedrich Stolberg gefiel sehr und sollte als Kammerherr angestellt werden, Klopstock aber, wie oben vorgekommen ist, hintertrieb es. 1779 kam Merck aus Darmstadt, von Einsiedel »als einer der vorzüglichsten Menschen, die er je gesehen habe, empfohlen, dabei sei er mit allen gesellschaftlichen Talenten begabt, die sich nur denken lassen«. Merck gefiel in Weimar ungemein und verweilte mehrere Monate. Er, der nach Wielands Ausdruck »die erlauchten Personen unterweilen wie die Schönen ihre Liebhaber behandelte«, urteilte, nachdem er Goethes Treiben am weimarischen Hofe mit Augen erblickt hatte: »Gibt es nichts Besseres für ihn zu tun? Was Teufel fällt dem Wolfgang ein, hier am Hofe herumzuschranzen und zu scherwenzen, andere zu hudeln oder, was mir alles eines ist, sich von ihnen hudeln zu lassen?« Er schämte sich in Goethes Seele, dass das gottbeglaubigte Genie sich zur Liebedienerei am Hofe hergeben musste, aber Goethe war nicht mehr zu bekehren. Knebel schrieb 1780 an Lavater über den verkannten Goethe: »Er ist ein wunderbares Gemisch oder eine Doppelnatur von Held und Komödiant, doch prävaliert die erste. Er ist so biegsam als einer von uns, aber Eitelkeit hat er noch etwas, seine Schwächen nicht zu zeigen.« Jeder Fremde von künstlerischem oder literarischem Talent ward zu Weimar mit der liebenswürdigsten

Zuvorkommenheit empfangen und, auch wenn er nicht gerade hoffähig, nur präsentabler als Lenz war, zur Tafel und zu allen Lustbarkeiten gezogen, wie z. B. der 1782 schon berühmte Johannes Müller und der Philosoph Garve, 1784 Jacobi und »der Wandsbecker Bote«. Wie eine Engelserscheinung ward der Zürcher Prophet Lavater, der 1786 einsprach, begrüßt, die Herzogin-Mutter schrieb damals an Merck (9. Oktober): »Seine Liebe und Güte, die aus allen seinen Handlungen hervorspricht, wirken wohl stark auf die Menschen, besonders, sagt man, auf die Weiber. Wenn ich eine große Monarchin wäre, müsste Lavater mein Premierminister sein, denn ich bin überzeugt, dass er eine solche Stelle ebenso gut bekleiden würde als jetzt die von einem Premierminister Christi.« In den neunziger Jahren endlich kam Jean Paul, den 1798, als er von einer Berliner Reise zurückkehrte, der damalige preußische Leutnant, spätere General von Wolzogen traf und von ihm in seinen Memoiren berichtet, dass er ihn öfters »in ziemlich benebeltem Zustande nach Hause zu bringen die Freude gehabt habe«. Goethe (der ihn bekanntlich wegen seiner jachen Phantasie »einen Bockhirsch erster Sorte« zu betiteln pflegte) verglich ihn in solchen Momenten mit einem Salamander, womit seine damalige hagere Gestalt vortrefflich bezeichnet war; auch stand er damals in vollen Liebesflammen zu Frau von Kalb, Schillers früherer Freundin, auf die ich noch einmal umständlicher zurückkomme. Von berühmten Leuten, die in Weimar einsprachen, nenne ich noch Gall, den Begründer der Phrenologie, der 1805 zweimal an der Hoftafel Weimars gespeist hat.

Wiederholt sprachen auch aus der Nähe die befreundeten Fürstlichkeiten ein, wie der Herzog Ernst von Gotha und sein Bruder Prinz August, der Herzog Georg von Meiningen, der Fürst Franz von Dessau, der Statthalter Dalberg aus Erfurt etc.

Auch für die Freimaurerlogentätigkeit ward Weimar unter Carl August ein Hauptplatz. Der hannoverische Baron Knigge, der bekannte Autor des Umgangs mit Menschen, lebte eine Zeit lang 1777 als Kammerherr am Hofe, er suchte, seit 1780 in den Illuminatenorden aufgenommen, diesen mit dem Freimaurerorden zu verbinden. In demselben Jahre 1780 ward Bode, der ein sehr eifriger Maurer war, von Knigge auch in den Illuminatenorden aufgenommen: Bode ward später, wie schon erwähnt, der Nachfolger des Stifters und Meisters desselben Weishaupt. Der Herzog selbst ward 1780 mit Goethe und Herder Maurer und nahm auch am Illuminatenorden Anteil.

Neben der Residenz Weimar erhob sich auch die Landesuniversität Jena durch das Zusammentreffen von einer Menge gelehrter Notabilitäten zu einem seltenen Glanze, schon seit dem Anfang der achtziger Jahre. Die Theologen Döderlein und Griesbach, der Philolog Schütz und der Anatom Loder, mit dem Goethe so viel in Naturwissenschaften verkehrte, waren damals die Koryphäen in Jena. Bertuch gab seit 1785 mit Schütz und Wieland die Literaturzeitung heraus, die im Anfange ein ungemein wirksames literarisches Organ war. 1787 kam Schiller, 1794 Fichte, 1798 Schelling und um dieselbe Zeit auch Hegel nach Jena, die der Philosophie eine ganz neue Wendung gaben. Ebenso ging von den Gebrüdern Schlegel, Novalis-Hardenberg und Clemens Brentano, die das lange verschlossen gebliebene deutsche Mittelalter in Poesie und Kunst wieder aufschlossen, eine neue Richtung in der Poesie, die s. g. romantische Poesie aus. Für die Naturwissenschaften wirkten Alexander von Humboldt und später seit 1807 Oken. Mit Recht nannte Schiller damals Jena eine Erscheinung, »wie sie vielleicht auf Jahrhunderte nicht wieder kommen werde«. In Weimar überhaupt vermisste er nur »die rheinische Liberalität und die schwäbische Herzlichkeit«.

Dorothee Schlegel, geborene Mendelsohn, schrieb 23. Januar 1800 über Jena an Rahel: »Ich werde alle Tage klüger und geschickter. Wer es aber bei diesen und mit diesen Menschen nicht werden wollte, müsste von Stein und Eisen sein. Ein solches ewiges Konzert von Witz und Poesie, von Kunst und Wissenschaft, wie mich hier umgibt, kann einem die ganze Welt vergessen machen.«*

* Von monumentalen Erinnerungen an diese größte Periode Jenas ist nach dem Tagebuch Adolf Stahrs nur noch Schillers Gartenhaus, jetzt die Sternwarte, und Griesbachs Haus und Garten, wo Schiller zur Miete wohnte, ehe er 1796 sein Gartenhaus kaufte, erhalten. Über die Studentensitten, die noch etwas mittelalterlich waren, berichtet Schiller in einem Brief an Körner 29. August 1787: »Abends, wenn es dunkel wird, hört man fast alle vier Minuten die ganze lange Gasse hinunterschallen: ›Kopf weg! Kopf! Kopf weg!‹ – welches menschenfreundliche Wort den fliehenden Wanderer vor einem balsamischen Regen warnt, der über seinen Scheitel loszubrechen droht. Im Ganzen aber sind die Sitten der hiesigen Studenten um sehr viel gebessert. Man hört auch wenig mehr von Duellen, doch vergeht keine Woche ohne irgendeine Geschichte. Die Anzahl der Studenten ist 7 bis 800 und soll jetzt, wie der Ruhm der Universität, im Zunehmen sein.«

Ebenso stand es mit Weimar. Schon am 22. November 1776 hatte Goethe an Merck geschrieben: »Übrigens ist eine tolle Compagnie von Volk hier beisammen; auf einen so kleinen Fleck wie in einer Familie findet sich's nicht wieder so.« Wie der weimarische Hof seine vorzüglichen Männer mit sich und den Gästen, die häufig einsprachen, in Berührung erhielt, ergibt sich aus einer Aufrechnung Schölls, des Herausgebers der Briefe Goethes an Frau von Stein: Während des Besuchs des Prinzen Ludwig von Braunschweig 3.–24. Juli 1786 wurden zur Mittagstafel gezogen am 3. Goethe und Wieland, am 4. Goethe, Wieland und Herder, am 6. Goethe und Knebel, am 7. Goethe und Herder, am 11. Goethe, am 12. Herder, am 15. Goethe, am 17. und 20. Wieland, am 21. Goethe, am 22. Herder. Im ersten Quartal dieses Jahres 1786 speisten an der Herzogtafel Goethe elfmal, Wieland, Herder und Knebel (der erst im März ankam) fünfmal; im zweiten Quartal Goethe zwölfmal, Knebel dreizehnmal, Wieland fünfmal und Herder zweimal. Nach seiner Zurückkunft von Italien speiste Goethe besonders sehr fleißig bei Hofe, so vom 28. Dezember 1788 bis 31. Januar 1789 elfmal, meist in engerem Zirkel; viermal während des Herzogs Abwesenheit in Berlin im Laufe des Februars bei der Herzogin, dann wieder vom 26. Februar bis 1. April elfmal beim Herzog, teils allein, teils mit Knebel und Wieland, der Abendeinladungen zum Herzog zu Konzert, Ball etc. nicht zu gedenken.

In den neunziger Jahren stand die weimarische Hofgesellschaft auf dem Gipfelpunkt des Genusses, den sie aus dem reichen literarischen und poetischen Leben zog, das in Weimar und Jena aufgegangen war. In das Jahr 1791 fällt die Stiftung des Hoftheaters zu Weimar, das von jetzt eine Hauptressource für Weimar wurde. Am 5. Juli 1791 stiftete die Herzogin-Mutter Amalie den weimarischen Gelehrten-Verein. Dieser Verein versammelte sich jeden ersten Freitag im Monat bei ihr, in den Abendstunden von fünf bis acht Uhr. Der Herzog mit seiner Gemahlin und die Musenfreunde aus Weimar und Jena waren Mitglieder. Es ging hier ganz ohne Etikette zu: Jeder saß, wie er gerade zu sitzen kam, nur der Vorleser trug an einem besonderen Tisch vor. Hier las Goethe über das Farbenprisma und den Stammbaum Cagliostros, Herder über wahre Unsterblichkeit für die Nachwelt, der Geheime Rat Voigt über eine Urkunde des Kaisers Friedrich Barbarossa und die neue preußische Legislation im Vergleich mit der Kaiser Justinians, der Vortrag war eine verblümte Kritik der Wöllner'schen Wirtschaft in Preußen; Bertuch hielt Vorträge über chinesische Farben und englische Gärten, Böttiger über das Tätowieren und die Prachtgefäße der Alten, Christoph Wilhelm Hufeland, der berühmte Arzt und spätere Geheime Rat in Berlin, über die Lebensdauer des Menschen, Bode las ein Stück aus seiner Übersetzung Montaignes, Knebel über Wohlwollen, Wertschätzung und Höflichkeit usw. Nach Beendigung jedes Vortrags trat alles um eine große Tafel in der Mitte des Saals herum, auf der, was vorgezeigt wurde, lag, und es folgte eine freie Besprechung des Vorgetragenen.

An den übrigen Freitagen hatte Goethe und später der Geheime Rat von Voigt einen Abendverein. Außerdem hatte Goethe im Jahre 1805 alle Donnerstag 11–1 Uhr für die Besichtigung seiner Kunstsammlungen fixiert: Die fürstlichen Damen, Frau von Stein und wen sie mitbrachten, waren hier ein für allemal geladen. An die Stelle dieser kunstbetrachtenden Donnerstage traten 1806 naturbetrachtende Dienstage und Mittwoche, wo er namentlich über seine Steckenpferde, die Farbenlehre und Geologie vortrug. Nächstdem hatte Goethe auch musikalische Sonntage. Alle Sonntage Abend war Teezirkel bei Herder. Noch bestand eine Mittwochsgesellschaft, von der Schiller einmal, den 6. Oktober 1787, an Körner schreibt: »Es ist hier seit dem 1. Oktober eine Mittwochsgesellschaft von Damen und Herren, aber kein Adel wird zugelassen. Bei dieser bin ich auch, es wird gespielt, diskutiert, zuweilen auch getanzt und dann in Gesellschaft soupiert.« Endlich bestand noch ein Club von Gelehrten und Künstlern, der täglich zusammenkam und wo ebenfalls hauptsächlich gespielt, gegessen und Tabak geraucht wurde. Im November des Jahres 1801 stiftete Goethe ein neues Mittwochs-Winterkränzchen von Herren und Damen zu Gesang und Abendschmaus alle vierzehn Tage: Die Mittelpunkte dieser Pikeniks bildeten er und Schiller. Dieser berichtete unterm 16. November 1801 an Körner: »Es geht recht vergnügt dabei zu, obgleich die Gäste zum Teil sehr heterogen sind, denn der Herzog selbst und die fürstlichen Kinder werden auch eingeladen. Wir lassen uns nicht stören; es wird fleißig gesungen und pokuliert.« Viele Lieder, von Goethe und Schiller gedichtet, wurden hier zum ersten Mal gesungen, so Goethes Lied »Mich ergreift, ich weiß nicht wie, himmlisches Behagen« und der Gesang Schillers vor der Abreise des Erbprinzen nach Frankreich am 22. Februar 1802. Kotzebue, welcher 1800 nach zwanzigjähriger Entfernung von Russland, wo er Schwiegersohn des Generals von Essen und geadelt worden war, in seine Vaterstadt zurückgekehrt war und dem, in der höheren Gesellschaft sehr begehrt, gar kein Zweifel beikam, dass seine Person nicht angenehm sein werde, suchte Aufnahme in diesen intimen Kreis. Goethe aber erklärte, »in Weimar sei es wie in Japan: Neben dem weltlichen Hofe gebe es noch einen geistlichen, und zu diesem werde der Herr von Kotzebue nie Zutritt erlangen«.

Unter den Damen, welche damals die weimarische Gesellschaft belebten, ist vor allen auszuzeichnen Schillers und später Jean Pauls große Freundin, die geistvolle Charlotte von Kalb. Sie war mit der Stein'schen Familie in Weimar verwandt*, eine geborene Fräulein Marschall von Ostheim, aus einer reichbegüterten Familie, die der fränkischen Reichsritterschaft angehörte, eine Dame, die erst vor wenig Jahren 1843 im Schloss zu Berlin gestorben ist, wohin sie sich später nach dem Tode ihres Mannes 1804 gezogen hatte, um mit Fichte und Wilhelm von Humboldt zusammen zu sein: Sie starb zweiundachtzigjährig, zuletzt erblindet; ihre Denkwürdigkeiten hat ihre Tochter, Edda von Kalb, Hofdame bei der verstorbenen Prinzessin Wilhelm von Preußen, als Manuskript für ihre Freunde 1851 drucken lassen, und was sich auf Schiller und Goethe bezieht, hat Professor Köpke in Berlin 1852 in einer besonderen kleinen Schrift mitgeteilt.

* Eine ihrer Tanten war eine Frau von Stein auf Völkershausen.

Charlottes Gemahl war der Major Heinrich von Kalb, ein Bruder des Kammerherrn und später Kammerpräsidenten, dem Goethe 1782 in seinem Posten gefolgt war; er hatte den amerikanischen Befreiungskrieg mitgemacht und war wahrscheinlich ein Verwandter jenes in den Annalen Amerikas berühmten Kalb, der mit Baron Steuben an Washingtons Seite fechtend 1780 den Heldentod gestorben war. Er stand in französischen Diensten im Regiment des damaligen Herzogs von Zweibrücken, nachherigen Königs Max Joseph von Bayern und galt als ein Günstling von diesem. Die Ehe war kurz nach dem Frieden, der die Unabhängigkeit Amerikas sicherte, 1784 geschlossen worden; schon damals hatte Charlotte Schiller in Mannheim kennen lernen. Ihre Schwester Leonore hatte schon zwölf Jahre früher sich mit dem Bruder des Gemahls Charlottes, dem durch Goethe abgelösten Kammerpräsidenten, vermählt.

Charlotte von Kalb zog, da sie frühzeitig mit ihrem Gemahl in Missverhältnisse geraten war, denselben verlassend 1786 nach einem Gute ihrer Familie in der goldenen Aue in Thüringen und darauf nach Weimar. Darauf etablierte sich auch Schiller hier: Jedenfalls war sie die Hauptveranlassung, dass er im folgenden Jahre 1787 Weimar zu seinem Aufenthalt wählte. Die Verbindung war eng und sollte noch enger werden: Charlotte sollte sich von ihrem Manne scheiden lassen. Schiller schlug sie aus; später widerfuhr ihr dasselbe von Seiten Jean Pauls, den sie 1796 kennen gelernt hatte und dem sie 1798 ihre Person mit drei Rittergütern anbot. Es ist diese den beiden großen Dichtern so nahe stehende Dame, bei der auch noch ein dritter Poet, Hölderlin, als Hofmeister ihres Sohnes fungierte, dieselbe, die Rahel einmal in einem Brief an die Generalin von Zielinski in Frankfurt an der Oder, jetzige Frau von Treskow in Berlin, unterm 18. März 1823 »die geistvollste Frau« nennt, die sie gekannt habe, »wie Frau von Arnim (Bettina) die geistreichste, Gräfin Josephine Pachta, geborene Canal, den größten weiblichen Charakter und die Großherzogin Stephanie Beauharnais von Baden den einzigen metaphysischen Kopf unter Weibern«. Rahel hat Frau von Kalb mit den Worten ein schönes Denkmal gestiftet: »Frau von Kalb ist von allen Frauen, die ich je gekannt habe, die geistvollste; ihr Geist hat wirklich, wie Flügel, mit denen sie sich in jedem beliebigen Augenblick, unter allen Umständen, in alle Höhen schwingen kann; dies ist ein absolutes Glück, und sie fühlt sich dadurch so frei, dass sie nach dem erhabensten oder tiefsten Geistesblick öfters lacht, wo es gar nicht hinzugehören scheint, gleichsam in den Gedanken, dass es etwas Komisches hätte, um in der eben erblickten Sphäre verweilen oder gar bleiben zu wollen: Flugs nimmt ihr Geist eine andere, öfters entgegengesetzte Richtung und tut da wieder Wunder. Auf diese Weise gibt sie sich auch getrost und ebenso frei hergebrachten Meinungen, Vorurteilen, beliebten, herrschenden Formen des Seins und Denkens hin: Sie kann doch lachen und vergnügt sein. Ein wenig lüftet sie die Flügel, und die leere Luft sinkt zu ihren Füßen an den Boden und die edeln Gedanken nehmen ihren Flug.« Wie Goethe Frau von Stein im Tasso und der Iphigenie verherrlicht hat, hat Schiller Frau von Kalb als Elisabeth im Don Carlos gefeiert.

Über die Natur des Verhältnisses Charlottes zu Schiller geben, da Charlotte in einem Moment der Aufwallung alle Briefe, die sie von Schiller erhalten, verbrannt hat, nur dessen Briefe an Körner* einige Nachweise; in diesen Briefen schildert Schiller zugleich die Physiognomie des Horizonts Weimar, sowohl des Hof- als des Stadthorizonts, und namentlich sind die Bemerkungen ergötzlich, die er über die Qualitäten der Planeten am weimarischen Gelehrtenhimmel an seinen Freund schreibt.

Schiller langte eines Sonnabends am 21. Juli 1787 in Weimar an und wohnte die ersten vierzehn Tage im Erbprinzen. Er schrieb schon am 23. an Körner und dessen Frau: »Vorgestern Abend kam ich hier an etc. Am nämlichen Abend sah ich Charlotten. Unser erstes Wiedersehen hatte so viel Gepresstes, Betäubendes, dass mir's unmöglich fällt, es Euch zu beschreiben. Charlotte ist sich ganz gleichgeblieben, bis auf wenige Spuren von Kränklichkeit, die der Paroxysmus der Erwartung und des Wiedersehens für diesen Abend aber verlöschte und die ich erst heute bemerken kann. Sonderbar war es, dass ich mich schon in der ersten Stunde unsers Beisammenseins nicht anders fühlte, als hätte ich sie erst gestern verlassen: So einheimisch war mir alles an ihr, so schnell knüpfte sich jeder zerrissene Faden unsres Umgangs wieder an.

* Appellationsrat in Dresden, gestorben 1831 zu Berlin als Geheimer Oberregierungsrat, fünfundsiebzig Jahre alt.

Ehe ich Euch über sie und auch über mich etwas mehr sage, lasst mich zu mir selbst kommen. Die Erwartung der mancherlei Dinge, die sich mir hier in den Weg werfen werden, hat meine ganze Besinnungskraft eingenommen. Überhaupt wisst Ihr, dass ich bald von den Dingen, die mich umgeben und nahe angehen, betäubt werde. Das ist jetzt mein Fall, mehr und mit größerem Rechte als jemals. Ich habe mit keinen Kleinigkeiten zu tun, und die vielerlei Verhältnisse, in die ich mich hier teilen muss, in deren jedem ich doch ganz gegenwärtig sein, erschrecken meinen Mut und lassen mich die Einschränkung meines Wesens fühlen.

Gestern, als am Sonntag, hab' ich keinen Besuch gemacht, weil ich den ganzen Tag bei Charlotten zubringen sollte.

Diesen Morgen habe ich Wieland in einem Billet begrüßt und erhalte eben die Antwort, dass er mich diesen Nachmittag bei sich erwarten wird etc.

Ich wohne bis jetzt noch im Gasthof zum Erbprinzen.

Charlotte ist eine große sonderbare weibliche Seele, ein wirkliches Studium für mich, die einem größern Geist, als der meinige ist, zu schaffen geben kann. Mit jedem Fortschritt unsers Umgangs entdecke ich neue Erscheinungen in ihr, die mich, wie schöne Partien in einer weiten Landschaft, überraschen und entzücken. Mehr als jemals bin ich jetzt begierig, wie dieser Geist auf den Eurigen wirken wird. Herr von Kalb und sein Bruder werden im September eintreffen, und Charlotte hat alle Hoffnung, dass unsre Vereinigung im Oktober zustande kommen wird. Aus einer kleinen Bosheit vermeidet sie deswegen auch in Weimar die geringste Einrichtung für häusliche Bequemlichkeit zu machen, dass ihn die Armseligkeit weg nach Dresden treiben soll. Sind wir einmal da, so lässt man Euch für das Weitere sorgen. Die Situation des Herrn von Kalb am zweibrückischen Hof, wo er eine Karriere machen dürfte, wenn der Kurfürst von der Pfalz sterben sollte, lässt sie vielleicht zehn bis fünfzehn Jahre über ihren Aufenthalt frei gebieten.

Von dem kleinen Fritz* habe ich Euch noch nichts gesagt. Es ist ein liebes Kind aus ihm geworden, das mir viele Freude macht; er wird recht gut behandelt und hat schon sehr viel Züge von Güte und Gehorsam gezeigt. Charlotte geht wenig in Gesellschaft, wird aber nunmehr in diesem Punkte eine Veränderung treffen. Zu Ende dieser Woche oder Anfang der folgenden wahrscheinlich lasse ich mich der Herzogin vorstellen.

Jetzt Adieu, meine Lieben etc. Meine ganze Seele ist bei Euch – denn sollte Freundschaft ein so armseliges Feuer sein, dass es durch Teilung verlöre? Kein Geschöpf in der Welt kann Euch die Liebe, kann Euch nur den kleinsten Teil der Liebe entziehen, womit ich auf ewig an Euch gebunden bin etc.«

Dienstag (22. Juli)

»Ich besuchte Wieland, zu dem ich durch ein Gedränge kleiner und immer kleinerer Kreaturen von lieben Kinderchen gelangte etc. Sein Äußeres hat mich überrascht. Was er ist, hätte ich nicht in diesem Gesichte gesucht – doch gewinnt es sehr durch den augenblicklichen Ausdruck seiner

* Dem Sohn der Frau von Kalb.

Seele, wenn er mit Wärme spricht. Er war sehr bald aufgeweckt, lebhaft, warm. Ich fühlte, dass er sich bei mir gefiel, und wusste, dass ich ihm nicht missfallen hatte, ehe ich's nachher erfuhr. Sehr gern hört er sich sprechen, seine Unterhaltung ist weitläuftig und manchmal bis zur Pedanterie vollständig, wie seine Schriften, sein Vortrag nicht fließend, aber seine Ausdrücke bestimmt. Er sagte übrigens viel Alltägliches; hätte mir nicht seine Person, die ich beobachtete, zu tun gegeben, ich hätte oft Langeweile fühlen können. Im Ganzen aber bin ich sehr angenehm beschäftigt worden etc. Ich blieb zwei Stunden bei ihm, nach deren Verfluss er in den Club musste. Er wollte mich gleich dort einführen, aber ich hatte Charlotten zugesagt, mit ihr spazieren zu gehen. Unterwegs wollte er wegen der Schwan* bei mir auf den Busch klopfen, ich war aber kalt wie Eis und höchst einsilbig.' Es machte mir Spaß, wie er sich dabei benahm.

Wieland ist hier ziemlich isoliert, wie er mir auch gesagt hat. Er lebt fast nur seinen Schriften und seiner Familie etc.

Hier ist, wie es scheint, schon ziemlich über mich und Charlotten gesprochen worden. Wir haben uns vorgesetzt, kein Geheimnis aus unserm Verhältnis zu machen.

Einigemal hatte man schon die Diskretion – uns nicht zu stören, wenn man vermutete, dass wir fremde Gesellschaft los sein wollten. Charlotte steht bei Wieland und Herder in großer Achtung. Mit dem ersten habe ich selbst über sie gesprochen. – Sie ist jetzt bis zum Mut-

* Margarethe Schwan, Tochter des Buchhändlers Schwan in Mannheim, Schillers frühere Liebe und als »Laura« verewigt.

willen munter, ihre Lebhaftigkeit hat auch mich schon angesteckt, und sie ist nicht unbemerkt geblieben.

Heute schickt der Kammerherr Einsiedel, den ich weder besucht noch gesehen habe, zu mir und lässt sich entschuldigen, dass ich ihn nicht zu Hause getroffen habe. Er wollte mir aufwarten – ich verstand anfangs nicht, was das bedeutete, Charlotte aber glaubt, dass es ein Pfiff wäre, mich zu ihm zu bringen, weil er mich der Herzogin vorstellen sollte. Diese lebt auf dem Lande, eine halbe Stunde von hier. Nun kann ich nicht umhin, mich nächster Tage präsentieren zu lassen.

Ein Logis habe ich im Hause der Frau von Imhof* erhalten; heute soll ich's sehen. Es ist auf der Esplanade, eine Allee vor dem Hause.

– – Ich komme von Herder. Er hat mir sehr behagt. Seine Unterhaltung ist voll Geist, voll Stärke und Feuer, aber seine Empfindungen bestehen in Hass oder Liebe. Goethe liebt er mit Leidenschaft, mit einer Art von Vergötterung etc. Wir sprachen über Schubart und den Herzog von Württemberg, über meine Geschichte mit diesem. Er hasst ihn mit Tyrannenhass etc. Er ist erstaunlich höflich, man hat sich wohl mit ihm etc. Er lebt äußerst eingezogen, in den Club geht er nicht, weil dort nur gespielt oder gegessen oder Tabak geraucht würde; das wäre seine Sache nicht. Wielands Freund scheint er nicht sehr zu sein etc.

Eben hatte ich eine gar liebliche Unterbrechung, welche so kurz war, dass ich sie Euch ganz so setzen kann:

* Schwester der Frau von Stein und Mutter der Amalie von Imhof, späteren Frau von Helvig.

Es wird an meine Tür geklopft.

›Herein!‹

Und herein tritt eine kleine, dürre Figur im weißen Frack und grüngelber Weste, krumm und sehr gebückt.

›Habe ich nicht das Glück‹, sagte die Figur, ›den Herrn Rat Schiller vor mir zu sehen?‹

›Der bin ich, ja.‹

›Ich habe gehört, dass Sie hier wären, und konnte nicht umhin, den Mann zu sehen, von dessen Don Carlos ich eben komme.‹

›Gehorsamer Diener, mit wem habe ich die Ehre?‹

›Ich werde nicht das Glück haben, Ihnen bekannt zu sein, mein Name ist Vulpius*.‹

›Ich bin Ihnen für diese Höflichkeit sehr verbunden – bedaure nur, dass ich mich in diesem Augenblicke versagt habe und eben (zum Glück war ich angezogen) im Begriff war auszugehen.‹

›Ich bitte sehr um Vergebung. Ich bin zufrieden, dass ich Sie gesehen habe.‹

Damit empfahl sich die Figur – und ich schreibe fort.

Das schwarze Kleid hätte ich ganz entbehren können. Ich kann im Frack zum Herzog und zur Herzogin. Annonciert werde ich heute. Ich habe den Kammerherrn Einsiedel besucht, der ein herzlich gutes Geschöpf ist, mit dem ich eine Stunde vom deutschen Fürstenbund gesprochen. In diesem Hause kann ich Musik hören etc.«

* Der damals vierundzwanzigjährige Verfasser des »Rinaldo Rinaldini«, des Entzückens der Gymnasiasten, Ladendiener und Nähtermädchen, der noch 1824 in fünfter Auflage gedruckt wurde, später Schwager Goethes, als Rat und Bibliothekar zu Weimar gestorben 1827.

Weimar, am 28. Juli 1787

»Gestern habe ich einen vergnügten Tag gehabt. Ich bekam eine Einladung von der Herzogin, und Wieland sollte mit mir nach Tiefurt fahren etc. Unterwegs bereitete er mich auf sie vor. Er suchte mich zur Toleranz für sie zu stimmen, weil er wisse, dass sie verlegen sein würde. Es ging alles nach Wunsch. Ich traf sie mit dem Kammerherrn von Einsiedel und einer Hofdame im Gartensaal.

In einer kleinen halben Viertelstunde war die ganze Bekanntschaft in Ordnung. Wir waren zwei Stunden dort. Es wurde Tee gegeben und von allem Möglichen viel schales Zeug geschwatzt. Ich ging dann mit der Herzogin im Garten spazieren, wo ich sie schönstens, aber beinahe mit so vieler Arbeit wie Mlle. Charpentier* unterhielt. Sie pries mir alles Merkwürdige: Wielands Büste, die dort aufgestellt ist, ihres Bruders, des Herzogs Leopold von Braunschweig Monument und anderes. Nachher gingen wir in ihr Wohnhaus, das überaus einfach und in gutem ländlichen Geschmack möbliert ist. Hier wurden mir einige schöne Landschaften von Kobell gezeigt. Gegen Abend empfahlen wir uns und wurden mit Herrschaftspferden nach Hause gefahren. Wieland, der keine Gelegenheit vorbeilässt, mir etwas Angenehmes anzukündigen, sagte mir, dass ich sie erobert hätte. Und wirklich fand ich dieses in der Art, wie sie mich behandelt hatte. Ihre Hofdame**, ein verwachsenes und

* Eine der Töchter des Berghauptmanns Charpentier in Freiberg, die Schiller in Dresden kennen gelernt hatte.

** Fräulein von Göchhausen.

mokantes Geschöpf, der ich einige Aufmerksamkeiten bewies, war so galant, mich mit einer Rose zu regalieren, die sie im Garten für mich suchte. – Diesen Morgen empfange ich wieder eine Einladung zum Tee, Konzert und Souper bei der Herzogin.

Sie selbst hat mich nicht erobert. Ihre Physiognomie will mir nicht gefallen. Ihr Geist ist äußerst borniert, nichts interessiert sie, als was mit Sinnlichkeit zusammenhängt: Diese gibt ihr den Geschmack, den sie für Musik und Malerei und dergleichen hat oder haben will. Sie ist selbst Komponistin, Goethes Erwin und Elmire ist von ihr gesetzt. – Sie spricht wenig, doch hat sie das Gute, keine Steifigkeit des Zeremoniells zu verlangen, welches ich mir auch so trefflich zunutze machte*. Ich weiß nicht, wie ich zu der Sicherheit meines Wesens, zu dem Anstand kam, den ich hier behauptete. Charlotte versichert mir auch, dass ich es hier überall mit meinen Manieren wagen dürfte. Bis jetzt habe ich, wo ich mich zeigte, nirgends verloren. Charlottes Idee von mir hat mir Zuversicht gegeben, und die nähere Bekanntschaft mit diesen weimarischen Riesen – ich gestehe Dir's – hat meine Meinung von mir selbst – verbessert.

Nunmehr freue ich mich auf die junge Herzogin, von der mir allerwärts viel Vortreffliches gesagt wird. Bei der

* Später änderte sich Schillers Urteil ins Bessere um. Als die Herzogin im Jahre 1803 einen Besuch in Dresden abstattete, schrieb er an Körner: »Ihr werdet unsere Herzogin nun kennen gelernt haben. Sie ist eine recht wackere Frau, und es lebt sich recht gut in ihrer Gesellschaft.« Und von Fräulein von Göchhausen schrieb er: »Die Göchhausen ist eine Person, wie man sie an einem Hofe nur wünschen mag.«

Alten hatte ich zu überwinden, weil sie meine Schriften nicht liebt und ich ihr fremd war. Die junge ist meine eifrige Patronin und meinen Arbeiten ganz vorzüglich gut. Charlotte hat mehrmals mit ihr von mir gesprochen und sagt mir, dass ich bei ihr sein dürfte, was ich bin; dass ich sie für alles Schöne und Edle empfänglich finden würde. In vierzehn Tagen wird sie hier sein. Der Herzog aber kommt erst im September. Eine unangenehme Neuigkeit für mich.

Mein Verhältnis mit Charlotten fängt an hier ziemlich laut zu werden und wird mit sehr viel Achtung für uns beide behandelt. Selbst die Herzogin hat die Galanterie, uns heute zusammenzubitten, und dass es darum geschehe, habe ich von Wieland erfahren. Man ist in diesen Kleinigkeiten hier sehr fein, und die Herzoginnen selbst lassen es an solchen kleinen Attentionen nicht fehlen.

Nunmehr habe ich das Logis in Beschlag genommen, das Charlotte vorher gehabt hat. Es kostet mir das Vierteljahr mit den Meubles 17 1/2 Taler: viel Geld für zwei Zimmer und eine Kammer. Einen Bedienten, der zur Not schreiben kann, habe ich für sechs Taler monatlich bekommen.«

Den 29. Juli

»Gestern Abend also war ich mit Charlotten in Tiefurt. Unsere dortige Gesellschaft war Wieland, Graf Solms etc. und ein preußischer Offizier. Schlick und seine Frau* spielten meisterhaft, er das Violoncell und sie die Violine. Charlotte fuhr nach dem Konzert nach Hause,

* Von der Kapelle von Gotha.

weil sie sich nicht wohlfühlte; ich musste aber auf ihr Verlangen zurückbleiben. Das Souper war im Geschmack des Ganzen einfach und ländlich, aber auch ganz ohne Zwang. Charlotte will behaupten, dass ich mich diesen Abend zu frei betragen habe; sie zog mich auch auf die Seite und gab mir einen Wink. Ich habe, sagte sie, auf einige Fragen, die die Herzogin an mich getan, nicht dieser, sondern ihr geantwortet und die Herzogin stehen lassen. Es kann mir begegnet sein, denn ich besann mich niemals, dass ich Rücksichten zu beobachten hätte. Vielleicht habe ich der Herzogin dadurch missfallen.

Die Wirkung, die der ›Don Carlos‹ auf Charlotten gemacht hatte, war mir angenehm, doch fehlte es ihr (weil sie krank und schwach war) oft an Sammlung des Geistes, selbst an Sinn. Des Königs sogenannter Monolog hat auf sie erstaunlich viel Wirkung getan. Die Stellen im Stück, die ich auf sie gleichsam berechnet habe, wovon ich Dir gesagt, erreichten ihre Wirkung ganz. Des Marquis Szene mit dem König tat viel auf sie, aber alles fasste sie nicht beim ersten Lesen. Auf sie wirkte die Schönburg'sche Szene* recht sehr, aber auch sie verstand nicht gleich, was ich mit dem Ausgang derselben wollte.

Stellt euch mein Herzeleid vor – Charlotte kündigt mir an, dass ich als weimarischer Rat, sobald ich in der Stadt

* Schiller muss hier einen Freund Körners, einen Herrn von Schönberg meinen, den er in Dresden bei Körner gesehen. Nach dem Besuch im Jahre 1801 bestellt Schiller »dem treuen guten Schönberg die herzlichsten Grüße«.

selbst mich dem Hof präsentieren wolle, beim hiesigen Adel und den ersten Bürgerlichen Zeremonienbesuche machen müsse. Ob das gleich nun durch bloße Karten ausgerichtet zu werden pflegt und ich meinen Bedienten habe, so stehe ich doch in Gefahr, bei einigen angenommen zu werden, und wenn auch nicht, so ist eine halbe Woche schändlich verloren. Ich kann mich, ohne einen großen Fehler gegen die Lebensart zu begehen, nicht davon ausschließen.«

Weimar, am 8. August 1787

»Kannst Du mir glauben, lieber Körner, dass es mir schwer – ja beinahe unmöglich fällt, Euch über Charlotten zu schreiben? Und ich kann Dir nicht einmal sagen, warum? Unser Verhältnis ist – wenn Du diesen Ausdruck verstehen kannst – wie die geoffenbarte Religion, auf den Glauben gestützt. Die Resultate langer Prüfungen, langsamer Fortschritte des menschlichen Geistes sind bei dieser auf eine mystische Weise avanciert, weil die Vernunft zu langsam dahin gelangt sein würde. Derselbe Fall ist mit Charlotten und mir. Wir haben mit der Ahnung des Resultats angefangen und müssen jetzt unsere Religion durch den Verstand untersuchen und befestigen. Hier wie dort zeigen sich also notwendig alle Epochen des Fanatismus, Skeptizismus, des Aberglaubens und Unglaubens, und dann wahrscheinlich am Ende ein reiner und billiger Vernunftglaube, der der alleinseligmachende ist. Es ist mir wahrscheinlich, dass der Keim einer unerschütterlichen Freundschaft in uns beiden vorhanden ist, aber er wartet noch auf seine Entwickelung. In Charlottens Gemüt ist übrigens mehr Einheit als in dem meinigen, wenn sie schon wandelbarer in ihren Launen und Stimmungen ist. Lange Einsamkeit und ein eigensinniger Hang ihres Wesens haben mein Bild in ihrer Seele tiefer und fester gegründet, als bei mir der Fall sein konnte mit dem ihrigen.

Ich habe Dir nicht geschrieben, welche sonderbare Folge meine Erscheinung auf sie gehabt hat. Vieles, was sie vorbereitete, kann ich jetzt auch nicht wohl schreiben. Sie hat mich mit einer heftigen, bangen Ungeduld erwartet. Mein letzter Brief, der ihr meine Ankunft gewiss versicherte, setzte sie in eine Unruhe, die auf ihre Gesundheit wirkte. Ihre Seele hing nur noch an diesem Gedanken – und als sie mich hatte, war ihre Empfänglichkeit für Freude dahin. Ein langes Harren hatte sie erschöpft, und Freude wirkte bei ihr Lähmung. Sie war fünf bis sechs Tage nach der ersten Woche meines Hierseins fast jedem Gefühle abgestorben, nur die Empfindung dieser Ohnmacht blieb ihr und machte sie elend. Ihr Dasein war nur noch durch konvulsivische Spannungen des Augenblicks hingehalten. Du kannst urteilen, wie mir in dieser Zeit hier zumute war. Ihre Krankheit, ihre Stimmung und dann die Spannung, die ich hierher brachte, die Aufforderung, die ich hier hatte! Jetzt fängt sie an, sich zu erholen, ihre Gesundheit stellt sich wieder her, ihr Geist wird freier. Jetzt erst können wir einander etwas sein. Aber noch genießen wir uns nicht in einem zweckmäßigen Lebensplan, wie ich mir versprochen hatte. Alles ist nur Zurüstung für die Zukunft. Jetzt erwarte ich mit Ungeduld eine Antwort von ihrem Manne auf einen wichtigen Brief, den ich ihm geschrieben°.«

Weimar, am 18. August 1787

»Herr von Kalb hat mir geschrieben. Er kommt zu Ende September, seine Ankunft wird das Weitere mit mir bestimmen. Seine Freundschaft für mich ist unverändert, welches zu bewundern ist, da er seine Frau liebt und mein Verhältnis mit ihr kennt. Aber seine Billigkeit und seine Stärke dürfte vielleicht durch Einmischung fremder Menschen und eine dienstfertige Ohrenbläserei auf eine große Probe gestellt werden, wenn er kommt. Ich verstehe nämlich nur in Beziehung auf die Meinung der Welt, denn der Glaube an seine Frau wird nie bei ihm wanken. Herr von Kalb kann nach dem Tode des Kurfürsten von der Pfalz der zweite in der Armee und eine sehr wichtige Person werden, ohne dass er seine französischen Dienste dabei aufzugeben hat, wo er in acht bis zehn Jahren Brigadier sein muss. Er ist Liebling des Herzogs von Zweibrücken, bei den Damen äußerst empfohlen und der Königin von Frankreich bekannt, welche sich gewundert hat, dass er sich nicht schon in Paris gemeldet. Alles das wundert mich nicht – aber es freut mich, dass er alles dies erreicht hat und doch der wahre, herzlich gute Mensch bleiben durfte, der er ist.

Vor einigen Tagen ward ich mit Charlotten zu einem Konzert bei der Herzogin eingeladen etc. Wie krumm

° Körner schrieb auf diesen Brief zurück: »Dein Gleichnis von Religion ist mir vollkommen deutlich. Euer ruhiges Beisammensein wird Eure Begriffe von einander berichtigen, und dadurch werden alle die Missverständnisse, Besorgnisse und getäuschten Erwartungen aufhören, die jetzt vielleicht zuweilen Eure Freuden stören.«

doch die Menschen gehen! Die Herzogin rief mich zu sich und bedauerte, dass ich neulich nicht wohl gewesen wäre, da die Operette gegeben worden. Ich sollte sie das nächste Mal (dies wäre übermorgen) nachholen. Charlotte, um mein neuliches Wegbleiben zu entschuldigen, hatte ohne meinen Willen diese Ursache angegeben.* Da ich aber übermorgen nach Jena gehe und der Tag zur Operette mir nicht bestimmt genannt worden ist, so bin ich verschont.

Die regierende Herzogin ist hier, ich habe mich aber noch nicht vorstellen lassen, weil es mit erstaunlichen Zeremonien verbunden ist und weil ich mich auch nicht mehr lange hier aufhalte. Es geschieht also vielleicht gar nicht; es sei denn, dass sie nach mir fragt. Ich hatte mich anfangs darauf gefreut, aber nun erfahre ich genauer, dass ich sie gar nicht allein, sondern nur in einem steifen großen Zirkel sprechen dürfte, wohin ich schlechterdings nicht tauge. Charlotte hat mir schon oft falsche Nachrichten gegeben.«

Weimar, 29. August 1787

»Ich habe am 28. August Goethes Geburtstag mitbegehen helfen, den Herr von Knebel in seinem (Goethes) Garten feierte, wo er in Goethes Abwesenheit wohnt. Die Gesellschaft bestand aus einigen hiesigen Damen, Voigts, Charlotte und mir. Herders beide Jungen waren auch dabei. Wir fraßen herzhaft, und Goethes Gesund-

* Zu dieser Operette Gotters hatte Frau von Kalb eine Einladung erhalten, worin gesagt wurde, dass sie sich eine Gesellschaft dazu wählen könnte, wobei Schiller gemeint war. Als die Herzogin fragte, warum Schiller nicht gekommen sei, hatte Frau von Kalb abgeredetermaßen fragen sollen, »ob er nicht gebeten sei?«

heit wurde von mir in Rheinwein getrunken. Schwerlich vermutete er in Italien, dass er mich unter seinen Hausgästen habe; aber das Schicksal fügt die Dinge gar wunderbar. Nach dem Souper fanden wir den Garten illuminiert, und ein ziemlich erträgliches Feuerwerk machte den Beschluss. – An diesem Tage sah ich die jüngere Herzogin. Sie begegnete mir im Stern, als ich Charlotte zu Knebel führte, aber es blieb nur beim bloßen Vorbeigehen. Es ist eine schöne und edle Figur, aber viel Stolz und Fürstlichkeit im Gange.

Die hiesigen Damen sind ganz erstaunlich empfindsam; da ist beinahe keine, die nicht eine Geschichte hatte oder gehabt hätte; erobern möchten sie gern alle etc. Weil ich die hiesigen Teeassembléen nicht besuche, so legt man es Charlotten als einen Despotismus über mich aus. Man kann hier sehr leicht zu einer Angelegenheit des Herzens kommen, welche aber freilich bald genug ihren ersten Wohnplatz verändert.

Von den hiesigen großen Geistern kommen einem immer närrischere Dinge zu Ohren. Wieland hat den ungleichsten Charakter, er ist die Inkonsequenz und die Wandelbarkeit selbst. Ich mag mit solch einem Menschen nicht leben. Er hat eine gar sonderbare Neigung, um Fürsten zu wohnen. Seine Tochter und Reinhold* versichern mir, dass sie vorzüglich der Pracht der Möblierung zuzuschreiben sei, die er in ihren Zimmern finde. Für dieses hat er eine ganz besondere Schwäche. Etwas natürlich tut doch die Eigenliebe. – Was ihn z. B. an die

* Professor der Philosophie in Jena, Wielands Schwiegersohn.

alte Herzogin attachiert, ist die Freiheit, die er sich bei ihr erlauben darf – neben ihr auf dem Sofa zu schlafen. Man sagt, er soll ihr schon auf das Heftigste widersprochen und einmal das Buch an den Kopf geworfen haben. Ich kann nicht bezeugen, ob das Letzte wahr ist; wenigstens sieht man die Beule nicht mehr. Herder und seine Frau leben in einer egoistischen Einsamkeit und bilden zusammen eine Art von heiliger Zweieinigkeit, von der sie jeden Erdensohn ausschließen. Aber weil beide stolz, beide heftig sind, so stößt diese Gottheit zuweilen unter sich selbst aneinander. Wenn sie also in Unfrieden geraten sind, so wohnen beide abgesondert in ihren Etagen und Briefe laufen Treppe auf, Treppe nieder, bis sich endlich die Frau entschließt, in eigener Person in ihres Ehegemahls Zimmer zu treten, wo sie eine Stelle aus seinen Schriften rezitiert, mit den Worten: ›Wer das gemacht hat, muss ein Gott sein, und auf den kann niemand zürnen‹ – dann fällt ihr der besiegte Herder um den Hals, und die Fehde hat ein Ende. Preiset Gott, dass Ihr unsterblich seid!«

Über Herder teilt Schiller noch später unterm 28. September 1789 ergötzliche Geschichten mit: »Herder«, schreibt er, »hat vor einiger Zeit einen unverzeihlich dummen Streich gemacht. Seil seiner Zurückkunft hatte er nicht gepredigt, weil er erst abwarten wollte, ob er bleiben würde*. Wie nun seine Sache entschieden war, so bestieg er zum ersten Mal die Kanzel wieder; alles kam in die Kirche, selbst von Jena aus, und war voll Erwartung – er pre-

* Herder hatte damals einen Ruf als Hauptpastor nach Hamburg.

digte über sich selbst, und in Ausdrücken, die seinen Feinden gewonnenes Spiel über ihn gaben und alle seine Freunde zum Schweigen brachten. Das Te Deum wurde gesungen mit einem Text, der auf ihn gemacht war und in den Kirchstühlen ausgeteilt wurde. Alles ist aufgebracht und hat diese Komödie äußerst anstößig gefunden. – Noch ein Beispiel von seinem savoir vivre. Bei der Tafel der Herzogin sprach er von Hof und von Hofleuten und nannte den Hof ›einen Grindkopf‹ und die Hofleute ›die Läuse‹, die sich darauf herumtummeln. Dies geschah an der Tafel und so, dass es Mehrere hörten. Man muss sich dabei erinnern, dass er und seine Frau den Hof suchen und auch vorzüglich durch den Hof souteniert werden. Aber genug von diesen Knabenstreichen.«

Schiller selbst hatte mit seiner penetranten Orientierungsgabe sehr bald den Schlüssel zu dem angemessenen Leben in Weimar gefunden. Er schrieb darüber unterm 10. September 1787 an Körner: »Ich fange an, mich hier ganz leidlich zu befinden, und das Mittel, wodurch ich es bewerkstellige – Du wirst Dich wundern, dass ich nicht früher darauf gefallen bin – das Mittel ist: Ich frage nach niemand. Das hätte ich zwar schon in den ersten Wochen wegkriegen können, denn wohin ich nur sehe, pflegt hier jeder ein Gleiches zu tun. – So viele Familien, ebenso viele abgesonderte Schneckenhäuser, aus denen der Eigentümer kaum herausgeht, um sich zu sonnen. In diesem Stücke ist Weimar das Paradies. Jeder kann nach seiner Weise privatisieren, ohne damit aufzufallen. Eine stille, kaum merkbare Regierung lässt einen so friedlich hier leben und das bisschen Luft und Sonne genießen. Will man sich anhängen, eindrängen, brillieren, so findet man allenfalls seine Menschen auch. – Anfangs hab' ich mir alles viel zu wichtig, viel zu schwer vorgestellt. Ich habe mich selbst für zu klein und die Menschen umher für zu groß gehalten. Jeden glaubte ich meinen Richter, und jeder hat genug mit sich selbst zu tun, um mich auszulauern.

Jetzt gehe ich sehr wenig aus, tags zweimal zu Charlotten und zweimal spazieren, wozu ich mir den Stern erwählt habe. Hier begegnen mir doch zuweilen Menschen, und will ich, so kann ich auch ganz allein sein. Am anderen Tage besuche ich Bode, Bertuch, Herder, Voigt oder sonst jemand. Montags gehe ich in den Club. Die übrige Zeit bin ich zu Hause und arbeite.«

Bode war eben von seiner maurerischen Tour nach Paris wiedergekommen, »um Frankreich zu illuminieren«. Schiller schrieb über ihn in demselben Briefe: »Bode hat mich sondiert, ob ich nicht Maurer werden wolle. Hier hält man ihn für einen der wichtigsten Menschen im ganzen Orden. Er hat mir über die hiesigen Menschen drollige Aufschlüsse gegeben. Ich erzählte ihm meine jetzige Lage mit Wieland.* Das wäre ganz in der Ordnung, sagte er; es sei nicht mir allein so mit ihm gegangen. Wieland sei ein Kind. Nach einiger Zeit würde er Frau und Kinder zusammenrufen und sie fragen, wie er denn eigentlich mit mir auseinandergekommen sei? Das sei ihm hundertmal begegnet. Klopstock habe ihn nach Wieland einmal gefragt, darauf habe er ihm folgende Antwort gegeben. Er wünsche

* Schiller, erst aufs Freundschaftlichste aufgenommen, war mit ihm in Spannung gekommen.

Wielands wegen, dass er auf eine halbe Stunde Jesus Christus beim jüngsten Gericht sein dürfte. – Was würden Sie dann tun, fragte Klopstock. – Wieland müsse vor ihm, alle seine Schriften unter dem Arm, erscheinen, um sein Urteil zu hören. – Sind Sie Herr Wieland aus Weimar, würde er zu ihm sagen. – Ja. – Nun, Herr Wieland, sehen Sie, dahin liegt rechts und dahin liegt links. Gehen Sie nun hin, wohin es Ihnen beliebt – wohin es Ihnen beliebt – aber nehmen Sie sich nur in acht, das sage ich Ihnen. Geben Sie wohl acht! – Die Satire ist sehr fein, wenn man Wieland kennt, sein Lavieren zwischen gut und übel, seine Furcht und seine Klugheit.«

Die Ankunft Herrn von Kalbs verzog sich bis in den November. Unterm 19. November 1787 schrieb Schiller an Körner aus Weimar: »Ich glaube wirklich, Wieland kennt mich noch wenig genug, um mir seinen Liebling, seine zweite Tochter nicht abzuschlagen, selbst, da ich nichts habe. Das Mädchen kenne ich nicht, aber siehst Du, ich würde sie ihm heute abfordern, wenn ich glaubte, dass ich sie verdiente. Es ist sonderbar, ich verehre, ich liebe die herzlich empfindende Natur und eine Kokette, jede Kokette kann mich fesseln. Jede hat eine unfehlbare Macht auf mich, auf meine Eitelkeit und Sinnlichkeit; entzünden kann mich keine, aber beunruhigen genug. Ich habe hohe Begriffe von häuslicher Freude und doch nicht einmal so viel Sinn dafür, um mir sie zu wünschen usw. usw. Charlotte weiß von diesem Monologe meiner Vernunft nichts. – Herr von Kalb ist vor drei Tagen in Kalbsrieth* angekommen, und dahin ist Charlotte jetzt gereist. In acht Tagen kommen beide hier an.«

Weimar, 8. Dezember 1787

»Seit meinem letzten Briefe und dem heutigen war ich nicht in Weimar. Während dass Frau von Kalb in Kalbsrieth sich aufhielt, bekam ich solche Aufforderung von meiner Schwester und der Dame, auf deren Gut ich war, nach Meiningen zu kommen, dass ich meinen Aufenthalt in Weimar endlich aufopfern musste etc. In Rudolstadt habe ich mich einen Tag aufgehalten und wieder eine recht liebenswürdige Familie kennen gelernt. Eine Frau von Lengefeld lebt da mit einer verheirateten und einer noch ledigen Tochter.** Beide Geschöpfe sind (ohne schön zu sein) anziehend und gefallen mir sehr. Man findet hier viel Bekanntschaft mit der neuen Literatur, Feinheit, Empfindung und Geist. Das Klavier spielen sie gut, welches mir einen recht schönen Abend machte etc.

Hier in Weimar habe ich Charlotte und ihren Mann wiedergefunden. Er ist ganz der Alte, wie ich aus dem ersten Anblick urteilen konnte; denn ich habe ihn nur einmal gesprochen. Sie ist gesund und sehr aufgeweckt. (Ich weiß nicht, ob die Gegenwart des Mannes mich lassen wird, wie ich bin. Ich fühle in mir schon einige Veränderung, die weiter gehen kann. Wielands Haus besuche ich jetzt am fleißigsten, und ich glaube, es wird so bleiben. Lass diese Stelle unsere Weiber*** nicht lesen.)«

* Das Kalb'sche Stammgut in der goldenen Aue in Thüringen.

** Die Frau des rudolstädtischen Hofrats von Beulwitz, Caroline, spätere Frau von Wolzogen und Schillers spätere Gattin, Charlotte von Lengefeld.

*** Körners Frau und dessen Schwägerin.

Weimar, 19. Dezember 1787

»Jeder Tag hat jetzt für mich zwölf arbeitvolle Stunden und sehr oft auch einige mehr. Gegen Abend, meist sechs Uhr, denke ich oft an eine Zerstreuung: Diese finde ich entweder bei Charlotten oder Wielands etc. Charlotte seh' ich die Woche nur drei- höchstens viermal, weil ich jetzt nie als die Abende ausgehe und sonst alle andere Menschen vernachlässigen müsste. Auch sind Kalbs fast über den andern Tag bei Hof oder sonst herum.«

Weimar, 7. Februar 1788

»Die hiesigen Redouten° sind recht artig und durch die große Anzahl der Noblesse und den Hof nicht so gemein wie die Dresdner. Ich habe mich recht gut darauf befunden, woran wohl auch die größere Zahl meiner hiesigen Bekannten Schuld sein mag.«

Weimar, 6. März 1788

»Neuerdings ließ ich ein Wort (dass ich hier eine ernsthafte Geschichte habe) gegen Dich fallen – aber dieses schläft tief in meiner Seele, und Charlotte selbst, die mich fein durchsieht und bewacht, hat noch gar nichts davon geahnet.«

Weimar, 17. März 1788

»Frau von Kalb ist mit ihrem Manne jetzt von hier abwesend und wird erst zu Ende dieses Monats wieder zurückkommen. Sie hat eine Zusammenkunft mit ihrem Schwager auf einem ihrer Güter°°, und Bertuch ist da-

° Auf einer dieser Redouten dieses Winters sah Schiller, wie er unterm 5. Februar 1789 an seine spätere Frau schrieb, »sie unverhofft vor sich stehen«.

°° Waltershausen in Franken.

bei. Die Sache ist eines Prozesses wegen, den der Präsident Kalb führt.«

Weimar, 25. April 1788

»Charlotte war einige Tage nicht wohl und man fürchtete eine fausse-couche, woraus aber glücklicherweise nichts geworden ist. Ihr Fritz ist vor vierzehn Tagen mit den Blattern okuliert worden und lässt sich sehr gut an.«

Den Sommer des Jahres 1788 verbrachte Schiller in Volkstädt bei Rudolstadt; unterm 27. Juli schrieb er an Körner:

»Von Weimar höre ich schon viele Wochen nichts, doch wird dieser Tage Frau von Stein hierherkommen, die mir von Goethe* erzählen soll. Frau von Kalb ist in Meiningen.«

Rudolstadt, 1. September 1788

»Frau von Kalb wird dieser Tage von ihrer thüringischen Reise nach Weimar zurückkommen. Ich habe sie jetzt über vier Monate nicht gesehen, wie ich aber höre, ist sie wohl und die Zerstreuung hat ihr gutgetan.«

In diesem September war die berühmte erste Zusammenkunft Schillers mit Goethe:

Rudolstadt, 12. September 1788

»Endlich kann ich Dir von Goethe erzählen. Ich habe vergangenen Sonntag beinahe ganz in seiner Gesellschaft zugebracht, wo er uns mit Herder, Frau von Stein und der Frau von Schardt besuchte. Sein erster Anblick stimmte die hohe Meinung ziemlich tief herunter, die man mir von dieser anziehenden und schönen

* Der aus Italien zurückgekommen war.

Figur beigebracht hatte. Er ist von mittlerer Größe, trägt sich steif und geht auch so; sein Gesicht ist verschlossen, aber sein Auge sehr ausdrucksvoll, lebhaft und man hängt mit Vergnügen an seinem Blicke. Bei vielem Ernst hat seine Miene doch viel Wohlwollendes und Gutes. Er ist brünett und schien mir älter auszusehen, als er meiner Berechnung nach wirklich sein kann. Seine Stimme ist überaus angenehm, seine Erzählung fließend, geistvoll und belebt; man hört ihn mit überaus vielem Vergnügen; und wenn er bei gutem Humor ist, welches diesmal so ziemlich der Fall war, spricht er gern und mit Interesse. – Unsere Bekanntschaft war bald gemacht und ohne den mindesten Zwang; freilich war die Gesellschaft zu groß und alles auf seinen Umgang zu eifersüchtig, als dass ich viel allein mit ihm hätte sein oder etwas anderes als allgemeine Dinge mit ihm sprechen können etc.«

Rudolstadt, 20. Oktober 1788

»Frau von Kalb hab' ich Deinen Einschluss besorgt. Ich hab' ihr diesen Sommer gar wenig geschrieben; es ist eine Verstimmung unter uns, worüber ich Dir einmal mündlich mehr sagen will. Ich widerrufe nicht, was ich von ihr geurteilt habe: Sie ist ein geistvolles, edles Geschöpf – ihr Einfluss auf mich aber ist nicht wohltätig gewesen.«

Weimar, 9. März 1789

»Charlotte besuch' ich noch am meisten; sie ist diesen Winter gesunder und im Ganzen auch heiterer als im vorigen, wir stehen noch gut zusammen; aber ich habe, seitdem ich wieder hier bin, einige Prinzipien von Freiheit und Unabhängigkeit im Handeln und Wandeln in mir aufkommen lassen, denen sich mein Verhältnis zu ihr, wie zu allen übrigen Menschen, blindlings unterwerfen muss. Alle romantischen Luftschlösser fallen ein, und nur was wahr und natürlich ist, bleibt stehen. Wie weither wird mir alle Tage Deine und meine Freundschaft, und wie wohltätig ist sie mir schon gewesen! Ich würde keine dieser Art mehr knüpfen können, denn Du glaubst nicht, wie viel Misanthropie sich in meine Denkart gemischt hat. Leiden, Fehlschlüsse über Menschen, hintergangene Erwartungen haben mich in ihrem Umgang schüchtern und misstrauisch gemacht. Ich habe den leichtsinnigen frohen Glauben an sie verloren; darum braucht es sehr wenig, um meine Zuversicht zu eines Menschen Freundschaft für mich wankend zu machen, besonders wenn ich Ursache habe zu glauben, dass sein eignes Gedankensystem, seine Neigungen noch nicht fest sind.

Ich habe auf dieser Welt keine wichtigere Angelegenheit als die Beruhigung meines Geistes – aus der alle meine edleren Freuden fließen. Ich muss ganz Künstler sein können oder ich will nicht mehr sein.«

Die letzte, und zwar sehr expressive Äußerung über die wiederholte Frage Körners, wie er mit Frau von Kalb stehe, gab Schiller kurz nach seinem Einzug in Jena unterm 11. Juni 1789, als von einem Besuch Körners in Jena die Rede war, mit folgenden Worten, die deutlich seine Klage, wenn nicht seine Anklage andeuten:

»Du willst wissen, wie ich mit Charlotte stehe? Ich will Dir's mündlich sagen. Wenn Du ihr aber antwortest, so mache Deine Ankunft immer noch etwas zweifelhafter, als sie ist, und versprich eher weniger, als Du Hoffnung hast halten zu können.«

In den Briefen an seine nachherige Frau und Schwägerin hat Schiller sich über den eigentümlichen Charakter Charlottens von Kalb bestimmter ausgesprochen. Aus Jena, 3. November 1789, schrieb er nach der Verlobung mit Lotte von Lengefeld, die längere Zeit Frau von Kalb unbekannt blieb: »Diesen Brief schrieb mir die Kalb. Sie ist doch ein seltsam wechselndes Geschöpf, ohne Talent, glücklich zu sein, wie könnte sie also geben, was sie selbst nicht hat? Vor ihrer Neugierde muss man sich hüten, vor ihrer Inkonsequenz, die sie oft verleitet, sich selbst nicht zu schonen, und auch vor ihrer Starkgeisterei, die sie leicht verführen könnte, es mit dem Besten anderer nicht so genau zu nehmen.« Drei Tage darauf schrieb Schiller (der Anfang des Briefs fehlt): »So richtig die Kalb sonst immer sieht, so irrt sie gerade ihr Verstand in Ansehung meiner. Die Kalb macht mich indessen doch jetzt etwas verlegen. Das Verhältnis, worin sie mit ihrem Mann sich versetzen will, hat mich ihr in gewissem Betracht jetzt unentbehrlich gemacht, weil ich es allein ganz weiß und sie nicht ohne Rat, ohne fremde Augen dabei zu Werke gehen kann. Sie hat ihm darüber schon geschrieben und auch Antwort erhalten, die nun ihre ferneren Schritte bestimmen muss. Sie verlangt und könnte es auch mit allem Recht von mir verlangen, dass ich nach Weimar zu ihr kommen und über diese neue Lage der Dinge mit ihr beratschlagen solle – aber sie wollte es entweder heut oder morgen und weder heute noch morgen, noch übermorgen wäre mir's möglich gewesen. Hört sie aber nun, dass ich vier Wochen in Volkstädt gewesen und ihr einen einzigen Tag in Weimar abschlug, so muss es ihr, da sie von einem genauen Verhältnis zwischen uns nichts weiß, sehr empfindlich auffallen. Nun hab' ich ihr durch einen Expressen geschrieben, dass sie hierherkommen soll etc. mit der Schröter etc. Abend. Die Kalb ist nicht gekommen und kommt auch nicht. Ihre Lage ist jetzt doppelt delikat, und sie glaubt nicht, dass die Sache unbeobachtet bleiben würde.«

Aus einem späteren Briefe vom 20. November 1789 erfahren wir, dass Frau von Kalb sehr krank in Weimar wurde, doch meint Schiller: »Ich hoffe, es wird größer und schlimmer gemacht werden, als es ist. Ich habe lange nichts von der Kalb gehört, und durch andere kann ich nicht gut Nachricht von ihr erhalten.« Einen Monat später, 21. Dezember 1789, meldet Schiller: »Die Kalb hat mir heute geschrieben, mir aber gar nichts merken lassen, als wüsste sie, dass ich in Weimar gewesen sei. Vielleicht hat sie es auch nicht erfahren. Ich habe ihr sogleich geantwortet; lieber zehn Briefe schreiben, als einmal selbst kommen. Von Euch schreibt sie, dass sie Euch nicht so oft sähe, als sie es wünschte, weil sie noch nicht ausgehe. Ihr habt mir einen Wink von ihr ausgerichtet, jetzt bestelle ich einen ähnlichen an Euch, aber befolgt ihn ja, wie ich ihn befolgt habe. Ich habe ihr geschrieben, dass Ihr gern mit Euch selbst lebtet, in Rudolstadt hättet Ihr das lernen müssen und jetzt wär' es Euch zur Natur geworden. Neue Freundschaften würdet Ihr wohl nicht knüpfen.«

Über den weiteren Verfolg des Verhaltens Charlottes belehrt Schillers Brief vom 5. Februar 1790: »Wegen der ** habe ich ernstlich Verdacht, denn ich weiß, was sie fähig ist. Auch ohne italienischen Himmel würde ich Dir nicht raten, in gewissen Augenblicken mit ihr zusammenzutreffen – denn Leidenschaft und Kränklichkeit zusammen haben sie manchmal an die Grenzen des Wahnsinns geführt. Bewahre der Himmel, dass ich ihr etwas merken lassen sollte. – Sie erhält jetzt von mir keine Antwort auf ihre Briefe mehr. Wie kann ich ihr schreiben?« Unterm 12. Februar endlich meldet Schiller seinen beiden Damen: »Wahrscheinlich war es eine Wirkung meines letzten Briefs, was ** bei Eurer letzten Zusammenkunft mit ihr ein so sonderbares Betragen gegeben hat. Ich begreife nicht, mit welcher Stirne sie mir schreiben konnte, dass ich ›die giftigen Zungen nicht die Wahrheit soll geredet haben lassen‹. Dass sie sich in unser Betragen gegeneinander gemischt hat, ist doch ziemlich entschieden, sie hat also wirklich gegen sich selbst gesprochen. Sie empfahl mir bei meiner Antwort Genauigkeit in der Aufschrift des Briefs, weil sie fürchtete, dass er in ihrer Schwester Hände kommen könnte. Dieses gab mir Gelegenheit, ihr zu sagen, dass die Vorsicht nicht überflüssig sei, denn mir wäre es wirklich begegnet, dass von den Briefen, die ich nach Weimar geschrieben, einige durch fremde Hände gegangen. Sie drang in mich in ihren letzten Briefen, sie nur auf einen Augenblick zu besuchen, weil sie mir etwas sehr Wichtiges zu sagen habe. Da ich es neulich endlich ganz abschlug, so eröffnete sie mir in ihrem letzten Brief die Sache, um derentwillen sie so nötig fand, mich zu sprechen. Dies war nun offenbar nicht die Wahrheit, denn ihr Anliegen ist durch einen Brief noch leichter abzutun gewesen.

Sie war nie wahr gegen mich, als etwa in einer leidenschaftlichen Stunde, mit Klugheit und List wollte sie mich umstricken.

Sie ist jetzt nicht edel und nicht einmal höflich genug, um mir Achtung einzuflößen. Da ich ihr neulich schrieb, ich zweifle, ob sie jetzt die Stimmung schon gefunden hätte, worin unsere Zusammenkunft für uns beide erfreulich sein könnte, und dass ich dieses aus einigen Vorfällen schlösse, so antwortet sie mir nun: Ich irre mich sehr, wenn ich ihr jetziges Betragen mit jener Tollheit, mit jenem ungeschickten Traum, der lange schon nicht mehr in ihrer Erinnerung sei, in Zusammenhang brächte und dergleichen mehr. Darauf schrieb ich ihr: Die Versicherung, die sie mir gebe, dass das Vergangene in ihrer Erinnerung ausgelöscht sei, erlaube mir endlich freimütig über das Glück mit ihr zu sprechen, das meine nahe Verbindung mir gewähre; ich sprach nun mit vollem Herzen von unserer Zukunft, und dies hat sie nicht ertragen.

Hat sie es nicht durch die Plattitüde verdient, womit sie ihre eigene Empfindung herabsetzt? Warum schreibe ich so viel von ihr? Ich hätte etwas Besseres tun können. Lebt wohl, meine Teuersten, lebt wohl.«

Im August 1789, unmittelbar nach dem Besuch Körners in Jena, vollzog Schiller seine Verlobung mit Charlotte von Lengefeld, und ein halbes Jahr darauf, am 22. Februar 1790, eines Montags, ließ er sich in der verschlossenen Dorfkirche von Wenigenjena bei Jena, um sich dem Andrang der Professoren und Studenten zu entziehen, trauen. Er folgte dabei einem Heiratsprinzip, das er nach seinen beiden schlimmen Erfahrungen in der Liebe, nach der Erlöschung der flammenden kurzen Leidenschaft für Fräulein von Arnim in Dresden, nachherigen Gräfin Kuhnheim, und nach der Erlöschung des ebenso flammenden langen Verhältnisses mit Charlotte von Kalb adoptiert hatte. Er hatte dieses Heiratsprinzip schon unterm 28. Mai 1789 an Körner ausgesprochen: »Weißt Du eine reiche Partie, so schreib mir immer; entweder sehr viel Geld oder gar keins und desto mehr Vergnügen im Umgang.«

Über das Vergnügen im Umgang mit den beiden Schwestern von Lengefeld, der Hofrätin Caroline von Beulwitz, welche damals getrennt von ihrem Mann im Hause ihrer Mutter in Rudolstadt lebte und 1794 geschieden und Frau von Wolzogen ward, und der drei Jahre jüngeren Lotte, seiner späteren Frau, hatte Schiller unterm 27. Juli 1788 an Körner geschrieben: »Beide haben etwas Schwärmerei, doch ist sie dem Verstande subordiniert und durch Geisteskultur gemildert. Die jüngere ist nicht ganz fern von einer gewissen Coquetterie d'esprit, die aber durch Bescheidenheit und immer gleiche Lebhaftigkeit mehr Vergnügen gibt als drückt. Ich rede gern von ernsthaften Dingen, von Geisteswerken, von Empfindungen – hier kann ich es nach Herzenslust und ebenso leicht wieder auf Possen überspringen.«

Über die eigentliche Beschaffenheit des Vergnügens Schillers im Umgang mit diesen beiden Schwestern ist uns erst ganz neuerlich durch den Herausgeber des Nachlasses der Frau von Wolzogen eine Aufklärung zugegangen, welche allerdings einzig in ihrer Art ist. Schillers eigentliche Herzensflamme war nicht Lotte, seine spätere Frau, sondern Caroline von Beulwitz. Schillers Heirat mit »Lolo« war keineswegs eine flammende Herzensheirat, seine ganz ernstliche Absicht war vielmehr gewesen, mit beiden Schwestern zu leben wie dereinst in der alten romantischen Zeit der Graf von Gleichen. Der Herausgeber des Nachlasses der Frau von Wolzogen berichtet, dass dieselbe an mehreren an beide Schwestern gerichteten glühenden Briefen Schillers aus den Jahren 1788–1790 eine in ihrer Art einzige Fälschung begangen hat: Einesteils, um sie nicht der Öffentlichkeit zu entziehen, und andernteils aus Diskretion hat sie sie schon in der von ihr herausgegebenen Biographie Schillers als an ihre Schwester allein gerichtet einrücken lassen, und in den für Herausgabe des Nachlasses bestimmten Briefen hat sie mit später zitternder Hand bei den leidenschaftlichsten Stellen statt »Caroline« »teure Lotte« gesetzt. Über das romantische Doppelverhältnis, das der ideale Mann beabsichtigte, erklärt er sich selbst einmal in einem Briefe aus Jena vom 15. November 1789 in folgenden Worten: »Dieses Dasein wird uns über alle Menschen um uns her hinwegrücken. Unser himmlisches Leben wird ein Geheimnis für sie bleiben, auch wenn sie Zeugen davon sind. Unsere Liebe braucht keine Ängstlichkeit, keine Wachsamkeit – wie könnte ich mich zwischen Euch beiden meines Daseins freuen, wie könnte ich meiner eigenen Seele immer mächtig genug bleiben, wenn meine Gefühle für Euch beide, für jede von Euch, nicht die süße Sicherheit hätten, dass ich dem anderen nicht entziehe, was ich dem einen bin. Frei und sicher bewegt sich meine Seele unter Euch, und immer liebevoller kommt sie von einem zu dem anderen zurück – derselbe Lichtstrahl – lasst mir diese stolzscheinende Vergleichung – derselbe Stern, der nur verschieden wieder scheint aus verschiedenen Spiegeln. Was Caroline vor Dir voraus hat, meine Lotte, musst Du von mir empfangen; Deine Seele muss sich in meiner Liebe entfalten, und mein Geschöpf musst Du sein. Caroline hat mehr Empfindungen in mir zur Sprache gebracht als Du, meine Lotte, aber ich wünschte nicht um alles, dass Du anders wärest als Du bist. Wie schön ist unser Verhältnis gestellt von dem Schicksal! Worte schildern diese zarten Beziehungen nicht, aber fein und scharf empfindet sie die Seele. Nur Dein Schicksal, meine Caroline, ist es, was mir Unruhe macht. Bleibe ich in Jena, so will ich mich gern ein Jahr und etwas darüber mit der Notwendigkeit aussöhnen, dass Du mit Beulwitz allein lebst. Von diesem Jahr könntest Du die Hälfte bei uns zubringen etc. Es war mir doch lieb zu sehen, dass die chère mère auf die Trennung von B. schon gedacht hat.«

Es kam jedoch nicht zu einer wirklichen Erfüllung dieses idealen Doppelverhältnisses, bei der allerdings große Gefahr gewesen sein würde, dass Schiller in eine ähnliche Lage versetzt worden wäre, in der Bürger zu seiner Frau und Schwägerin einst stand. Caroline trat zurück, Schiller heiratete Lotte, und Caroline vermählte sich vier Jahre nach Schillers Heirat 1794 mit Wilhelm von Wolzogen, Sohn eines meiningischen Geheimen Rats und Bruder des preußischen Generals Wolzogen, dessen Memoiren neulich erschienen sind. Er war Schillers Freund schon von der Karlsschule her, wo er das Baufach studiert hatte, er ging dann nach Paris, machte in den ersten Jahren der Revolution den württembergischen Geschäftsträger hier, dann, durch den Herzog von Meiningen empfohlen, ward er 1797 weimarischer Kammerherr und Kammerrat, seit 1802 Begleiter des Erbprinzen nach Paris und Petersburg, nachher Geheimer Rat und Oberhofmeister der Erbprinzessin-Großfürstin. Wolzogen war Carolines Vetter und hatte sie schon seit lange her leidenschaftlich geliebt. Außer Schiller und Wolzogen gehörte auch der Koadjutor Dalberg zu den Anbetern Carolines. Sie starb, nachdem sie alle weimarischen Koryphäen vor sich hatte sterben sehen, als eine der letzten des weimarischen Kreises 1847, vierundachtzig Jahre alt, zweiundvierzig Jahre nach Schiller und einundzwanzig Jahre nach ihrer Schwester, die 1826 in Bonn starb. Auf dem Kirchhof zu Jena steht auf Carolines Grab die selbstgewählte Inschrift:

»Sie irrte, litt, liebte
verschied
im Glauben an Christus, die erbarmende
Liebe.«

Was Frau von Kalb an Schiller verbrochen hatte, ward ihr zehn Jahre später durch Jean Paul vergolten. Gegen diesen war die Neigung so stark, dass sie sich ihm geradezu selbst zur Frau anbot: Er schlug sie aus. Wir haben über dieses merkwürdige Verhältnis Aufschlüsse in der

Biographie Jean Pauls von seinem Neffen Spazier und in seinen Briefen an Otto erhalten. Ich lasse hier aus letzteren einige Auszüge folgen, die hinwiederum zugleich über die Physiognomie des damaligen weimarischen Lebens Aufklärungen geben, und zwar höchst naive Aufklärungen, wie sie einem dem größeren Leben in Residenzen noch blutfremden enthusiastischen Manne in der Dichterfreude entströmten.

Jean Paul langte eines Freitags am 10. Juni 1796 in dem deutschen Athen an und schrieb seinem Herzensfreund Otto in seiner Herzensfreude gleich Sonntag, den 12. Juni um 7 Uhr morgens: »Lieber Bruder! Gott sah gestern doch einen überglücklichen Sterblichen auf der Erde und der war ich etc. – Gestern ging ich um 11 Uhr – weil ihr Einladungsbillet mich zweimal verfehlte – zur Kalb (es ist die Schwester der Bayreutherin°, und ich glaube fast, meine auch). Ich hatte mir im Billet eine einsame Minute ausbedungen, ein tête à tête. Sie hat zwei große Dinge, große Augen, wie ich noch keine sah, und eine große Seele. Sie spricht gerade so, wie Herder in den Briefen über Humanität schreibt. Sie ist stark, voll, auch das Gesicht – ich will sie Dir schon schildern. Drei Viertel Zeit brachte sie mit Lachen hin – dessen Hälfte aber nur Nervenschwäche ist – und ein Viertel mit Ernst, wobei sie die großen, fast ganz zugesunkenen Augenlider himmlisch in die Höhe hebt, wie wenn Wolken den Mond°° wechsel-

° Der Gemahlin des Kammerpräsidenten Kalb.
°° Auf dieses Epitheton ornans bezog sich später wahrscheinlich »die Mondfinsternis«.

weise verhüllen und entblößen. ›Sie sind ein sonderbarer Mensch‹, das sagte sie mir dreißigmal. Ach! hier sind Weiber! Auch habe ich sie alle zum Freunde – der ganze Hof bis zum Herzog liest mich.

Ich aß aus Ursachen nicht bei ihr; sie schrieb meine Ankunft an Knebel (Kammerherr bei der Herzogin). Um 3 Uhr kam ich wieder und Knebel auch. Er ist ein Hofmann im Äußern, aber so viel Wärme und Kenntnisse, so einfach! Alle meine männlichen Bekanntschaften hier – ich wollte diese nicht allein – fingen sich hier mit den wärmsten Umarmungen an. Du findest hier nichts vom jämmerlichen Gezierten in *** (Bayreuth), von der jämmerlichen Sorge um Mode – ich wollte, ich hätte den grünen Talar behalten oder bloß den blauen Stutzrock noch einmal wenden lassen. Er (Knebel) wollte mich zu Herder und heute Mittags zum Essen zu Goethe führen; aber ich blieb bei dem Vorsatz des coeur à coeur, wenn ich nämlich jemand zum ersten Mal sehe.

Heute mittags allein bei der Kalb. Gegen 5 Uhr gingen wir drei in Knebels Garten, unterwegs fuhr uns Einsiedel entgegen, der mich geradezu bei dem Kopf nahm und der nur drei Worte sagen konnte, weil er die Herzogin in die Komödie begleiten musste, nachher aber sogleich wiederkam. Nach einigen Minuten sagte Knebel: ›Wie sich das alles himmlisch fügt, dort kommt Herder und seine Frau mit den zwei Kindern.‹ – Und wir gingen ihm entgegen; und unter dem freien Himmel lag ich endlich an seinem Mund und an seiner Brust, ich konnte vor erstickender Freude kaum sprechen, nur weinen. Herder konnte mich nicht satt umarmen. Als ich mich umsah, waren die Augen Knebels auch nass ... Mit Herder bin ich jetzt so bekannt wie mit Dir. Er wollte schon längst an mich schreiben, und als er mit seiner Frau, die mich herzlich liebt – sie ist eine nur anders modifizierte Kalb –, durch *** (Bayreuth) reiste, wollten sie mich besuchen. Ich wollte, es wäre möglich, so unverschämt zu sein, Dir alles sagen zu können. Er lobte fast alles an meinen Werken – sogar die grönländischen Prozesse. Er sieht so edel, aber doch anders aus, als ich mir ihn dachte, spricht aber so, wie er schreibt. Er sagte, so oft er den Hesperus gelesen, wäre er zwei Tage zu Geschäften untauglich gewesen etc. Herder liebt die Satire unendlich und hat sie, zumal die Ironie, mehr im Munde als den Ernst etc. Von seinen eignen Werken sprach Herder mit einer solchen Geringschätzung, die einem das Herz durchschnitt, dass man kaum das Herz hat, sie zu loben; er will nicht einmal die Ideen fortsetzen. ›Das Beste ist, was ich ausstreiche‹, sagte er, weil er nämlich nicht frei schreiben darf. – Abends aß er, wie alle, bei der Kalb. Sie haben alle die liberalste Denkart. Male Dir den unter Wein, Ernst, Spott, Witz und Laune verschwelgten Abend und die Vormitternacht – ich machte so viele Satiren wie bei H.; kurz, ich war so lebhaft wie bei Euch. Heute isst die ganze XXger Union bei Herder.

Ich habe Dir noch nicht ein Drittel erzählt. – Aber ein bitterster Tropfen schwimmt in meinem Heidelberger Freudenbecher – was Jean Paul gewann, das verliert die Menschheit in seinen Augen: Ach! meine

Ideale von größeren Menschen! – Ich will Dir's schon erklären.«

Weimar, den 17. Juni 1796

»Lieber Bruder!

Du hast hoffentlich einen Brief aus Jena und einen vom Sonnabend. Das späte Datum des Dritten* sage Dir mein freudetrunkenes Leben an; mich schwellet gleichsam ein Blütengipfel in den andern hinein. Ich habe in Weimar zwanzig Jahre in wenigen Tagen verlebt – meine Menschenkenntnis ist wie ein Pilz mannshoch in die Höhe geschossen. Ich werde Dir von Meerwundern, von ganz unbegreiflichen, unerhörten Dingen (keinen unangenehmen) zu erzählen haben, aber nur Dir allein. Ich sehe keine Möglichkeit, Dir nur eine Duodez-Erzählung von meiner Universalhistorie zu schenken. Ich brauche fast so viel Tage als sonst Seiten, um Dir nicht diesen Weg, sondern diese Flur meines Lebens zu malen. Ich bin ganz glücklich, Otto, ganz; nicht bloß über alle Erwartung, auch über alle Beschreibung, und nichts fehlt mir mehr in der weiten Welt als Du, aber auch nur Du.

Heute esse ich bei Goethe. Gestern früh war ich mit der Kalb zur Herzogin-Mutter nach Tiefurt geladen, und ich werde nächstens bei ihr essen. Die Herzogin ist Wielands und ihr sanftes Tiefurt – ein Lautenzug unter den sonst schreienden englischen Anlagen – beider würdig. Was ich mit ihr gesprochen habe, davon mündlich!

* Des gegenwärtigen.

Bei Herder habe ich zwei Abende gegessen und verlebt und war fast alle Tage an seiner Seite.

Die Kalb steht fast mit allen großen Deutschen im Briefwechsel und mit allen Weimarern in Verbindung, und ich könnte alles bei ihr sehen, wenn ich wollte, dass sie es invitierte. Aber wir beide bleiben jeden Abend ganz allein beisammen. Sie ist ein Weib wie keines, mit einem allmächtigen Herzen, mit einem Felsen-Ich, eine Woldemarin.«

Den 18. Juni, Sonnabends.

»Schon am zweiten Tage warf ich hier mein dummes Vorurteil für große Autoren ab, als wären es andere Leute; hier weiß jeder, dass sie wie die Erde sind, die von weitem am Himmel als ein leuchtender Mond dahinzieht und die, wenn man die Ferse auf ihr hat, aus boue de Paris besteht, und einiges Grün, ohne Juwelen-Nimbus. Ein Urteil, das ein Herder, ein Wieland, Goethe fällt, wird so bestritten wie jedes andere; das noch abgerechnet, dass die drei Turmspitzen unserer Literatur einander – meiden. Auch werd' ich mich jetzt vor keinem großen Mann mehr ängstlich bücken, bloß vor dem Tugendhaftesten.*

* Später schreibt Jean Paul, als er in Weimar wohnte, 13. Juli 1799: »Mich haben so viele Gothaische und Hildburghausische hier anwesende Fürstenhände auf meiner Glücks- und Gnadenleiter so weit hinabgeschoben, dass mich, als ich am Sonntage im Park vorbeischoss, die regierende Herzogin nicht nur laut (und mehrmals) zurückrief, sondern auch höchst freundlich anredete – über den Titan ausholte etc. Herder aber glaubte, ich schlösse zu viel aus dem Vorfall; und das ist eben, was sich der Neid gern bereden möchte. Du hast keine Vorstellung, wie hier um ein Eckchen Regenschirm von Thronhimmel geschoben und gezankt und gestoßen wird: Ich sehe im Regen der Gruppe zu und bleibe Philosoph.«

Gleichwohl kam ich mit Scheu zu Goethe. Die Kalb und jeder malte ihn ganz kalt für alle Menschen und Sachen auf der Erde. Die Kalb sagt, er bewundere nichts mehr, nicht einmal sich; jedes Wort sei Eis, zumal gegen Fremde, die er selten vorlasse; er habe etwas Steifes, reichstädtisch Stolzes – bloß Kunstsachen wärmen noch seine Herznerven an, daher ich Knebel bat, mich vorher durch einen Mineralbrunnen zu petrifizieren und zu inkrustieren, damit ich mich ihm etwa im vorteilhaften Lichte einer Statue zeigen könnte. Die Kalb rät mir überall Kälte und Selbstbewusstsein an.

Ich ging ohne Wärme, bloß aus Neugierde. Sein Haus frappiert, es ist das einzige Weimars im italienischen Geschmack, mit solchen Treppen – ein Pantheon voll Bilder und Statuen; eine Kühle der Angst presst die Brust. Endlich tritt der Gott her, kalt, einsilbig, ohne Akzent. Sagt Knebel: ›Die Franzosen ziehen in Rom ein‹ – ›Hm!‹, sagt der Gott. Seine Gestalt ist markig und feurig, sein Auge ein Licht. Aber endlich schürte ihn nicht bloß der Champagner, sondern die Gespräche über die Kunst, Publikum etc. an, und – man war bei Goethe. Er spricht nicht so blühend und strömend wie Herder, aber scharf, bestimmt und ruhig. Zuletzt las er uns – d. h. spielte er uns, sein Vorlesen ist ein tieferes Donnern, vermischt mit dem leisesten Regengelispel, es gibt nichts Ähnliches – ein ungedrucktes herrliches Gedicht vor, wodurch sein Herz durch die Eiskruste die Flammen trieb, sodass er dem enthusiastischen Paul (mein Gesicht war es, aber meine Zunge nicht, wie ich denn nur von weitem auf einzelne Werke anspielte, mehr der Unterredung und des Belegs wegen) die Hand drückte. Beim Abschied tat er es wieder und hieß mich wiederkommen. Er hält seine dichterische Laufbahn für beschlossen. Die K. sagt: Er gibt nie ein Zeichen der Liebe. Hunderttausend Sachen hab' ich Dir von ihm zu sagen.°

Ich kann hier, wenn ich will, an allen Tafeln essen. Ich kam noch zu keinem Menschen, ohne geladen zu sein. Als ich am Tore ankam, wurde es der Herzogin-Mutter gemeldet, und am andern Tage wusst' es jeder. Im Klub stritt man, ob Flachsenfingen ein Abriss von Wien oder Mannheim wäre, wegen des Lokalen – Wieland war des höhnischen Dafürhaltens, Flachsenfingen liege – in Deutschland sehr zerstreut.

Weibliche Bekanntschaften hab' ich wenige gemacht, wenn ich die Kanzlerin in Rohrbach°° – ein Landgut, auf das ich mit der Kalb fuhr, ausnehme.«

° Schiller urteilte schon im Jahre 1789 über den »Gott-Goethe« wie Jean Paul. Er schrieb am 2. Februar an Körner: »Er hat auch gegen seine nächsten Freunde kein Moment der Ergießung, er ist an nichts zu fassen. – Er besitzt das Talent, die Menschen zu fesseln und durch kleine sowohl als große Attentionen sich verbindlich zu machen; aber sich selbst weiß er immer frei zu behalten. Er macht seine Existenz wohltätig kund, aber nur wie ein Gott, ohne sich selbst zu geben – dies scheint mir eine konsequente und planmäßige Handlungsart, die ganz auf den höchsten Genuss der Eigenliebe kalkuliert ist. Ein solches Wesen sollten die Menschen nicht um sich herum aufkommen lassen. Mir ist er dadurch verhasst, ob ich gleich seinen Geist von ganzem Herzen liebe und groß von ihm denke. Eine ganz sonderbare Mischung von Hass und Liebe ist es, die er in mir erweckt hat, eine Empfindung, die derjenigen nicht ganz unähnlich ist, die Brutus und Cassius gegen Cäsar gehabt haben müssen; ich könnte seinen Geist umbringen und ihn wieder von Herzen lieben.«

°° Frau von Koppenfels.

Sonntags, den 19. Juni

»Ich wollt', ich äße nicht beim O. K. R. B.*, dessen Schreibfinger und Briefe durch das ganze gelehrte Deutschland langen und der alle französischen und englischen Journale bei sich liegen hat, um Auszüge für die Lit. Zeitung daraus zu machen. Auch fertigt er die Übersicht über die Ernte der Literatur. Wenn man diesen gelehrten Mann – denn gelehrt ist er – bis zum Übermaße an der Hand hat, so kann man den halben Spielteller voll Bibliotheken erbeuten. – Böttiger sucht jeden Fremden auf.

Meine gute Kalb hat für alle meine Bedürfnisse bei Oertel gesorgt. Ach, Du weißt ja kein Wort, dass ich bei diesem logiere, prächtiger als noch in meinem Leben. Am Dienstag zog ich in sein von Bäumen bewachtes und dem göttlichen Parke nahes Haus. Zwei Zimmer, besser möbliert als eines im Mode-Journal, füllet mein Ich an, und seines stoßet an sie. Sogar farbige Briefkuverts aus dem Industrie-Comptoir – hundert zu zehn Groschen – wovon hier eines zur Probe angeschlossen ist – liegen vor mir. In jedem Zimmer ein Licht – einen kehrenden, wichsenden, klopfenden Bedienten, an der Stelle eines frère servant; alles bis auf die kleinste Aufmerksamkeit ist erschöpft etc.

Sogar in Paris soll nicht so viel Freiheit von gêne sein als hier. Du führst niemand, Du küssest keine Hand (Du müsstest denn dabei nicht aufhören wollen), Du machst bloß eine stumme Verbeugung, Du sagst vor und nach

* Böttiger.

dem Essen nichts. Das ist der Ton der hiesigen Welt – der des Bürgers soll, wie meine Halsbinde, gesteift und gestärkt sein.

Worüber man hier klagt, ist geschminkter Egoismus und ungeschminkter Unglaube – dazu tut ihnen eine Seele, die beides nicht hat, so wohl wie ein warmer Tag.

Binde Fantaisie und Eremitage° in einen Park zusammen: Du hast keine Vorstellung von dem einfachen, majestätischen hiesigen. Er ist ein Händel'sches Alexanderfest und Tiefurt ein Adagio.

Der T–l sitzt in mir – ich kann gar nicht weg – ich zähle keine Tage mehr, ich lebe auf dem fixen, unbeweglichen Pole der beweglichen Kugel – es wird mir bange, wenn ich ans Beschließen denke. Ach, ich bin so glücklich, dass nur Du verdienen konntest, es so zu sein. Ach ich kann mich schon jetzt nach meiner jetzigen Gegenwart innigst sehnen.«

Weimar, den 23. Juni 1796

»Ich will meinen künftigen Atem durch folgendes Gastwirts-Protokoll ersparen: Sonnabend mittags aß ich im Gasthof, abends bei der Kalb, zwischen Herder, Einsiedel, Knebel – Sonntag mittags solo bei der Kalb, abends auch – Dienstags bat mich Knebel, ich war aber schon bei Oertel, abends bei der ewig teuern Kalb. – Mittwochs aß ich bei der Geheime-Rätin von Koppenfels in Rohrbach, abends bei Oertel – Donnerstag in Tiefurt bei der Herzogin – Freitags bei Goethe, abends bei Oertel – Sonnabends bei dessen Mutter und Schwester –

° Zwei Lustschlösser bei Bayreuth.

Sonntags bei Böttiger, abends bei Herder. – Montags bei Oertel, Knebel – Dienstags bei Oertel, abends bei der Frau und Fräulein von Seebach, darauf aß ich bei Herder (ach ein schöner Abend, der nicht wiederkommt und wo ich in die Augen des hier erkaltenden Herder Tränen trieb) – Mittwochs bei dem G. R. von Koppenfels – Donnerstags bei Goethe.

Die Lust wirret die Tage in einen Flock, in dem alle Fäden sind, ausgenommen der der Ariadne.«

Jena, den 26. Juni 1796

»Seit vorgestern bin ich hier und gehe morgen nach Weimar zurück. Ich trat gestern vor den felsigten Schiller, an den wie an einer Klippe alle Fremden zurückspringen; er erwartete mich aber nach einem Briefe von Goethe. Seine Gestalt ist verworren, hart-kräftig, voll Edelsteine, voll scharfer, schneidender Kräfte, aber ohne Liebe. Er spricht beinahe so vortrefflich als er schreibt. Er war ungewöhnlich gefällig und setzte mich durch seinen Antrag auf der Stelle zu einem Kollaborator der Horen um und wollte mir eine Naturalisation-Akte in Jena einbereden.

Die Kalb, Oertel, eine Frau von Thüngen und mehrere fuhren gestern mit nach Trausnitz; um diesen Lustort und um ganz Jena lagert sich die Natur mit einer doppelten Welt aus Reizen, mit einem weiten Garten und mit hereingezogenen, weißkahlen langen Bergen, die wie Gräber von Riesen dastehen.

Diese dreiwöchentliche Stelle in meiner Lebenslaufbahn ist eine Bergstraße, die eine neue Welt in mir anfängt.«

Unterm 16. Oktober 1796 schrieb Charlotte, nachdem ihr Jean Paul aus Bayreuth das Manuskript der Vorrede zu Quintus Fixlein mit der Erzählung »Die Mondfinsternis« überschickt hatte, einen sehr bezeichnenden Brief, worin sie sich offen zu den bekannten Prinzipien Goethes über die Allgewalt der Liebe bekannte: »Nun zu Ihrer Vorrede! Ich muss es Ihnen sagen: Einige zarte, poetische Züge sind darin, das Ganze aber hat einen so christkatholischen Geschmack. Die Geschichte der Verführung, die ich bis in den Tod hasse, kommt darin grässlich vor. Das Ködern mit dem Verführen! Ach, ich bitte, verschonen Sie die armen Dinger und ängstigen Sie ihr Herz und Gewissen nicht noch mehr! Die Natur ist schon genug gesteinigt! Ich ändere mich nie in meiner Denkart über diesen Gegenstand. Die Stellen in Ihren Schriften über Weiber haben meist einen kleinen Irrtum; Sie werden's auch noch inne werden. Verzeihen Sie mir mein aufrichtiges Geschwätz.

Die Religion hier auf Erden ist nichts anderes als die Entwicklung und Erhaltung der Kräfte und Anlagen, die unser Wesen erhalten hat. Keinen Zwang soll das Geschöpf dulden, aber auch keine ungerechte Resignation. Immer lasse der kühnen, kräftigen, reichen, ihrer Kraft sich bewussten und ihre Kraft brauchenden Menschheit ihren Willen. Aber die Menschheit und unser Geschlecht ist elend und jämmerlich, und Gesetz, Kirche und Gesellschaft machen sie immer jämmerlicher. Alle unsere Gesetze sind Folgen der elendesten Armseligkeit und Bedürfnisse und selten der Klugheit; Liebe bedurfte keines Gesetzes.

Die Natur will, dass wir Mütter werden sollen – vielleicht nur, damit wir, wie einige meinen, Euer Geschlecht fortpflanzen; dazu dürfen wir nicht warten, bis ein Seraph kommt, sonst ginge die Welt unter; und was sind unsere stillen, armen, gottesfürchtigen Ehen? Ich sage mit Goethe und noch mehr als Goethe: ›Unter Millionen ist nicht einer, der nicht in der Umarmung die Braut bestiehlt.‹

Ich sage dies alles in Beziehung auf Ihre Vorrede. – Ich verstehe diese Tugend nicht und kann um ihretwillen keinen selig sprechen. Wenn es möglich ist, so hören Sie meine Bitte und lassen Sie diese Vorrede nicht drucken; ich beschwöre Sie, ich flehe Sie darum. Schonen Sie sich und zehren Sie nicht an Geist und Nervensaft mit Ihrer brennenden Phantasie. Verzeihe!«

Einen Monat darauf schreibt Charlotte Jean Paul über einen neuen längeren Besuch in Weimar unterm 22. November 1796: »Über Ihre Anwesenheit in Weimar noch dies: Herder, Wieland, Knebel, Einsiedel und meine Wenigkeit sind Ihre Gesellschafter. Was brauchen Sie? Eine Wohnung, die Ihre Freunde möblieren würden; diese können es ohne Mühe. Ja Sie können selbst eine möblierte bekommen, entweder Knebels Wohnung auf dem Markt oder sein Gartenhaus. Den Kaffee besorgt Ihnen die Aufwartung, und wenn Sie Mittags gern zu Hause sein wollen – das hiesige Wirtshausessen könnte Ihrer Gesundheit auf die Länge schaden –, erlauben Sie mir, dass ich Ihnen Essen schicke; ich habe mir schon alles ausgedacht; und wenn Sie selbst die Wohnung bezahlten, so darf sie Ihnen doch in drei Monaten nicht mehr als zehn Taler kosten. Haben Sie jetzt kein Geld, so können Ihnen hier Ihre Freunde einige hundert Taler lehnen, und wenn es auch für immer wär! Was hilft uns der Plunder, wenn unser Freund nicht mitgenießt. Ich verachte den, der bei Hohen und Fürsten um Pensionen buhlt, aber ich verachte den noch viel mehr, der nicht das Herz hat, von seinen Freunden etwas anzunehmen. –

Gehen Sie, ich bitte, an keinen Hof und dergleichen; halten Sie sich hoch und vermeiden Sie alle diese Gelegenheiten: Es kommt nichts Gutes dabei heraus. Man ist gedrückt dort, empfindet Leere und endlich Reue; sie achten nur den, der sie entbehrt! Aber ich bin auch gar nicht dafür, dass man über Höfe Satiren mache. Es ist nicht möglich, dass es anders ist, als es ist. Mir ist alles recht; aber ich gehe nur um mit dem, was mir gefällt und behagt, oder bin lieber ganz getrennt von dem menschlichen Umgang. Es kommt bei den Couren, Gefälligkeiten und Pflichtübungen nichts heraus – man wird getreten. – Hier muss man sich sehr rein halten!

Leben Sie wohl, mein junger, liebenswürdiger Philosoph, zwischen Scylla und Charybdis, zwischen den Grazien und Sirenen, zwischen dem Weihrauch des Ruhms und dem Entzücken des Beifalls; bei dem Schlag der Nachtigallen im verborgenen Hain und beim Gesang der Musen im fürstlichen Zimmer!

Apropos! Buonaparte sieht Ihnen ähnlich (nur ist er sehr klein). Das habe ich gewusst, denn das Ungeheuer hat mir gefallen.

Was habe ich denn noch zu sagen? Ach, noch viel. Sei wie Minerva klug und glücklich, wie Apoll! Lächle nicht – Du lächelst zu schön! Die Töne, die Dein Gemüt ohne

Worte gibt, sind süßer, wie Harmonikaklang – ich will still sein – still.«

Wie Schiller zog, aber erst zwei Jahre nach diesem Brief, auch Jean Paul nach Weimar, er blieb hier von Ende Oktober 1798 bis zum Mai 1800.

Unterm 3. November 1798, sogleich nach seiner Ankunft in Weimar, schrieb er an Otto: »Gestern vor acht Tagen fuhr ich um neun Uhr durch die Pforten meines neuen Jerusalems; denn letzteres hab' ich wirklich.« Darauf am 28. Dezember 1798: »Aber zu einer wichtigen Nachricht. Durch meinen bisherigen Nachsommer wehen jetzt die Leidenschaften. Jene Frau – künftig heißt sie die Titanide, weil ich dem Zufalle nicht traue – die von Weimar nach *** (Bayreuth) zuerst an mich schrieb, die ich Dir bei meinem ersten Hiersein als eine Titanide malte, mit der ich, wie Du weißt, einmal eine Szene hatte, wo ich (wie in Leipzig)* im Pulvermagazin Tabak rauchte; diese ist seit einigen Wochen vom Lande zurück und will mich heiraten.«

Den 29. Dezember

»Weiter! Die alte Lebensweise kehrte bald um, nur verklärter. Kurz nach einem Souper bei Herder und einem bei ihr, wo er bei ihr war – er achtet sie tief und höher als die B.** und küsste sie sogar im Feuer, neben seiner Frau – und als der Widerschein dieser Altarsflamme auf mich fiel, sagte sie mir es geradezu.

Im Lenz, im Lenz! – – – Mit drei Worten! O ich sagte der hohen heißen Seele einige Tage darauf nein! Und da

* Mit Emilie von Berlepsch.
** Berlepsch.

ich eine Größe, Glut, Beredsamkeit hörte wie nie, so bestand ich darauf, dass sie keinen Schritt für, wie ich keinen gegen die Sache tun wolle. Denn sie glaubt, ihre Schwester und deren Mann, der Präsident, und ihre Verwandte würden alles tun. Ach! Im März wäre alles vorbei; nämlich die Hochzeit.

Ich habe endlich Festigkeit des Herzens gelernt – ich bin ganz schuldlos – ich sehe die hohe, geniale Liebe, die ich Dir hier nicht mit diesem schwarzen Wasser melden kann – aber es passt nicht zu meinen Träumen.«

Weimar, den 6. Januar 1799

»Mit der Titanide hab' ich jetzt ein Elysium – alles ist leicht und recht und gelöset. Nur etwas, denn das Ganze bleibt dem Lenz. Ich schickte ihr den Tag nach der letzten Stunde einen Brief. Ich sah sie darauf in ziemlichen Zwischenräumen immer nur vor Zeugen. Ich hatte ihr einige Briefe von Em.* und Amöne** gegeben, die ich aus Furcht, Flammen in die Flammen zu werfen, nur ungern und nur, um mein Wort zu halten, gab. Unbegreiflich wandte die schöne Seele, die aus den Briefen spricht, zumal Em. und Am., die ihrige um, und da ich kam (am Neujahrstage gab mir die Allgütige das Seelen-Eden), fand ich die Liebe ohne Gleichen, ohne Ansprüche – die Treue gegen die Kinder und etwas Höheres als alle Verhältnisse geben. Aber verzeih' ihrem sonderbaren, ihr manches erleichternden und ihr süßen Irrtum über ein näheres Verhältnis zu Amöne; als ich ihr den Irrtum nahm, blickte die vorher Frohe, wie von Schreck getrof-

* Emilie von Berlepsch.
** Eine andere frühere Freundin Jean Pauls und Ottos Verwandte.

fen, lange vor sich hin. Nein, es gibt nichts Heiligeres und Erhabeneres als ihre Liebe. Sie ist weniger sinnlich als irgend ein Mädchen, man halte nur ihre ästhetische Philosophie über die Unschuld der Sinnlichkeit nicht für die Neigung zur letzteren. – Tausendmal leichter als mit der B.* geh' ich ihr durch alle Saiten der Seele, sie soll immer froher durch mich werden, denn ich mauere, hoff' ich, einige aus dem Altar ihrer Liebe zu ihrer Familie gefallenen Steine wieder ein. Sie hat drei große Güter** und wird, wenn die Prozesse geendet sind, wie sie sagt, reicher als eine Herzogin. Im Frühling begleit' ich sie auf das schönste und habe alles.«

Auf diese Verlobungsanzeige antwortete der wackere Otto unterm 13. Januar 1799: »Nun von etwas Schönem und von meiner Freude über Deine und über die erwünschte Lösung und über die eigene und von Dir gegebene Erhebung der Titanide etc. Ich sann ihrem Leben nach, und bei aller Erhabenheit, die sie jetzt hat, fand ich doch Manches auf ihrem Weg, auf dem sie sie errungen hat, weshalb ich sie Deiner – es tut mir weh, es zu sagen – unwert hielt. Allezeit brach ich meine Gedanken darüber mit den Herder'schen Worten ab: ›Sie trage ihr Schicksal.‹ Diese Worte sind aber wahrlich nicht härter gemeint, als ich sie mir selbst oft zurufe, als Herderisch resignierend.

Ich achte und liebe sie so sehr, dass ich Dir gern die Ausnahme der Ausnahme, von der Du sagst, nach Deiner eignen Willkür gebe.

* Berlepsch.

** Darunter befanden sich namentlich Kalbsrieth in der goldnen Aue und Waltershausen in Franken.

Was Du von der ästhetischen Philosophie über die Unschuld der Sinnlichkeit sagst, das verstehe ich, aber entschuldige es nicht in gleichem Grade. Ich halte diese ästhetischen Ausgleichungen der Sinnlichkeit mit unserm bessern Menschen für nichts als für einen Versuch, uns selber unsre Erniedrigung zu verbergen, und ich klage die Natur an, die uns missbrauchte, um durch unsere Sinnlichkeit ihre Zwecke zu erreichen etc.

All mein Schreiben ist zu nichts, als Dir meine Beruhigung, meine Freude darüber zu zeigen, dass alles so ist, wie es jetzt ist. Wahrlich, das Leben hat weiter nichts, was den Erhebungen gleicht, wie sie Gott Dir am ersten Tag dieses Jahres gab! Grüße von mir die Titanide.«

Es kam, wie schon erwähnt, nicht zu der Ehe, und es kam auch nicht zu der von Frau von Kalb angedeuteten »Herzogin«, vielmehr wurde die Lage Charlottes sehr prekär, weil ihr Gemahl – dessen Wiederankunft in Weimar Jean Paul schon im März 1799 an Otto meldet – mit seinem Bruder, dem derangierten Kammerpräsidenten Kalb, sich in eine Menge unglückliche Spekulationen eingelassen hatte. Am 27. Januar 1799 schrieb Jean Paul an Otto über die neuen Sitten: »Noch in keinem Jahre stritt ich so viel; mit Schiller neulich bis um 12 Uhr Nachts und mit ihm und Goethe bei der Kalb. Ich bin jetzt kecker als je und sagte Goethe etwas über das hiesige Tragische (Böttiger, alles lobend, lobte mich auch darüber: ›Wir denken alle dasselbe, aber es hat's ihm noch keiner gesagt‹), worüber er empfindlich eine Viertelstunde den Teller drehte, aber Wieland, der wieder da war und dessen Gegenwart mich durch das Simultaneum der Einladung allezeit aufzehrt, sagte: ›So wär's recht, und ich gewänne ihn dadurch – wir würden noch die besten Freunde werden, Goethe hat mit Respekt von Ihnen gesprochen.‹ Als ich zu einem Diner bei Goethe geladen war, Schiller zu Ehren, nebst Herder – wurd' ich und Herder zu Goethes Einfassung gemacht; ich der linke Rahmen und er der rechte; hier sagte mir Goethe, der nur allmählich warm werden will, er habe seinen Werther zehn Jahre nach dessen Schöpfung nicht gelesen und so alles: ›Wer wird sich gern eines vorübergehenden Affekts, des Zorns, der Liebe usw. erinnern?‹

Schiller nähert sich sehr der Kalb und sagte schon öfter zu ihr: ›Wir müssen miteinander nach Paris.‹ Hier ist alles revolutionär kühn, und Gattinnen gelten nichts. Wieland nimmt im Frühling, um aufzuleben, seine erste Geliebte, die la Roche ins Haus, und die Kalb stellt seiner Frau den Nutzen dar. Schiller achtet unendlich den fürchterlichen Restif de la Bretonne, der das höllisch- und himmlisch-geschriebene Buch Le coeur humain devoilé gemacht, und will nach Paris, ihn zu sehen. Humboldt schrieb ihm von dort, dieser Gott-Teufel sehe wie ich, und Schiller, der mich ganz gelesen, findet unter uns nur den Unterschied der Erziehung; darum sucht und liebt er mich jetzt – ich hab' alles von der Kalb, indessen merk' ich von jenem Suchen nichts.

So viel ist gewiss, eine geistigere und größere Revolution als die politische, und nur ebenso mörderisch wie diese, schlägt im Herzen der Welt. Daher ist das Amt eines Schriftstellers, der ein anderes Herz hat, jetzt so nötig und fordert so viel Behutsamkeit. Ich nehme in meine Brust keine Veränderungen auf, aber desto mehr mein Gehirn; nur dieses hat in Weimar Irrtümer abzulegen.«

2. Februar 1799

»Die Kalb hat ihrem Schwager geschrieben wegen der Trennung. Sie sprach mit einer Gräfin B.,* ohne den Mann zu nennen, über eine hiesige reiche Engländerin Gore, die sie ihm zudenkt. Er und sie werden es annehmen. Hier sind Sitten im Spiel, die ich Dir nur mündlich malen kann. – – Ich beharre fest auf meinen Stand, auch ist ihr die Trennung ohne alles Weitere schon erwünscht, zumal da er mit einem neuen Riss die copula carnalis ganz zerrissen. Sie nahm, weil ihre Phantasie ihr nichts von der Unveränderlichkeit der B.** gibt, ihre Resignation schon oft und heftig zurück – die glühenden Briefe werden Dir einmal unbegreiflich machen, wie ich mein Entsagen ohne Orkane wiederholen konnte. Müsst' ich ihr freilich auf einmal den Namen einer Geliebten ansagen – leider weiß ich keinen –, so täte sich ein Fegfeuer auf.«

Weimar, den 1. März 1799

»Die Kalb nimmt Amönen*** desto lieber auf, da jetzt ihr Mann vom Herzog von Zweibrücken nach München zum Avancement berufen worden. Sie müsste aber mit ihr auf ihr Landhaus Kalbsrieth (acht Stunden von hier) in eine kleine, aber reizende Einsamkeit etc.

* ? Bechtolsheim.

** Berlepsch.

*** Die frühere Freundin Jean Pauls und Ottos Verwandte.

Gegen die Titanide steh' ich fest. Ich habe zwar zweimal neulich eine Pfeife geraucht* – wozu sie leider die Fidibus, das Licht und Tabak brachte –, aber jetzt ist's verschworen. In einem solchen Falle, wo die andere Person oft selber außer dem Billigen (was Dir unbegreiflich sein muss) eine Heilige wird, ist's nicht leicht, die Pfeife zum Fenster hinauszuwerfen.«

Weimar, den 22. März 1799

»Mache Amönen bekannt, dass der Mann der Kalb wieder zurückkommt – weil der Krieg alles Avancieren außer dem gegen den Feind suspendiert – und dass sie also, da die Kalb sehr enge eingemietet ist, die Bequemlichkeit der Wohnung erst auf dem Lande finden werde. Dafür gewinnt sie durch den Mann an größerer Geselligkeit. Ihr wird diese erste vornehme Ehe unerträglich sein.«

Weimar, den 5. April 1799

»Der Kalb gefällt Amöne ganz. Aber dieser scheint noch wenig zu gefallen. Auf ihre Moralität kann sie stolz werden, aber nicht auf ihr Wissen, da sie hier eine weibliche Teilnahme an Gegenständen des Gesprächs findet, die ihr fremd ist.«

Noch im Mai 1799 schrieb Frau von Kalb über Jean Pauls »Briefe und Konjekturalbiographie: »Ich lese das neue Buch mit ganz eigner Lust und Gefühl, und wie ich schon vor drei Jahren gerufen habe: ›komm zu mir!‹, so rufe ich wieder: ›bleibe bei mir!‹« Jean Paul blieb aber nicht, sondern schloss im Mai 1801 nach dem Berliner

* – »im Pulvermagazin«.

Besuch seine Heirat mit der Tochter des Geheimen Rats Maier aus Berlin.

Zu Ehren der Titanide ward in den Jahren 1797–1803 »Der Titan« geschrieben: Jean Paul lässt hier charakteristisch genug die Heldin Linda durch Roquairol fallen.

Der Bruch war im Mai 1799 während Amönes Besuch bei Frau von Kalb gekommen, und zwar wegen jener »moralischen Missbilligung«, die Otto betont hatte. Jean Paul schrieb darüber unterm 10. Mai an Amöne: »Wie können Sie glauben, dass die bloße Zeit eine moralische Missbilligung wieder aufheben könnte? Ich habe es Charlotten geschrieben, lasse mich aber nunmehr in keine weiteren Schreibereien darüber ein. Demohngeachtet ehre ich Ihr begütigendes Dazwischentreten und danke Ihrem schönen Herzen dafür. – Wo ich stehe, stehe ich. Mein ewiges Unglück ist die Vielseitigkeit meiner Natur, wodurch ich mich an jeden und er sich an mich kettet, indem ich unter den schärfsten Unähnlichkeiten leide. – Ich will mich bei keiner Freundin mehr, wie Charlotte ist, so herzlich und ganz hingeben, als wären keine andern da. – Übrigens schrieb ich ihr lindernd.«

So blieb auch später das Verhältnis. Schon acht Monate nach seiner Verheiratung, unterm 6. Februar 1802 schreibt Jean Paul aus Meiningen an Otto: »Die Kalb ist hier«, und unterm 15. Juli 1802 an denselben: »Über die immer geehrte Kalb wäre viel zu schreiben.«

Die »Plattitüde, womit Frau von Kalb ihre eigene Empfindung herabsetzte«, wie Schiller das ausdrückte, wiederholte sich auch noch einmal bei Jean Paul. Darüber gibt ein merkwürdiger Brief Varnhagens an Goethe Nachricht, den dieser an Frau von Wolzogen schickte. Goethe schrieb ihr aus Weimar 22. April 1830 nach Jena: »Beifolgenden Auszug aus einem Briefe des Herrn Varnhagen von Ense habe nicht ermangeln wollen mitzuteilen, vielleicht dass Sie erlaubten, der guten, vieljährigen Freundin durch genannten Mann irgendetwas Freundliches zukommen zu lassen. Das Büchlein ist mir noch nicht zu Händen gekommen, und es wird auch schwerlich meine Grenzwachen überlisten; was aber ungefähr darin enthalten sein mag, ergibt sich aus beiliegendem Blatte, welches deshalb mitsende.

Alles Gute zu dem frischen Grünen anwünschend, empfehle ich mich zum allerschönsten. Treu angehörig

J. W. v. Goethe.«

»Frau von Kalb, welche hier* in vieljähriger stiller und enger Zurückgezogenheit lebt, ist in dieser heftigst bewegt worden durch die Mitteilungen, welche Jean Paul Richters gedruckter Briefwechsel über manche frühere Lebensverhältnisse nicht schonend an den Tag legt. Sie verwirft und verleugnet ganz und gar die Auffassungen Richters in Betreff der ihr eigenen Bezüge, so wie der von Schiller, Herder und andern; nie, so beteuert sie, sei dergleichen gesprochen, dergleichen gemeint worden, wie hin und wieder aus trüben Quellen oder argen Missverständnissen dort angegeben wird.

Ihre hohen Jahre und ihr fast sibyllenhaftes Dasein haben bei der unerwarteten Berührung jener Vergan-

* In Berlin.

genheit eine ganz leidenschaftliche Aufregung nicht abzuwenden vermocht. Ich war vergebens bemüht, ihr gegen diese Schwäche Trost und Gleichmut einzusprechen; die bisher erschienene Entäußerung der weltlichen Persönlichkeit ist plötzlich mit einer allzu ängstlichen Empfindlichkeit für deren doch höchst verletzlich bewahrtes Abbild vertauscht. Sie wünscht vor allem Ew. Exzellenz und dann Frau von Wolzogen, von der nach jenen falschen Angaben misskannt zu werden ihr der unerträglichste Schmerz bliebe, von obiger Beteuerung wenigstens benachrichtigt. Ich erfülle hiermit gern einen Teil ihres Wunsches und stelle gütigem Ermessen und gelegener Stunde anheim, was von Weimar aus hierüber ferner an Frau von Wolzogen möchte zu befördern sein.«

Dieses Desavouieren einer doppelten glühenden Leidenschaft ist eine Erscheinung, die bei Frauen nicht selten vorkommt – das flagranteste Exempel dieser psychologischen Kuriosität ist das der Prinzessin von Ahlden, die das Sakrament darauf nahm, dass sie keinen sträflichen Umgang mit dem Grafen Königsmark gehabt habe, und die doch die erst vor wenig Jahren von Professor Palmblad in Uppsala aus dem de la Gardie'schen Archiv bekannt gemachten eigenen Briefe nur zu stark des Gegenteils überwiesen haben.

Unter den anderweiten geistreichen Damen des damaligen weimarischen Kreises sind besonders drei, die sehr angenehme Häuser machten, zu nennen: die Gräfin Bernstorf, die Hofmarschallin Baronin Egloffstein und Frau von Bechtolsheim, geborene Gräfin Keller.

Die Gräfin Bernstorf war die Witwe des berühmten dänischen Ministers und eine Tante der Geheimen Rätin von Schardt, einer geborenen Bernstorf und Schwägerin von Frau von Stein: Sie kam mit ihrem Begleiter, dem Geheimen Rat Bode, im Jahre 1780 nach Weimar, und ihr Haus war durch die geistigen Genüsse, die es bot, eines der angenehmsten für die schönen Geister von Weimar. Hofmarschallin Baronin Egloffstein war eine schöne, liebenswürdige Frau, der Goethe das schöne Lied »Da droben auf jenem Berge« stiftete – das schöne Lied ward in einer Gesellschaft Anlass zu einer höchst drolligen Szene, indem noch eine andere Dame behauptete, dass Goethe es ihr gestiftet habe. Frau von Bechtolsheim endlich, geborene Gräfin Keller, Gemahlin des Kanzlers und Geheimen Rats zu Eisenach, machte hier eines der glänzendsten Häuser der weimarischen Welt.

Es tauchten damals in Weimar auch Frauen als Schriftstellerinnen auf. Seit dem Jahre 1791 glänzte Fräulein Amalie von Imhof, Hofdame der Herzogin, als die erste literarische Notabilität unter der Frauenwelt Weimars. Gentz, der im November 1801 einen vierzehntägigen Besuch in Weimar abstattete, fasste eine glühende Leidenschaft zu ihr. In einem französischen Tagebuch, das über diese Reise erhalten ist, schreibt er unterm 30. November: »à 11 heures chez Mlle. d'Imhof, où j'ai encore joui de tout ce qu'il y a de beau, de pur et de grand dans le commerce des hommes« – und unterm 1. Dezember: »Vers 11 heures je suis allé chez Mlle. d'Imhof, où j'ai joui jusqu'à 1 1/2 heures d'un bonheur vraiment céleste.« Beim Abschied, am 2. Dezember schrieb er ihr »une lettre d'adieu qui portait l'empreinte d'une ame bouleversée.« Fräulein von Imhof ward 1802 die Gemahlin des schwedischen Obristleutnants, nachherigen preußischen Generalmajors von Helvig.*

Auch Fräulein Emilie von Berlepsch, die Freundin Jean Pauls, die nachher Frau Harmes ward, versuchte

* Die Imhofs waren eine Nürnberger Patrizierfamilie, die in der Person des berühmten Touristen nach Persien während des dreißigjährigen Kriegs in Braunschweig einkam, wo er Prinzenerzieher ward; sein Sohn war Minister unter Anton Ulrich, trat nachher in kursächsische Dienste, schloss für August den Starken mit Carl XII. den schlimmen Altranstädter Frieden und ward auf den Königstein gefangen gesetzt. Der Bruder des Ministers war der Konvertit, der die Vermählung der schönen braunschweigischen Elisabeth, der Mutter Maria Theresias, mit Kaiser Carl VI. negotiierte. Dessen Sohn und Enkel heirateten reiche Holländerinnen, der Enkel starb 1750 als General und Generalgouverneur von Batavia. Amalies Vater ging 1769 als Porträtmaler, um sein Glück zu machen, auf demselben Schiffe, auf dem sich Warren Hastings befand, nach Ostindien: Er trat hier während der Überfahrt seine angeblich aus Archangel stammende schöne Frau Marianne gegen eine Summe Geldes, um ein Rittergut in Sachsen zu kaufen, an den nachherigen so berühmten Generalgouverneur von Kalkutta ab, wandte sich nach Weimar und heiratete die Schwester der Frau von Stein, der Freundin Goethes. Er trieb seine Kunst als Maler fort und starb schon 1788 in Weimar. Die »elegant Marianne«, die Macaulay in einem seiner Essays verherrlicht hat und die ihrer Gesundheit wegen vor ihrem Gemahl, der fünfzehn Jahre lang die Herrlichkeit eines Nachfolgers der großen Moguls in Indien genoss, nach Europa zurückkehrte, lebte noch ein halbes Jahrhundert in England: Sie überlebte ihren zweiten Gemahl bis zum Jahre 1833 und starb auf dessen Landsitze zu Daylesford, das auf ihren Sohn erster Ehe Sir Charles Imhoff überging, der es an einen Londoner Kaufmann verkauft hat: Ganz neuerlich im September 1853 wurden die Möbel und Effekten von Daylesford zum Verkauf ausgeboten.

sich als Schriftstellerin. Sie war eine ausgezeichnete Vorleserin und ersetzte gewissermaßen das Haus, das früher Gräfin Bernstorf gemacht hatte.

Am glücklichsten debütierte mit »Agnes von Lilien« Caroline von Wolzogen, geborene von Lengefeld, Schillers hochgeliebte Schwägerin und Biographin.

Zu Ende des Jahrs 1803 machte eine geistreiche französische Dame, Frau von Staël, mit Benjamin Constant ihren Besuch in Weimar und setzte den stillen Musenhof in nicht geringe Bewegung. »Wir sind«, schreibt Lotte Schiller unterm 28. Januar 1804 an ihren Schwager Wolzogen, »in einer ewigen Spannung des Geistes; während unsere Gemüter lieber dem stillen Nachdenken geneigt wären, müssen wir auf der Spitze stehen und Witz und Scharfsinn aufbieten, um der witzig belebten Staël die Spitze zu bieten. Sie ist in ewiger Bewegung und will alles wissen, alles sehen, alles prüfen etc. Die Volubilität der Zunge ist unbeschreiblich. Humboldt ist gar nichts gegen die Staël, und der kann manchmal doch recht schwatzen. Sie schreibt über ihre Reise, über Deutschland, über die Philosophie, die sie sehr beschäftigt, über die deutsche Literatur überhaupt ein großes Werk. Der Herzog ist sehr von ihr eingenommen und hat allen Esprit aufgeboten und ist sehr artig, sie findet ihn auch so. Die Herzogin hat sie auch sehr gern und ist von ihrem Wissen enchantiert. Wir waren den ersten Abend zum Tee und Souper am Hofe, als die Staël da war, da ist wohl zum ersten Mal über Kant ein Wort erschollen in den schönen Zimmern. Die Herzogin war sehr artig und zeigte sich als eine unterrichtete deutsche Fürstin, der ihre Landsleute nicht fremd sind und die ihre Nation schätzt. Im Palais* ist die Staël auch oft, aber dort betet sie die Göchhausen am meisten an, Böttiger macht ordentlich den petit maître und ist zum Todlachen, wenn er französisch spricht. Goethe** war wohl drei Wochen krank, da mussten Schiller und Wieland allein die Ehre der Gelehrten retten, dann war Schiller auch beinahe elf Tage krank, jetzt ist er wieder besser und wird zum Geburtstag*** ausgehn.«

In den späteren Jahren der Regierungszeit Carl Augusts machte Johanna Schopenhauer ein sehr angenehmes Haus in Weimar: Trotzdem, dass sie eine Schriftstellerin von Fach war, ward an ihr doch am wenigsten vom Blaustrumpf erfunden, sie machte darin eine seltene Ausnahme und verfiel nicht in die Allüren der vielen andern weimarischen Damen, die zuletzt Weimar als einen Hauptsitz der deutschen Blaustrümpfe etwas berüchtigt gemacht haben. Johanna Schopenhauer verzog ihrer Vermögensverhältnisse wegen später mit ihrer Tochter Adele nach dem wohlfeileren Jena: Hier ist sie im Jahre 1838 gestorben.

Noch in den späteren Jahren der Regierungszeit Carl Augusts hatte der weimarische Hof nächst den geistreichen Damen auch solche, die durch ihre Schönheit große Figur machten: In dem Kranze dieser schönen Damen

* Bei der Herzogin-Mutter.

** Goethe, der Madame Staël zuerst auf einer Hofmaskerade sah, erkannte ihre Epiphanie mit dem berühmten Calembour: »Madame, on vous reconnait par votre beau pied-de-stal.«

*** Der regierenden Herzogin 30. Januar.

Weimars ragen besonders hervor die beiden Hofdamen von Egloffstein, Töchter der erwähnten liebenswürdigen Hofmarschallin, die Stiftsdame von Reitzenstein und die Hofmarschallin von Spiegel, alle vier hohe, junonische Gestalten, sehr verschieden von der späteren Generation, unter der Fräulein von Pappenheim und die beiden Fräulein von Spiegel glänzten, die zwar interessant, pikant und liebenswürdig waren, aber doch fast einen Kopf kleiner als ihre Vorgängerinnen.

Zu den schönsten Damen damaliger Zeit gehörten noch die beiden Fräulein von Pogwisch, Enkelinnen der originellen Oberhofmeisterin der Erbprinzessin Gräfin Henckel, von denen eine, Ottilie, 1817 die Schwiegertochter Goethes wurde. Diese Frau von Goethe, die später in Wien und jetzt, ihrer angegriffenen Gesundheit wegen von den Ärzten dahin gewiesen, in Italien lebt, wird von denen, die ihre Zirkel besucht haben, als eine Dame gerühmt, die in einem eminenten Grade die Gabe verstanden habe, jeden in ihrem Hause aufs Angenehmste zu stellen, und besonders die Gabe, aus jedem durch ihre Anregung das, was in ihm lag und schlummerte, zu erwecken und für die gesellschaftliche Unterhaltung zum Vorschein zu bringen. Wie alle genialen Menschen wohl wissend, dass mit Anerkennung fremder Talente und Vorzüge die eigenen nicht vernichtet werden können und dass viele Blumen in Gottes Schöpfung nebeneinander blühen, wusste sie mit seltener Bescheidenheit sich andern unterzuordnen und bei ihrer Aufforderung an diese, ihre Talente zu produzieren, mit der Andeutung, dass diese andern in dem und dem Genre ihre Stärke hätten und sie für ein anderes Genre sich aufspare, durch diese Teilung der Anerkennungen, die allgewaltige Hauptschwäche der Menschen, die Eitelkeit zu schonen und den Neid, das allgewaltige Hauptlaster der Gesellschaft, im Voraus zu verbannen.

Die Großmutter der Frau von Goethe, die Gräfin Ottilie Henckel von Donnersmarck, war unter den Damen unstreitig das Original am weimarischen Hofe. Ihr Gemahl, preußischer General, gestorben 1793, stammte aus dem bekannten standesherrlichen Geschlechte Schlesiens, sie selbst war eine geborene Fräulein von Lepel aus Pommern. Sie ist deshalb besonders merkwürdig, weil sie die einzige war, welche Carl August die Wahrheit zu sagen wagen durfte, was kein Geringes war. Carl August seinerseits pflegte dagegen von ihr auszusagen: »Alles haben die Henckels, nur keine Vernunft.« Der vornehme Zynismus dieser weimarischen Exzellenz erinnerte an die alte Herzogin von Orleans und an die Mutter des ersten Königs von Sachsen, Marie Antonie von Bayern; von diesem vornehmen Zynismus kursieren eine Menge pikante Anekdoten, die sich freilich mit der Druckerschwärze nicht mitteilen lassen: Ich erinnere die Wissenden an ihre expressive Äußerung über das Lichthalten, veranlasst und bei öffentlicher Tafel in Weimar ausgelassen bei der Heirat der Prinzessin Marie von Holstein-Glücksburg mit dem ganz blödsinnigen Herzog von Anhalt-Bernburg. Gräfin Ottilie Henckel war eine Dame noch ganz nach dem Kostüm des achtzehnten Jahrhunderts, auch trug sie ihre Kleider noch nach der alten Tracht ebenso wie die Herzogin Luise, d. h. kurze enge Ärmel, halblange Handschuhe, eng anschließende seidene Kleider, aber in allen Farben, auch in den brennendsten noch in hohem Alter, über diese Kleider war ein schwarzes oder weißes Spitzentuch nach altmodischer Art gesteckt. Merkwürdig war ihre Manier, Rot und Weiß aufzulegen, sie beachtete bei ihrer Raschheit gar nicht, wie sonderbar sie sich schminkte: Einmal erschien sie bei Goethe in einem brennenden Brokatkleid, auf der einen Wange hatte sie hoch oben einen großen roten Tupf sich appliziert und auf der andern einen dito weit tiefer unten. Ein bezeichnender Zug für sie ist, dass ihr Carl August seine bibliotheca erotica verehrte. Sie war geboren 1756 und starb in hohem Alter 1840. Ihr Sohn war der preußische General Graf Henckel, von welchem 1846 biographische Memoiren erschienen sind.

Auch Engländer fanden sich in Weimar ein: Der reiche und wohltätige Gore mit seinen beiden Töchtern (von denen eine dem Gemahl der Frau von Kalb zugedacht war, als diese Jean Paul heiraten wollte) und der Schotte Macdonald ließen sich häuslich in Weimar nieder. Charles Gore, geboren 1730 in Yorkshire, Erbe eines reichen Handelshauses, kam mit seinen beiden Töchtern Elisa und Emily in den achtziger Jahren; die dritte Tochter, Hanna, wurde Gräfin Cowper. Die Gores standen dem Hofe sehr nahe. »Die Erscheinung der Gores«, schrieb der Herzog unterm 22. Januar 1788 an Knebel, »hatte eine ganz besonders gute Wirkung. Noch vortrefflichere Folgen erwarte ich von dem ausgezeichneten Beifall, den meine Frau und auch meine Mutter dieser so reichbegabten Familie geweiht. Noch nie habe ich meine Frau jemanden so loben hören, und Wenige haben die Verdienste meiner Frau so rein erkannt und gefühlt wie Emilie. Diese Engländer werden endlich sicher des Herumirrens müde, und Emilie, die immer Deutschland besonders liebte, kann in ihrer und meiner Frau alten Tagen vielleicht ein Verhältnis knüpfen, das beiden nötig ist.« Ganz anders als Carl August dachte Gentz von der Liebenswürdigkeit dieser Engländer: Er schrieb in seinem Tagebuche über die Reise, die er im November 1801 nach Weimar machte, unterm 22. dieses Monats, einem Sonntag: »Je suis allé le soir avec Mr. Böttiger chez Mr. Gore, Anglais, qui fait à Weimar la meilleure maison. Je l'ai trouvé fort ennuyante et j'ai été mécontent au suprème de Mr. Gore et de toute sa maison.« Miss Elisa starb 1802 achtundvierzigjährig und fünf Jahre später, siebenundsiebzigjährig, der alte Gore. Darauf blieb aber Miss Emily nicht, wie Carl August gehofft hatte, in Weimar, sondern reiste 1808 zu ihrer Schwester, der Gräfin Cowper, die in Florenz lebte.

Baron Mounier, ein französischer Emigrant, hatte in seinem in Belvedere gestifteten Institut von jungen Ausländern eine Menge Engländer, die viel Geld nach Weimar brachten und sich durch ihre lustigen Streiche einen Namen machten.

Das Theater war und blieb eine Hauptressource für Weimar. An die Stelle des alten Liebhabertheaters der Herzogin-Mutter trat erst die Gesellschaft Bellomos, und als dieser abging, ward, wie schon erwähnt, im Jahre 1791 das weimarische Hoftheater gestiftet. Die weimarische Hofschauspielertruppe schlug später seit 1802 den Sommer über im Bade Lauchstädt bei Merseburg ihre Bühne auf. Goethe führte die Direktion, und seit 1799, wo Schiller aus Jena nach Weimar zog, auch dieser. Nächst Corona Schröter glänzte Christiane Neumann, seit 1793 verehelichte Becker, und als diese 1797 starb, ward die reizende, in Mannheim durch Iffland gebildete Caroline Jagemann engagiert: Mit ihr, die die Geliebte Carl Augusts wurde, ging ein neuer glänzender Stern am weimarischen Theaterhimmel auf. Der größte, wahrhaft klassische Schauspieler Weimars aber, der aus der Goethe-Schiller'schen Schule hervorging, war Pius Alexander Wolf, geboren 1784 zu Augsburg, vermählt mit Fräulein Malcolmi, die ebenfalls eine sehr tüchtige Schauspielerin war. Man muss Wolf in seinen Hauptrollen, zu denen Posa und Tasso gehörten, gesehen haben, um mit Sicherheit urteilen zu können, dass er dem Höchsten, was von seiner Kunst verlangt werden kann, beinahe ganz nahe gekommen ist: In dem Adel der Auffassung, in dem feinen Maßhalten und Sparen mit der Kraft, jenem Hauptstück in der Schauspielerkunst, wie es schon Shakespeare im Hamlet bezeichnet hat, steht Wolf ganz unerreicht da. Von ihm schrieb Goethe: »Ich kann nur einen Menschen nennen, der sich von Grund auf nach meinem Sinne gebildet hat: das war Wolf.« Er starb leider schon, erst vierundvierzigjährig, 1828 zu Weimar.

Nächst dem Theater ward auch für andere Künste gesorgt: In dieser Beziehung sind namentlich die Kunstausstellungen hervorzuheben, welche Goethe mit seinem Freund und Hausgenossen Heinrich Meyer seit dem Jahre 1795 ins Leben treten ließ.

4. Persönlichkeit des Herzogs Carl August. Die Herzogin Luise. Die Gräfin Werthern.

Carl August war acht Jahre jünger als Goethe und allerdings einer der begabtesten und tüchtigsten Fürsten seiner Zeit. Nach den Memoiren des Grafen Görtz urteilte der große Friedrich schon 1771, als er ihn vierzehnjährig am Braunschweiger Hofe sah, »ihm sei noch nie ein junger Mensch vorgekommen, der in diesem Alter zu so großen Hoffnungen berechtigte«. Und 1775 schrieb der Statthalter Dalberg an Görtz: »Verstand, Charakter, Offenheit und die seinem Alter angemessene Treuherzigkeit; eine Fürstenseele, so wie ich sie noch nie sah.«

Carl August war neunzehn Jahre alt, als er jene berühmte Erklärung über das in sein Conseil einberufene Genie gab: »Einsichtsvolle wünschen mir Glück, diesen Mann zu besitzen. Sein Kopf, sein Genie ist bekannt. Einen Mann von Genie an einem anderen Orte gebrauchen, als wo er selbst seine außerordentlichen Gaben gebrauchen kann, heißt ihn missbrauchen. Was aber den Einwand betrifft, dass durch den Eintritt viele verdiente Leute sich für zurückgesetzt erachten würden, so kenne ich erstens niemand in meiner Dienerschaft, der meines Wissens auf dasselbe hoffte, und zweitens werde ich nie einen Platz, welcher in so genauer Verbindung mit mir, mit dem Wohl und Wehe meiner gesamten Untertanen steht, nach Anciennität, ich werde ihn immer nur nach Vertrauen geben. Das Urteil der Welt, welches vielleicht missbilligt, dass ich den Dr. Goethe in mein wichtigstes Kollegium setzte, ohne dass er zuvor Amtmann, Professor, Kammerrat und Regierungsrat war, ändert gar nichts. Die Welt urteilt nach Vorurteilen. Ich aber sorge und arbeite, wie jeder andere, nicht um des Ruhmes, um des Beifalls der Welt willen, sondern um mich vor Gott und meinem eignen Gewissen rechtfertigen zu können.«

Ungefähr aus dieser Zeit 1776 ist das eine der Porträts Carl Augusts, das auf der Bibliothek zu Weimar sich befindet. Er war ein Mann von mittlerer Größe, eher klein als groß, aber eine Gestalt, in deren Erscheinung von Jugend auf bis ins späteste Alter etwas Selbstständiges, Energisches in sehr ungebundener, franker und freier, fast studentischer Form hervortrat: Auch pflegte man ihn den »Student von Jena« zu nennen. »Das Gesicht«, sagt Adolf Stahr, der in seinem anmutigen Tagebuche aus Weimar das Jugendporträt beschreibt, »trägt in der Form den länglichen Typus seines Vaters. Er trägt einen rötlich violetten Rock mit Stahlknöpfen, eine gelbe Weste und unter einem schlichten weißen Halstuch ein gefälbeltes Jabot. Die Züge sind kräftig ohne Fülle. Das Haar bräunlich blond, in zwei Locken an den Schläfen, von der Stirn frei fort und zurückgestrichen, hinten in einen Zopf mit kleiner schwarzer Schleife gebunden. Die Stirn ist hoch, die Knochen über den Augen stark hervorspringend, die hellblauen Augen lebhaft forschend, fast bohrend, der Blick wie von einem Gedanken konzentriert. In den Flügeln der Nase große Festigkeit, in den Zügen des Mundes der entschiedene Trotz, in dem Ausdruck des Ganzen große Leidenschaftlichkeit, kaum durch Anspannung aller Willenskraft gebändigt. Diesem Bild gegenüber versteht man jenes offene Selbstbekenntnis des vierundzwanzigjährigen Fürsten, das er einmal an Knebel mit den Worten ablegt: ›Ich muss auch erstaunlich wehren, meinem Herzen und den Leidenschaften nicht den Zügel zu lassen; es ist gar zu schwer, sich wieder in den unnatürlichen Zustand zu fügen, in welchem unsereiner leben muss und an den man nur so langsam sich gewöhnt zu haben glaubt.‹«

Der mit dem Pfunde der Menschenkenntnis in eminentem Maße begabte Darmstädter Merck ließ sich, als alle Welt über die Geniestreiche, die Carl August nach der Bekanntschaft mit Goethe trieb, die Köpfe schüttelte, nicht beirren und vertrat nachdrücklichst den Sterlingswert dieses seltenen Fürsten. Er schrieb aus Darmstadt unterm 3. November 1777 an den Buchhändler Nicolai in Berlin: »Ich hab Goethe neuerlich auf Wartburg besucht und wir haben zehn Tage zusammen wie die Kinder gelebt. Mich freut's, dass ich von Angesicht gesehen habe, was an seiner Situation ist. Das Beste von allem ist der Herzog, den die Esel zu einem schwachen Menschen gebrandmarkt haben und der ein eisenfester Charakter ist. Ich würde aus Liebe zu ihm eben das tun, was Goethe tut. Die Märchen kommen alle von Leuten, die ohngefähr so viel Auge haben zu sehen, wie die Bedienten, die hinterm Stuhle stehn, von ihren Herren und deren Gespräch beurteilen können. Dazu mischt sich die scheußliche Anekdotensucht unbedeutender, negligierter, intriganter Menschen, oder die Bosheit anderer, die noch mehr Vorteil haben, falsch zu sehn. Ich sage Ihnen aufrichtig, der Herzog ist einer der respektabelsten und gescheitesten Menschen, die ich gesehen habe – und überlegen Sie dabei ein Fürst und ein Mensch von zwanzig Jahren. Ich dächte, Goethes Gesellschaft, wenn man mutwillig voraussetzen will, er sei ein Schurke, sollte doch mit der Zeit ein wenig guten Einfluss haben. Das Geträtsche, dass er sich nach Goethe bilde, ist so unleidlich unwahr als etwas, denn es ist ihm niemand unausstehlicher als Goethes Affen.«

Zwei Jahre darauf war Carl August, und zwar inkognito, mit Goethe in Kassel, und hier sah ihn Forster. Er schrieb unterm 24. Oktober 1779 an seinen Vater: »Der Herzog ist ein artiger kleiner Mann, der ziemlich viel weiß, sehr einfach ist und gescheite Fragen tut. Für einen zweiundzwanzigjährigen Herzog, der seit vier Jahren sein eigner Herr ist, fand ich viel mehr in ihm, als ich erwartete.«

Ein sehr gutes Zeichen für Carl Augusts tüchtige Art war, dass er, wie Goethe, frühzeitig ein Bedürfnis fühlte, sein in wilder Leidenschaftlichkeit gärendes Gemüt durch die Einsamkeit zurechte zu bringen. Wie Goethe sein Gartenhäuschen am Stern, so war Carl August seine Borkenhütte im Park ein Lieblingsaufenthalt. Damals verstatteten die jungen Baumanpflanzungen noch die freie Aussicht über das Ilmtal hinweg zu Goethes Gartenhaus, und beide Freunde konnten durch allerhand Zeichen miteinander eine Art telegraphische Konversation machen. In der kleinen Borkenhütte, die, von hohen Bäumen umschattet dicht an die Felswand der Ilm gedrückt, die zurückgezogenste Einsamkeit gewährte, diente ein und derselbe Raum, ein ganz mäßiger, vieleckiger Raum mit einer gewölbten Decke mit kleinen Stuckverzierungen, als Wohn- und Arbeitszimmer, als Schlafraum, als Empfangszimmer und auch als Speisesaal. Hier badete Carl August in der nahe unter seinem Fenster vorbeifließenden Ilm, und morgens empfing er hier den vortragenden Rat seines Geheimen Conseils. Er schrieb aus diesem »Kloster« einmal im Sommer 1780 an seinen Freund Knebel:

»Es hat neun Uhr geschlagen und ich sitze hier in meinem Kloster mit einem Lichte am Fenster und schreibe Dir. Der Tag war außerordentlich schön und der erste Abend der Freiheit – denn heute früh verließen uns die Gothaer, ließ sich mir sehr genießen. Ich bin in den Eingängen der ›kalten Küche‹* herumgeschlichen, und ich war so ganz in der Schöpfung und so weit von dem Erdentreiben. Der Mensch ist doch nicht zu der elenden Philisterei des Geschäftslebens bestimmt; es ist einem ja

* So ward ein Monument genannt mit der Inschrift »Genio loci«, ein etwa vier Fuß hoher Säulenstumpf, um den sich eine Schlange windet, die die oben liegenden antiken Opferbrote verspeist. Nach der Sage war eine Schlange, die lange großen Schaden an den Ilmufern getan, durch vergiftete Brote, die ein Bäcker angeraten, unschädlich gemacht worden.

nicht größer zumute, als wenn man so die Sonne untergehen, die Sterne aufgehen, es kühl werden sieht und fühlt – und das alles so für sich, so wenig der Menschen halber; und doch genießen sie's und so hoch, dass sie glauben, es sei für sie. Ich will mich baden mit dem Abendstern und neu Leben schöpfen, der erste Augenblick darauf sei Dein. Lebewohl so lange. – Ich komme daher. Das Wasser war kalt, denn Nacht lag schon in seinem Schoß. Es war, als tauchte man in die kühle Nacht. Als ich den ersten Schritt hineintat, war's so rein, so nächtlich dunkel; über den Berg hinter Oberweimar kam der volle rote Mond. Es war so ganz still. Wedels Waldhörner hörte man nur von Weitem, und die stille Ferne machte mich reinere Töne hören, als vielleicht die Luft erreichten.«

In den achtziger und neunziger Jahren hatte der Charakter Carl Augusts sich zu seiner Reife ausgebildet: Der junge Wein hatte jetzt ausgebraust und sich geklärt, er stand jetzt goldrein im Pokale.

Goethe, der allerdings mit ihm auf den kleinen Touren in- und außerhalb Landes die tollsten Jugendstreiche trieb, dann aber auch auf seinem Gartenzimmer, wo der Herzog bis in die späte Nacht manchmal blieb,° sinnige, weise Unterredungen hatte, gab ihm wiederholt in seinen vertraulichen Herzensergießungen an seine Freunde und Freundinnen das beste Zeugnis. Er schrieb 3. November 1780 an Lavater: »Täglich wächst der Herzog und ist mein bester Trost«, und im Februar 1781: »Der Herzog

° Noch am 11. Dezember 1788 schrieb Schiller an seine nachherige Schwägerin: »Der Herzog ist die Abende fast immer bei Goethe.«

wächst schnell und ist sich sehr treu.« Schärfer lauten dagegen die Urteile, die Goethe an seine innerste Herzensvertraute, Frau von Stein, über den Herzog ausspricht. Er schreibt an sie 10. März 1781 aus Neuheiligen, wo er mit dem Herzog auf einem Besuch bei dem Grafen Werthern war: »Die Gräfin kennt den größten Teil vom vornehmen, reichen, schönen, verständigen Europa, teils durch sich, teils durch andre, das Leben, Treiben, Verhältnis so vieler Menschen ist ihr gegenwärtig im höchsten Sinne des Worts. Sie ist dem Herzog sehr nützlich und würde es noch mehr sein, wenn die Knoten in dem Strange seines Wesens nicht eine ruhige gleiche Aufwicklung des Fadens so sehr hinderten. – Mich wundert nun gar nicht mehr, dass Fürsten meist so dumm, toll und albern sind, nicht leicht hat einer so gute Anlagen als der Herzog, nicht leicht hat einer so viel verständige und gute Menschen um sich und zu Freunden als er – und doch will's nicht nach Proportion vom Flecke, und das Kind und der Fischschwanz gucken, eh' man sich's versieht, wieder hervor. Das größte Übel hab ich auch bemerkt. So passioniert er fürs Gute und Rechte ist, so wird's ihm doch darinne weniger wohl als im Unschicklichen; es ist ganz wunderbar, wie verständig er sein kann, wie viel er einsieht, wie viel er kennt, und doch, wenn er sich etwas zugute tun will, so muss er etwas Albernes vornehmen, und wenn's das Wachslichterzerknaupeln wäre. Leider sieht man daraus, dass es in der tiefsten Natur steckt und dass der Frosch fürs Wasser gemacht ist, wenn er gleich auch eine Zeit lang sich auf der Erde befinden kann.«

Zur Erklärung dieses später sehr gemilderten scharfen Urteils Goethes dient, dass der Herzog damals sehr mutwillige Neckerei mit seinem, Goethes Verhältnis zur Frau von Stein trieb. Goethe schrieb derselben aus Neuheiligen unterm 13. März: »Der Herzog hat mir Ihren Brief, den der Husar brachte, bis jetzt vorenthalten und schickt mir ihn, in zehn übereinander gesiegelten Kuverts eingeschlossen, herauf.«

Dabei folgten nachstehende Verse vom Herzog:

»Es ist doch nichts so zart und klein
So wird's doch jemand plagen
Zum Beispiel macht Dein Briefelein
Husaren sehr viel klagen.
Heut, sagte der, der's Goethen bracht'
Und schwur's bei seinem Barte:
Viel lieber ging ich in die Schlacht
Als trüg so Brieflein zarte.
Denn wie im Hui ist das Papier
Aus meiner weiten Tasche,
Und wer, wer stehet mir dafür,
Dass ich es wieder hasche?
Unheimlich, sagt' er, es ihm sei,
Wenn er so etwas trage.
Denn Billetdoux und Zauberei
Ist gleich, nach alter Sage.
Drum schreibe Du nach altem Brauch
Auf Groß-Royal-Papiere;
Damit der Träger künftig auch
Ja nichts vom Teufel spüre.«

Der humoristische Herzog, »der Student von Jena«, und die formenstrenge Herzogin Luise, die so genau aufs Zeremoniell hielt, dass es Mühe kostete, Goethe zur Spielpartie mit ihr einzuschmuggeln, waren ganz disparate Charaktere. Auch wurde ihr Verhältnis schon frühzeitig ein gedrücktes, Goethe musste wiederholt den Vermittler machen. Er schreibt kurz nach der Hochzeit an Frau von Stein unterm 27. Januar 1776 nach einer Maskenballnacht: »Die Herzogin M. (Mutter) war lieb und gut, Herzogin Luise ein Engel! Sie widersprach über eine Kleinigkeit dem Herzog heftig, doch machte ich sie nachher lachen.« Ein paar Tage darauf schreibt Goethe wieder an seine Freundin: »Kommen Sie heute zu Hof? Luise war gestern lieb. Großer Gott, ich begreife nur nicht, was ihr Herz so zusammenzieht. Ich sah ihr in die Seele, und doch, wenn ich nicht so warm für sie wäre, sie hätte mich erkältet. Ihr Verdruss über Herzogs Hund war auch so sichtlich. Sie haben aber immer beide unrecht. Er hätt' ihn draus lassen sollen, und da er drin war, hätt' sie ihn eben auch leiden können.« Endlich unterm 1. September 1776 schreibt Goethe an Frau von Stein: »Es ist mir lieb, dass wir wieder auf eine abenteuerliche Wirtschaft ausziehen*, denn ich halt's nicht aus. So viel Liebe, so viel Teilnahme, so viele treffliche Menschen und so viel Herzensdruck!«

Eine gewisse Steifheit hat die Herzogin Luise bis auf ihr Lebensende nicht ablegen können, wiewohl das Verhältnis zum Herzog nach und nach sich durch Gewohn-

* Nach Ilmenau, wo den 3. September der Geburtstag des Herzogs gefeiert wurde.

heit ausglich. Sie hat auch ihre alte Tracht bis auf ihr Lebensende nicht abgelegt, sie behielt diese alte Tracht, wie sie oben bei der alten Oberhofmeisterin Gräfin Henckel beschrieben worden ist, trotz wiederholtem Wechsel der Mode: Nur dadurch unterschied sie sich von der originellen Oberhofmeisterin, dass sie nicht wie diese brennendhelle, enge seidene Kleider mit engen, schließenden Ärmeln und darübergesteckten Spitzentüchern trug, sondern nur solche von modesten, dunkeln Farben, es versteht sich, dass sie auch nicht in die Extravaganzen mit dem Schminken verfiel. Im sonderbaren Kontrast zu ihrem Gemahl, dessen Gestalt eher klein war und im Alter auch sehr verfallen, wusste sie ihre Figur, die größer war, durch gehöriges Strecken noch größer erscheinen zu lassen.

Was Frau von Stein Goethe war, wurde die Gräfin Werthern dem Herzog. Die Gräfin Jeanette Luise Werthern war eine Rheinländerin, eine geborene Baronin von Stein, die Schwester des berühmten preußischen Ministers. Ihr Gemahl, der Geheime Rat Graf Jacob Friedemann von Werthern, war ehemals kursächsischer Gesandter in Spanien gewesen, ein Enkel des ersten Grafen und sächsischen Ministers Grafen Georg. Er besaß außer Neuheiligen bei Langensalza noch mehrere Güter, unter andern auch Eythra bei Leipzig, das nachher an die Leipziger Kaufmannsfamilie Anger kam, 1790 fiel die Grafschaft Beichlingen an ihn von seinem älteren Bruder, der sächsischer Gesandter in Paris war. Er war ein hocharistokratischer, bizarrer, halb närrischer Mann, verschwenderisch in hohem

Grade und dann wieder abwechselnd periodisch filzig geizig. Er hatte eine höchst seltsame spanisch zeremonielle Hausordnung eingeführt und behandelte seine Dienerschaft auf höchst paradoxe Weise. Er war dadurch in der ganzen Umgegend lächerlich bekannt. Kamen vornehme Gäste, wie der Herzog, so ließ er als Neger geschwärzte Bauernjungen im Kostüm bei Tisch aufwarten. Die Gräfin war zwar eine kleine Dame, aber von den größten Manieren, Goethe gestand, dass er das Welt-haben, oder vielmehr das Die-Welt-haben (manier le monde) von ihr gelernt habe. Über Goethes Verhältnis zu Frau von Stein äußerte die Gräfin gegen diese einmal: »Pour celui là on vous le pardonne!« Sie starb 1811 mit Hinterlassung einer einzigen Tochter, Luise, die mit dem neulich gestorbenen sächsischen Kabinettsminister Grafen Senfft von Pilsach verheiratet wurde. Ihr Bruder, der Minister, der Senfft einen »leichtsinnigen und erbärmlichen Menschen« nennt, schrieb ihr einen schönen Nekrolog: »Der größte Teil ihres Lebens ward hingebracht im Kampfe mit einem ungünstigen Schicksal; sie blieb aber immer treu, liebend und liebenswürdig, frei von Bitterkeit und egoistischer Kälte.« Bekanntlich ist diese Gräfin Werthern das Urbild zu der Gräfin in Wilhelm Meister.

Über das damalige weimarische Hoftreiben sehr unterrichtend ist, was Goethe über eine Jagd, die der Herzog im Dezember 1781 bei Eisenach gab, an Frau von Stein schreibt.

»Der Herzog ist vergnügt und gut, nur find' ich den Spaß zu teuer, er füttert achtzig Menschen in der Wildnis und dem Frost, hat noch kein Schwein, weil er im Freien hetzen will, das nicht geht, plagt und ennuyiert die Seinigen und unterhält ein paar schmarotzende Edelleute aus der Nachbarschaft, die es ihm nicht danken. Und das alles mit dem besten Willen, sich und andere zu vergnügen. Gott weiß, ob er lernen wird, dass ein Feuerwerk um Mittag keinen Effekt tut. Ich mag nicht immer der Popanz sein, und die andern fragt er weder um Rat noch spricht er mit ihnen, was er tun will etc. Es geht nichts besser und nichts schlimmer als sonst, außer dass der Herzog weit mehr weiß, was er will, wenn er nur was Bessres wollte etc. Sein Unglück ist, dass ihm zu Haus nicht wohl ist, denn er mag gern Hof haben etc. Heute kommt der Herzog von Gotha. Morgen geht's auf die Jagd, und ich hoffe loszukommen. Auf den Sonntag gibt der Herzog ein Gastmahl, um dem Vater im Himmel auch einmal gleich zu werden, nur mit dem Unterschied, dass die Gäste von den Zäunen gleich anfangs mit auf dem Fourierzettel stehen. Des Hin- und widerfahrens, schleppens, reitens, laufens ist keine Rast. Der Hofmarschall flucht, der Oberstallmeister murrt, und am Ende geschieht alles. Wenn diese Hast und Hatze vorbei ist und wir wären um eine Provinz reicher, so wollte ich's loben, da es aber nur auf ein paar zerbrochene Rippen, verschlagne Pferde und einen leeren Beutel angesehn ist, so hab ich nichts damit zu schaffen. Außer dass ich von dem Aufwand nebenher etwas in meine politisch-moralisch-dramatische Tasche stecke.«

In einem gleichzeitigen Brief an Knebel äußert Goethe sich noch stärker über die Verschwendung bei

Hofe: »Selbst der Bauersmann, der der Erde das Notdürftige abfordert, hätte ein behaglich Auskommen, wenn er nur für sich schwitzte. Du weißt aber, wenn die Blattläuse auf den Rosenzweigen sitzen und sich hübsch dick und grün gesogen haben, dann kommen die Ameisen und saugen ihnen den filtrierten Saft aus den Leibern, und so geht's weiter und wir haben's so weit gebracht, dass oben immer an einem Tage mehr verzehrt wird, als unten in einem beigebracht werden kann.«

Unterm 12. November 1781 hatte Goethe an Frau von Stein geschrieben: »Der Herzog hat doch im Grunde eine enge Vorstellungsart, und was er kühnes unternimmt, ist nur im Taumel; einen langen Plan durchsetzen, der in seiner Länge und Breite verwegen wäre, fehlt es ihm an Folge der Ideen und an wahrer Standhaftigkeit.« Den Kommentar zu diesem Urteil gab Goethe in einem Brief an Knebel vom 21. April 1783: »Meine Finanzsachen gehen besser, als ich es mir vorm Jahre dachte. Ich habe Glück und Gedeihen bei meiner Administration, halte aber auch auf das festeste über meinem Plane und über meinen Grundsätzen. Der Herzog pflanzt viel und möchte auch schon, dass es gewachsen wäre.«

Sehr unangenehm berührte Goethe die Kriegslust seines Herzogs. Er expektorierte sich einmal darüber in einem Brief an Knebel vom 2. April 1785 (dem Jahr des deutschen Fürstenbunds): »Die Kriegslust, die wie ein Art Krätze unsern Prinzen unter der Haut sitzt, fatiguiert mich wie ein böser Traum, in dem man fort will und soll und einem die Füße versagen. Sie kommen mir wie solche Träumende vor, und mir ist's, als wenn ich mit ihnen träumte. Lass ihnen den glücklichen Selbstbetrug. Das kluge Betragen der Großen wird hoffentlich den Kleinen die Motion ersparen, die sie sich gern auf andrer Unkosten machen möchten. Ich habe auf dieses Kapitel weder Barmherzigkeit, Anteil noch Hoffnung und Schonung mehr.«

Eigen muss sich allerdings die Kumulation der Staatsposten Goethes mit seinem Dichterposten ausgenommen haben bei solchen Gelegenheiten, wo, wie im Februar 1782, Knebel einmal seinen Freund bei dem, wie Goethe es selbst nennt, »albernen Geschäft der Auslesung junger Leute zum Militär« in Buttstädt besuchte und ihn am Tische sitzend fand, die Rekruten um ihn her, ihn selbst aber dabei an der Iphigenie schreibend.

Noch eine Klage, die über »die unaufhaltsame Waghalsigkeit« des Herzogs, vollendet das Bild des damals fünfundzwanzigjährigen Fürsten. Goethe schrieb darüber unterm 27. August 1782 an seine Freundin: »Es ist eine kuriose Empfindung seines nächsten Freundes und Schicksalsverwandten, Hals und Arm und Beine täglich als halb verloren anzusehen und sich darüber zu beruhigen, ohne gleichgültig zu werden. Vielleicht wird er alt und grau indes viele sorgliche abgehen.«

Unbefriedigter war der Herzogin Luise Situation trotz allem geistigen Genuss, den ihr der Hof bot. Diese Dame war das gerade Gegenteil ihrer Schwiegermutter, der Herzogin Amalie: War diese im höchsten Grade leichtblütig und leichtlebig, so war Luise im höchsten Grade schwerblütig und schwerlebig, daher einsam in der Welt, ohne Freund, sogar Frau von Stein und Herder waren ihr, wie der Herzog an Knebel einmal schreibt, »zu leicht«. Goethe äußert sich über die tief unglückliche Fürstin an Frau von Stein unterm 12. April 1782: »Die arme Herzogin dauert mich von Grund aus. Auch diesem Übel sehe ich keine Hilfe. Könnte sie einen Gegenstand finden, der ihr Herz zu sich lenkte, so wäre, wenn das Glück wollte, vielleicht eine Aussicht vor sie. Die Gräfin (Werthern) ist gewiss liebenswürdig und gemacht, einen Mann anzuziehen und zu erhalten. Die Herzogin ist's auch, nur dass es bei ihr, wenn ich so sagen darf, immer in der Knospe bleibt. Die Zugeschlossne schließt alle zu und der Offne öffnet, vorzüglich wenn Superiorität in beiden ist. Man kann nicht angenehmer sein, als die Herzogin ist, wenn es ihr auch nur Augenblicke mit Menschen wohl wird; auch sogar wenn sie aus Räsonnement gefällig ist, was neuerdings mehrmals geschieht, ist ihre Gegenwart wohltätig. – Wer kann der Liebe vorschreiben, dem einfachsten und dem grilligsten Dinge, das bald mit elendem Spielzeug zu führen ist, bald mit allen Schätzen nicht angelockt werden kann? Dem Gestirn, dessen Weg man bald wie die Bahn der Sonne auf den Punkt auszurechnen imstande ist und das oft schlimmer als Komet und Irrlicht den Beobachter trügt?«

Bei der Gräfin Werthern war der unruhige Herzog noch am leichtesten festzuhalten. Unterm 23. März 1782 schreibt er an Knebel: »Auf Ostern, denke ich, gehe ich wieder fort, besuche die Gräfin, welche doch die beste aller Gräfinnen ist, die ich kenne.« Um dieselbe Zeit schreibt Goethe: »Der Herzog ist vergnügt, doch macht ihn die Liebe nicht glücklich, sein armer Schatz ist gar zu übel dran, an den leidigsten Narren geschmiedet, krank und für dies Leben verloren. – Sie sieht aus und ist wie eine schöne Seele, die aus den letzten Flammenspitzen eines nicht verdienten Fegfeuers scheidet und sich nach dem Himmel sehnend erhebt. – Sie liebt den Herzog schöner als er sie.«

Epoche machte in diesem kleinen Hofgetriebe die Geburt des Erbprinzen, welche am 2. Februar 1783 statt hatte und über welche Goethe sich in einem Brief vom 3. März 1783 an Knebel also ausließ: »Die Ankunft des Erbprinzen, die größte Begebenheit, die sich für uns zutragen konnte, hat eine zwar nicht sichtbare, doch sehr fühlbare Wirkung. Die Menschen sind nicht verändert, jeder einzelne ist, wie er war, doch das Ganze hat eine andere Richtung, und wenn ich sagen soll, er wirkt in seiner Wiege wie der Ballast im Schiffe durch die Schwere und Ruhe. Die Herzogin ist gar wohl und glücklich, denn freilich konnte der Genuss, der ihr bisher fehlte, ihr durch nichts anderes gegeben werden. Die Musen aller Art haben sich, wie Du wirst gesehen haben, auf alle Weise bemüht, das Fest zu verherrlichen. Wieland und Herder haben zwei Singstücke, der eine für den Hof, der andere für die Kirche hervorgebracht etc.«

Ich habe oben schon die Stelle aus einem Briefe Mercks angeführt, worin er sich gegen das Geschrei der Höflinge ausspricht, dass eine zu große Vertraulichkeit zwischen dem Herrn und seinem Diener Goethe bestehe. »Wär's ein Edelmann, so wär's in der Regel«, meinte Merck. Carl August ließ sich allerdings nicht von seinen alten Edelleuten betrügen, im Gegenteil, er wählte sich seine Leute und diese auch aus der Bürgerreihe aus, um ihnen auf die Finger zu sehen. Das Benehmen des Kammerpräsidenten Kalb, den seine Projektemacherei um das durch seine Frau erworbene schöne Vermögen brachte und der nun an dem Kammersäckel Hilfsquellen suchte, bewog Carl August, ihn 1782 zu entlassen und den Roturier Goethe an seine Stelle zu setzen.

Unterm 15. Juni 1781 hatte Merck an den Herzog aus Darmstadt Folgendes gemeldet: »Ich habe indessen die Ehre gehabt, den Herrn Kammerpräsident von Kalb und Herrn Kammerherrn von Seckendorf* auf einige Tage in Kassel zu sehen. U...** gab uns ein Diner aufm Weißenstein, wo er nicht allein alles bezahlte, sondern uns auch am Ende für sein Geld die Wasser springen ließ. So schlecht der Mensch ist, denn er hat noch für eine halbe Million Prozesse, wo er die Leute offenbar drum betrogen hat, so ist es ein Mensch von außerordentlichem Kopf. Seine Ideen sind alle rein und klar, und es sprudelt bei ihm alles wie aus dem vollsten Fasse. Ohngeachtet er nahe an den Siebzigen ist, so braucht er alle Tage noch zwei H–. Es tat mir leid, dass ich den Herrn Kammerpräsidenten von Kalb etwas lachiert hatte, dass ich die-

* Kalbs Schwager.

** ? Uckermann, Geheimer Kammerrat in Kassel.

sen Menschen (U.) für merkwürdig hielt. Er fasste den Gedanken und erklärte mir nachher alles haarklein, sodass Seckendorf als ein kluger Reisekompagnon früher bei Tisch einschlief als gewöhnlich.«

Darauf schrieb der Herzog am 17. Juni 1781 an Merck: »Dass Meister Kalb sich ziemlich möge prostituiert haben, zweifle ich gar nicht. Seckendorf wird noch oft zur rechten Zeit einschlafen müssen; nur wird's nicht immer passend sein, denn Kalb menagiert nicht die Tageszeiten. Ich weiß, dass dieser absurde Mensch andere Dienste sucht und ein Malcontenter nach Natur ist; wie er diese Unzufriedenheit aber an den Tag legt und welches seine Projekte sind und wie er sie auszuführen gedenkt, wünsche ich doch teils als Faktum der Menschheit und wegen politicis zu wissen. Sie tun mir wahrlich einen Dienst, wenn Sie mich davon benachrichtigen, und aufstellen lassen, was diese beiden Freunde am Niederrhein treiben, tun und reden. Man kann diesen Burschen nicht genug aufpassen, und bezahlt man sie nur manchmal in der Münze, in der sie uns lohnen, so ist's nicht mehr als recht und billig.«

So streng der Herzog mit solchen abgefeimten adeligen Schuldigen verfuhr – so edel half er bürgerlichen Bedrängten, die, wenn auch schuldig, doch nicht durch Bosheit schuldig waren. Gerade jenem Merck, der sich durch gewagte Spekulationen in die bitterste Geldnot verstrickt hatte, schoss er im Jahre 1788 eine ansehnliche Summe vor, um ihn zu retten.

Merck schrieb unterm 28. März 1789 an ihn: »Ich habe neuerlich durch gute Kanäle von dem so ausgebreiteten Wirkungskreise Ew. Hochfürstl. Durchlaucht einige nähere Nachricht erhalten. Gott erhalte Sie darin. Es ist mit Ihnen wie mit allen guten Menschen beschaffen. Ihr Schicksal ist immer, unglaubliche Dinge zu tun, weil sich's die andern nicht erklären können, dass man so handeln könne.«

Am guten, ja am besten Willen mangelte es bei Carl August nicht, wohl aber gar oft an den Mitteln. Dieser Mangel ward die Veranlassung, dass einer der »vorzüglichsten« Menschen frühzeitig daheimgehen musste, Schiller. Der Musenhof zu Weimar hatte für Schiller nicht so viel, als er für seine Kammerjunker hatte. Goethe bestärkte seinen fürstlichen Freund lange Zeit in dieser Kargheit für den auftauchenden Rivalen. Um Fräulein von Lengefeld heiraten zu können, nahm Schiller bekanntlich die Professur in Jena. Es handelte sich um 200 Taler aus der Schatulle Carl Augusts, desselben Carl Augusts, der die kostspieligen Jagden »für die schmarotzenden Edelleute aus der Nachbarschaft« gab. In einem Conseilbericht, von Goethes eigner Hand damals geschrieben, heißt es: »Ein Herr Friedrich Schiller (sic!), welcher sich durch eine Geschichte des Abfalls der Niederlande bekannt gemacht hat, soll geneigt sein, sich an der Universität Jena zu etablieren. Die Möglichkeit dieser Akquisition dürfte um so mehr zu beachten sein, als man sie gratis haben könnte.« In einem Brief an Frau von Wolzogen vom 28. Dezember 1788 schreibt Schiller über diese Angelegenheit: »Goethe habe ich unterdessen einmal besucht, er ist bei dieser Sache überaus tätig gewesen und zeigt viel Teilnahme an dem, was er glaubt, dass es zu meinem Glücke beitragen werde. Ob es mich glücklich macht, wird sich erst in ein paar Jahren ausweisen.« In demselben Brief gesteht Schiller, »dass er sehr wenig erbaut sei von der Geschwindigkeit, mit der man die Sache betreibe, und dass er sich habe übertölpeln lassen«. Noch am 10. November 1789 schrieb Schiller: »Ich durchsuche alle Winkel der Erde, um den Platz zu finden, den das Schicksal unserer Liebe bereitet haben könnte.« Es fand sich keiner als Jena. Die Gratis-Professur ward erlangt, die Heirat geschlossen. »Ich schrieb Dir«, berichtet Schiller aus Jena am 6. Januar 1790 an Körner, wenige Wochen vor seiner Heirat mit Charlotte von Lengefeld, »das letzte Mal, dass ich den Herzog um eine Pension schreiben wolle. Dies ist auch sogleich geschehen und in wenigen Tagen entschieden worden: 200 Taler, wie ich vermutete. Was ich nicht vermutete, war, dass der Herzog selbst fühlen würde, dass dies wenig sei. Den Tag, nachdem ich ihm geschrieben, ging ich nach Weimar, aber ganz in der Stille und ohne jemand anders zu sehen als Lengefelds. Er erfuhr's aber, ließ mich holen und sagte mir, dass er gern etwas für mich tun möchte, um mir seine Achtung zu zeigen; aber mit gesenkter Stimme und einem verlegenen Gesicht sagte er, dass 200 Taler alles sei, was er könne. Ich sagte ihm, dass dies alles sei, was ich von ihm haben wollte. Er befragte mich dann um meine Heirat und beträgt sich, seitdem er darum weiß, überaus artig gegen Lottchen. Wir aßen den Tag darauf bei der Stein zu Mittag: Da kam er selbst hin und sagte der Stein, dass er doch das Beste zu unserer Heirat hergebe, das Geld. Er spricht sehr oft davon, und man sieht, dass er Anteil daran nimmt. Der Stein sagte er auch, er freute sich sehr, wenn er etwas für mich tun könnte, aber er sähe voraus, dass ich es ihm nicht danken werde. Ich würde gewiss bei der nächsten Gelegenheit gehen. Darin könnte er's getroffen haben; aber die Gelegenheit muss wenigstens so vorteilhaft sein, dass er selbst mich entschuldigt.«

Bekanntlich verfiel Schiller gleich im ersten Jahre seiner Verheiratung, weil er sich mit Kollegienlesen und Bücherschreiben überarbeitet hatte, um das Leben zu gewinnen, in eine schwere Krankheit: Er bekam Blutspucken und schwebte am Rande des Grabes. Expressiv genug schrieb ihm Körner unterm 11. Februar 1791: »Ich glaubte Dich schon über den Berg und erstaunte über den letzten Brief von Deiner Frau. Mach' uns ja nicht wieder so einen Streich. Schade für Deine ganze Professur und das ganze corpus academicum dazu. Was kannst Du dafür, dass Du nicht mit solchen Stentor-Talenten begabt bist, als nötig ist, um Dein Auditorium auszufüllen? Es mag mancherlei Dinge geben, mit denen Du mehr vermagst als mit der Lunge. Also würde ich das Schreien andern überlassen. Deine Feder ist laut genug. Und in Göttingen gibt es auch Professoren, die kein einziges öffentliches Kollegium lesen. Dass Du in Jena wohnst, ist schon Vorteil für die Universität, der mit 200 Talern wohlfeil bezahlt ist.« Schiller schrieb über die Krankheit am 23. Februar 1791: »Schon in Erfurt erlebte ich einen Anfall, der aber durch einen dortigen, nicht ungeschickten Arzt mit zu weniger Aufmerksamkeit behandelt und weniger kuriert als zugedeckt wurde. Gegen acht Tage nach diesem ersten Anfall befand ich mich wohl; in Weimar, wo ich gegen drei Tage war, fühlte ich gar nichts. Aber schon am anderen Tage nach meiner Heimkunft, wo ich wieder zu lesen angefangen hatte, kam das Fieber und nahm mit großer Heftigkeit zu etc. Am dritten Tage spie ich Blut etc. Die üble Einmischung des Unterleibes machte das Fieber kompliziert. Ich musste purgieren und vomieren. In den ersten sechs Tagen konnte ich keinen Bissen Nahrung zu mir nehmen, welches mich bei so starken Ausleerungen der ersten und zweiten Wege und der Heftigkeit des Fiebers so sehr schwächte, dass die kleine Bewegung, wenn man mich von dem Bette nach dem Sofa trug, mir Ohnmachten zuzog und dass mir der Arzt vom siebenten bis elften Tage nach Mitternacht musste Wein geben lassen. Nach dem siebenten Tage wurden meine Umstände sehr bedenklich, dass mir der Mut ganz entfiel; aber am neunten und siebzehnten Tage erfolgten Krisen etc. Erst acht Tage nach Aufhören des Fiebers vermochte ich einige Stunden außer dem Bette zuzubringen, und es stand lange an, ehe ich am Stocke herumkriechen konnte. Die Pflege war vortrefflich, und es trug nicht wenig dazu bei, mir das Unangenehme der Krankheit zu erleichtern, wenn ich die Aufmerksamkeit und die tätige Teilnahme betrachtete, die von vielen meiner Auditoren und hiesigen Freunde mir bewiesen wurde. Sie stritten sich darüber, wer bei mir wachen dürfe, und einige taten dieses dreimal in der Woche etc. Zu meiner Stärkung schickte mir der Herzog ein halb Dutzend Bouteillen Madeira.«

Die Krankheit Schillers verzog sich durch den ganzen Sommer 1791, und er bat auf des Koadjutors Dalberg Rat den Herzog um eine förmliche Besoldung. Darauf äußerte ihm Körner unterm 12. September 1791: »Dass Du noch nicht Vorlesungen halten kannst, ist klar, auch wird wohl dies niemand von Dir verlangen. Aber dass Du noch eine so starke Zulage, als Du verlangst, vom Herzog von Weimar auswirken werdest, zweifle ich sehr. Seine Kasse ist nicht in sehr glänzenden Umständen.« Der Herzog tat aber dennoch etwas. Körner schreibt unterm 13. Oktober 1791: »Was mir Dein Lottchen vom Herzoge schreibt, war mehr, als ich nach dem, was man von seiner ökonomischen Lage sagt, jetzt vermutet hätte. Er scheint sich doch wirklich mit Nachdruck für Dich zu interessieren, und die Behutsamkeit, den Forderungen Deiner Kollegen auszuweichen, kann man ihm nicht verdenken. Umso ruhiger kannst Du nunmehr diesen Winter sein und bloß auf Deine Erholung denken.« Darauf schreibt Schiller, und es ist rührend, was er schreibt: »Mir ist's denn hier ganz leidlich. Ich sehe oft Menschen bei mir und werde es so einrichten, dass ich einige Abende regelmäßig Gesellschaft bei mir haben kann. Zwei Tage in der Woche sind schon durch zwei Privatclubs unter guten Freunden besetzt, nun will ich noch zwei dazu bestimmen. Viele Ausgaben machen diese Butterbrotgesellschaften nicht; wenn ich das halbe Jahr vier Louisd'or mehr daran wende, so kann ich alle Wochen zweimal drei, auch vier Menschen bitten, und zu meinem Wohlsein ist dies nötig. Nun fehlt mir bloß Equipage, um jeden Tag spazieren zu fahren, dadurch würde mir sehr viel geholfen sein; aber diesem Wunsche muss ich freilich entsagen.«

Endlich half aus der deutschen Misere°, wie bei Beethoven englisches Geld, bei Schiller dänisches Geld, das Anerbieten von 1000 Talern jährlich auf drei Jahre von Seiten des Prinzen von Augustenburg und des Grafen Schimmelmann. Erst später hat Carl August Schillers Besoldung wiederholt um ein paar hundert Taler gebessert. Noch am 28. Mai 1804 schrieb Schiller an Körner: »Meine Besoldung ist klein (400 Taler), und ich setze ziemlich alles zu, was ich jährlich erwerbe.« Damals, ganz kurz vor seinem Tode, verwilligte Carl August 800 Taler.

Zuletzt verschaffte der Herzog Schiller auch auf eine freilich wohlfeile, aber doch feine Weise von Wien den Adel. Interessant ist die Aufklärung, die Schiller hierüber an seinen Freund Körner unterm 29. November 1802 gibt: »Der Herzog hatte mir schon seit länger her etwas zugedacht, was mir angenehm sein könnte. Nun traf es sich zufällig, dass Herder, der in Bayern ein Gut

° Die Schuldenmisere Schillers fing schon in Mannheim an. Aus Dresden schrieb Körner am 14. Oktober 1788: »Schneider Müller fragt auch manchmal, ob Du nicht bald wiederkämest« etc. Unterm 20. März 1804, ein Jahr vor seinem Tode, schrieb Schiller an Wolzogen: »Dieses Jahr mache ich mein Haus vollends schuldenfrei und hoffe noch übrig zu behalten.« Als er starb, war alles Geld aufgezehrt: Sein Sarg kostete etwas über drei Taler, eine Kerze beleuchtete die Leiche in seinem Hause, zwei Fackeln leuchteten beim Leichenzuge.

gekauft, was er nach dem Landesgebrauch als Bürgerlicher nicht besitzen konnte, vom Kurfürsten von der Pfalz, der sich das Nobilitationsrecht anmaßt, den Adel geschenkt bekam. Herder wollte seinen pfalzgräflichen Adel hier geltend machen, wurde aber damit abgewiesen und obendrein ausgelacht, weil ihm jedermann diese Kränkung gönnte; denn er hatte sich immer als der gröbste Demokrat herausgelassen und wollte sich nun in den Adel eindrängen. Bei dieser Gelegenheit hat der Herzog gegen jemand erklärt, er wollte mir einen Adel verschaffen, der unwidersprechlich sei. Dazu kommt noch, dass sich Kotzebue, den der Hof auch nicht leiden konnte, zudringlicherweise an den Hof drang, welches man ihm, da er und seine Frau Ansprüche hatten, nicht verwehren konnte, obgleich man schwer genug daran ging. Dies mag den Herzog noch mehr bestärkt haben, mich adeln zu lassen. Dass mein Schwager* den ersten Posten am Hofe bekleidet, mag auch mitgewirkt haben; denn es hatte was Sonderbares, dass von zwei Schwestern die eine einen vorzüglichen Rang am Hofe, die andere gar keinen Zutritt zu demselben hatte, obgleich meine Frau und ich sonst viele Verhältnisse mit dem Hofe hatten. Dieses alles bringt dieser Adelsbrief nun ins Gleiche, weil meine Frau, als eine Adelige von Geburt, dadurch in ihre Rechte, die sie vor unserer Heirat hatte, restituiert wird; denn sonst würde ihr mein Adel nichts geholfen haben. Für meine Frau hat die Sache einigen Vorteil, für meine Kinder

* von Wolzogen, Oberhofmeister und Geheimer Rat.

kann sie ihn mit der Zukunft erhalten, für mich ist freilich nicht viel dadurch gewonnen. In einer kleinen Stadt indessen, wie Weimar, ist es immer ein Vorteil, dass man von nichts ausgeschlossen ist; denn das fühlte sich hier doch zuweilen unangenehm, wenn man in einer größeren Stadt gar nichts davon gewahr wird.«

Der Geheime Rat von Voigt hatte in dem Gesuch beim Kaiser um Schillers Nobilitierung besonders »seine Verdienste um die deutsche Sprache« hervorgehoben. Schiller schrieb ihm, »es sei freilich kein Kleines gewesen, aus seinem Lebenslaufe etwas herauszubringen, was sich zu einem Verdienste um Kaiser und Reich qualifiziere, und Voigt habe es daher trefflich gemacht, sich zuletzt an dem Ast der deutschen Sprache festzuhalten«.

Noch fünfundzwanzig Jahre nach Schillers Tode entschuldigte der alte Goethe in einem Brief an Zelter vom 29. April 1830 nach seiner Weise seine und des Herzogs Unterlassungssünde mit den Worten, die ein Publicandum in der Hallischen Allgemeinen Literaturzeitung ihm abdrängte: »Auf das Publicandum habe ich nichts zu erwidern. Leider erneuert sich dabei der alte Schmerz, dass man ›diesen vorzüglichsten Mann‹ bis in sein fünfundvierzigstes Jahr sich selbst, dem Herzog von Weimar und seinem Verleger überließ, wodurch ihm eine zwar mäßige, aber doch immer beschränkte Existenz gesichert war, und ihm zuletzt erst einen breitern Zustand anzubieten dachte, der ihm früher nicht einmal gemäß gewesen wäre, nun aber gar nicht in Erfüllung gehen konnte.« Der alte Goethe taxiert hier den

Tod Schillers sozusagen als eine Unterlassungssünde Preußens, dessen König Friedrich Wilhelm III. Schiller erst in der letzten Lebenszeit 3000 Taler und freie Hofequipage für Berlin angeboten habe, und vergisst ganz, dass Schiller durch einen fast zwanzigjährigen Aufenthalt in Weimar an Weimar auch die nächsten Ansprüche gewonnen hatte. Schiller war ein so edler, feinfühlender, wahrhaft vornehmer Mann, dass er selbst für das Wenige, was Carl August für ihn tat, ihm Dankbarkeit bewahrte. Er schrieb an Körner unterm 28. Mai 1804 ganz dem entgegen, was der alte Goethe von der Annehmbarkeit des Berliner Vorschlags äußert: »Dass ich bei der Berliner Reise nicht bloß mein Vergnügen beabsichtigte, kannst Du Dir leicht denken; es war um mehr zu tun, und allerdings habe ich es jetzt in meiner Hand, eine wesentliche Verbesserung in meiner Existenz vorzunehmen. Zwar wenn ich nicht auf meine Familie reflektieren müsste, würde es mir in Weimar immer am besten gefallen. Aber meine Besoldung ist klein, und ich setze ziemlich alles zu, was ich jährlich erwerbe, so dass wenig zurückgelegt wird. Um meinen Kindern einiges Vermögen zu erwerben, muss ich dahin streben, dass der Ertrag meiner Schriftstellerei zum Kapital kann geschlagen werden, und dazu bietet man mir in Berlin die Hände. Ich habe nichts da gesucht, man hat die ersten Schritte gegen mich getan, und ich bin aufgefordert, selbst meine Bedingungen zu machen.

Es ist aber kostbar, in Berlin zu leben, ohne Equipage ist es für mich ganz und gar nicht möglich, weil jeder Besuch oder Ausgang eine kleine Reise ist. Auch sind andere Artikel sehr teuer, und unter 600 Friedrichsd'or könnte ich gar nicht mit Bequemlichkeit leben; ja diese würden nicht einmal hinreichen. In einer großen Stadt kann man sich weniger behelfen als in einer kleinen.

Es steht also bei den Göttern, ob die Forderung, die ich zu machen genötigt bin, wenn ich mich nicht verschlimmern will, nicht zu hoch wird gefunden werden.

Berlin gefällt mir und meiner Frau besser, als wir erwarteten. Es ist dort eine große persönliche Freiheit und eine Ungezwungenheit im bürgerlichen Leben. Musik und Theater bieten mancherlei Genüsse an, obgleich beide bei weitem das nicht leisten, was sie kosten. Auch kann ich in Berlin eher Aussichten für meine Kinder finden und mich vielleicht, wenn ich erst dort bin, noch auf manche Art verbessern.

Auf der andern Seite zerreiße ich höchst ungern alte Verhältnisse, und in neue mich zu begeben schreckt meine Bequemlichkeit. Hier in Weimar bin ich freilich absolut frei und im eigentlichsten Sinne zu Hause. Gegen den Herzog habe ich Verbindlichkeiten, und ob ich gleich mit ganz guter Art mich loszumachen hoffen kann, so würde mir's doch wehe tun zu gehen. Wenn er mir also einen nur etwas bedeutenden Ersatz anbietet, so habe ich doch Lust zu bleiben.«

Schiller war gar nicht so einfach, die große Bevorzugung Goethes von Seiten des Herzogs nicht zu sehen, aber er verglich nicht und beschied sich mit seiner mehr als mittelmäßigen Lage. Dass er recht wohl sah, wie Goethe für sich zu sorgen wisse, beweisen die Worte, die er während dessen Aufenthalts in Italien unterm 19. Dezember 1787 an Körner schrieb: »Goethes Zurückkunft ist ungewiss und seine ewige Trennung von Staatsgeschäften bei vielen schon wie entschieden. Während er in Italien malt, müssen die Voigts und Schmidts für ihn wie die Lasttiere schwitzen. Er verzehrt in Italien für Nichtstun eine Besoldung von 1800 Talern, und sie müssen für die Hälfte des Geldes doppelte Last tragen.« Nur einmal presste Schiller die Vergleichung seiner verzweifelten Lage mit der beneidenswerten Goethes die starken, aber wahren Worte ab: »Dieser Mensch, dieser Goethe ist mir einmal im Wege, und er erinnert mich so oft, dass das Schicksal mich hart behandelt hat. Wie leicht ward sein Genie von seinem Schicksal getragen, und wie muss ich bis auf diese Minute noch kämpfen!«

Goethe in seiner Eigenschaft als erster Minister von Weimar hätte es obgelegen, die Stellung Schillers in Weimar auf eine würdige Weise sicher zu machen: Sein Einfluss auf den Herzog unterstützte ihn darin mehr wie jeden andern Minister. Aber Goethe hatte mehr Interesse für Sachen als für Menschen; für Sachen, namentlich wenn sie in Goethes Lieblingsmaterien, Kunst- und Naturstudium einschlugen, ward viel Geld ausgegeben, für Kupferstiche, Gemälde und andere Sammlungen verhältnismäßig zu viel; jungen Leuten, die nachher Goethe nützlich wurden, ward Reisegeld nach Italien ausgemittelt, Schiller, dessen glühendster

Wunsch es war, Italien zu sehen[*], kam nicht jenseits der Berge.

Carl August war sein Lebelang in seinen Finanzen brouilliert und zeitweilig sogar derangiert. Es ist oben berichtet worden, wie, nachdem Goethe an die Stelle des Kammerpräsidenten von Kalb, des Jüngeren, getreten war, dessen Amtierung durch die Unmöglichkeit sich sistierte, deren er inne werden musste, dass der Herzog sich einen festen Etat seiner Einnahmen und Ausgaben gefallen lasse und seine Forderungen nicht darüber erstrecke. Carl August konnte das Fordern nicht lassen, er war generös, aber er war sehr leichtsinnig im Geldpunkt. Als im Jahre 1825 das Schauspielhaus in Weimar abbrannte, entwarf er, während es noch brannte, in dem gegenüberliegenden Fürstenhause den Plan zum Wiederaufbau, das Geld musste beschafft werden, es gehe, wie es wolle. In der letzten Zeit machte Carl August seine Geschäfte mit Rothschild; war er einmal in Geldverlegenheit, so ließ er den Wagen anspannen und fuhr nach Frankfurt. Goethe hatte wohl recht, an Knebel von den »Blattläusen« und »Ameisen« zu schreiben und Merck im Vertrauen zu eröffnen: »Es ist ein wunderbar Ding ums Regiment der Welt, so einen politisch-moralischen Grindkopf nur halbweg zu säubern und in Ordnung zu halten.«

Carl August war ein wunderbares Gemisch entgegengesetzter Eigenschaften, von leichtem Sinn und munte-

[*] Glücklicher, als wir in unserm Norden
Wohnt der Bettler an der Engelspforten,
Denn er sieht das ewig einz'ge Rom.

rer, burschikoser Laune auf der einen und hinwiederum von gediegenem Ernst und einer höchst wohltuenden Tiefe des Gemüts auf der anderen Seite. Die höchst tüchtige, wenn auch etwas derbe und knorrige, aber durch und durch redliche, offene und gerade Sinnesart des Herzogs geht besonders aus seinen eignen Briefen hervor, unter denen neuerlich einige, wie an Frau von Wolzogen und Knebel usw., veröffentlicht worden sind.

Wie artig der »burschikose« Herr, wie ihn Nostitz, der ihn auf dem Wiener Kongress sah, nennt, an Damen schrieb, davon gibt ein Billet ohne Datum Zeugnis, das der Nachlass der Frau von Wolzogen enthält. Er schreibt ihr:

»Gnädige Frau!

Meine Gattin trägt mir auf, Sie untertänigst zu ersuchen, die Bücher, welche Sie höchst gütigerweise auf beiliegendes Blatt verzeichnet haben, ankaufen und selbige in Berlin in rot Maroquin ohne überflüssige Vergoldung binden zu lassen. Unger kann wohl die ganze Kommission übernehmen und melden, wenn alles fertig ist, damit man es alsdann absenden könne. Da die Buchhändler doch die Statisten der auf den Brettern des Weltalls prangenden Schriftsteller sind, so werden Ew. Gnaden wohl gütigst belieben, Unger qua Dero Subaltern die nötigen Befehle in Ansehung seiner Figurierung zu erteilen. Ich werde als Kassierer das Gemeinste hinterdrein besorgen. Untertänigst

C. A.«

Knebel war, als Prinz Constantin, dessen Hofmeister er zeither gewesen war, mit dem Mathematiker und Physiker Albrecht 1781 auf Reisen nach Italien, Paris und England ging, pensioniert worden. Im Unmut darüber und weil er seine Pension nicht in Weimar verzehren wollte, wandelte ihn die Lust an, in die preußischen Dienste, in denen er schon vorher gestanden hatte, oder in ansbach-bayreuthische zu treten, wo sein Vater noch Geheimer Rat war. Von diesem Entschluss brachte ihn der Herzog durch einen überaus herrlichen Brief vom 4. Oktober 1781 zurück, der einen tiefen Einblick in die edle, freie und großartige Weise gibt, mit der Carl August die verschiedenen Gaben der Menschen zu schätzen wusste.

»Sind denn die«, schreibt er seinem »lieben« Knebel, »die sich Deiner Freundschaft, Deines Umgangs freuen, so sklavisch, so sinnlicher Bedürfnisse voll, dass Du nur durch Graben, Hacken, Ausmisten und Aktenverschmieren ihnen nützen kannst? Ist denn das Receptaculum ihrer Seelen so gering, dass Du nirgends ein Plätzchen findest, wo Du irgendetwas von dem, was die Deine Schönes, Gutes und Großes, die innere Existenz verbessernd und veredelnd gesammelt hat, ausfüllen kannst? Sind wir denn so hungrig, dass Du für unser Brot, so furchtsam und unstet, dass Du für unsre Sicherheit arbeiten musst? Sind wir nicht mehrerer Freuden als der des Tisches und der Ruhe fähig, können wir keinen Genuss finden, wenn Du von dem Schmutz und dem Gestank des Weltgetriebes Reiner Deine volle Zeit zur Schmückung des Geistes anwendend, uns, die wir nicht Zeit zum Sammeln haben, den Strauß von den Blumen des Lebens gebunden vorhältst? Sind unsre Klüfte so quellenlos, dass wir nicht eines schönen Brunnens brauchen, uns selbst unsrer Ausflüsse freuend, wenn sie schön in demselben aufgefasst sind? Sind wir bloß zu Ambossen der Zeit und des Schicksals gut genug und können wir nichts neben uns leiden als Klötze, die uns gleichen und nur von harter, anhaltender Masse sind? Ist's denn ein so geringes Los, die Hebamme guter Gedanken und in der Mutter zusammengelegter Begriffe zu sein? Ist das Kind dieser Wohltäterin nicht beinahe ebenso sehr sein Dasein schuldig als der Mutter, die es gebar? Die Seelen der Menschen sind wie immer gepflügtes Land; ist's erniedrigend, der vorsichtige Gärtner zu sein, der seine Zeit damit zubringt, aus fremden Landen Sämereien holen zu lassen, sie auszulesen und zu säen? Muss er nicht etwa daneben auch das Schmiedehandwerk treiben, um seine Existenz recht auszufüllen? Bist Du nun so im Bösen, so über Dich selbst erblindet, dass Du Dir einbilden könntest, Du habest uns nie dergleichen Nutzen geschafft, und achtest Du uns gering genug, dass Du glauben könntest, wir würden Dich so lieben, wie wir tun, wärest Du uns hierin unnütz und überflüssig oder entbehrlich gewesen? Willst Du nun diese schöne Laufbahn, dies würdige Geschäft aufgeben, alle eingewachsenen Bande ausreißen, gleich einem Anfänger eine neue Existenz ergreifen und Dich, Gott weiß wohin, unter Menschen, die Dich nichts mehr angehn oder mit denen Du kein reines und Dir gewohntes Verhältnis hast, hinwerfen? Neuen Anteil ergreifen oder Dir machen, mehr Gute, mehr Böse kennen lernen, sehen, wie die Abscheulichkeiten so überall zu Hause, das Gute überall so befleckt ist? – Und warum? Um etwa einigen Kanzellistenseelen aus dem Wege zu gehen, die Dir Deine Semmel, die Du mehr hast als sie, beneiden, weil Du nicht gleich ihnen Maultierhandwerk treibst? Und wohin willst Du Dich flüchten? Nimmst Du nicht überall Deine paar Semmeln mit, die Du mehr und leichter hast als andere? Sind nicht überall Knechte, die es entbehren und Dich darum beneiden werden? Wirst Du deren Neid besser aushalten? Dich, weil Du dort ein paar Monate fremd bist, von ihnen mehr geachtet halten, als Du es hier sein möchtest? Siehst Du etwas Erreichbares vor Dir, das Dir das, was Du entbehrst, ersetze? Ist dieses Erreichbare so gewiss? Schlägt's fehl, kann es Deine Existenz dann ertragen, immer neue Zwecke zu machen, oft abgeschlagen zu werden und so herumzuirren? Willst Du also das Beständige für das Unbeständige hingeben? etc.

Lass uns also die Sache nicht so feierlich nehmen und das Übel nicht für so unheilbar halten. Ist's Deiner Natur gut, sich zu verändern, so reise! etc.

Warum sich immer ersäufen wollen, wenn's mit einem schönen Bade getan ist?«

Die wohltätige Revolution, die in dieser Zeit mit dem Herzog vorging, deutet Goethe in einem Brief aus Gotha, wo er mit ihm zu Besuch war, unterm 16. Juni 1783 an: »Der Herzog ist auf sehr guten Wegen, wir haben über viele Dinge gar gut gesprochen, es klärt sich vieles in ihm auf, und er wird gewiss in sich glücklicher und gegen andre wohltätiger werden.«

Über seine Regierungstätigkeit schrieb der Herzog selbst unterm 10. Dezember 1783 an Knebel: »Seit ein paar Tagen habe ich mir die Zeit mit Lesung von Konsistorialakten vertrieben, welche Vorschläge zu Verbesserungen und Visitationen des weimarischen Gymnasiums von 1762 an betreffen. Du hast keinen Begriff von der Methode, wie jedes Membrum des Collegii dabei Nutzen zu stiften denkt. Von allen menschlichen Begriffen den allermenschlichsten, die Erziehung des Menschen, im Aktenstil und modo voti vorgetragen zu sehen, ist unglaublich. Wenn keiner einen Begriff von einer menschlichen Behandlung hätte, so müsste er ihn durchs Contrarium bekommen, sobald er diese Akten läse. Den armen Heinze haben sie bei einer Visitation von 1700 und etlichen 70 erbärmlich geschunden, weil er nicht fleißig genug in die Kirche ging und verschiedene Male Schüler ohne Mäntel (welche sie der Verordnung nach beständig tragen müssen) sich in derselben hätten betreten lassen.«

Und unterm 15. Januar 1784 schreibt der Herzog: »Unser Winter geht ziemlich vergnügt hin; die Komödie* gibt uns drei Abende der Woche Unterhaltung, und das für ziemlich wohlfeilen Preis; Maskeraden und andere Lustbarkeiten mischen sich dazwischen, und eine neue Leidenschaft, welche die der Liebe bei uns völlig ersetzt, nämlich fürs L'hombre-Spiel, das ich neuerlich erlernt habe, hilft vollends die Länge der Abende verkürzen. Was mich betrifft, so nehme ich an diesen

* Bellomos Truppe war engagiert.

Zerstreuungen keinen Anteil; da mir der Tag durch sehr häufige Geschäfte, welchen ich mich immer mehr nähere, gänzlich ausgefüllt ist, so komme ich wenig aus, genieße aber dessen ungeachtet einer ziemlich guten Gesundheit an meinem Kamin. Die Eisbahn war, ehe der Schnee fiel, uns großer Trost und Freude, sie war von der größten Schönheit. Die Jagd hat fast ganz am Nagel gehangen.«

Unterm 3. Januar 1785 schrieb Wieland an Merck: »Mit welcher Ungeduld wir alle auf die Wiederkunft unseres Herzogs warten, kann sich der Hr. Bruder leicht vorstellen. Ich bin begierig zu sehen, wie ihm die lange Abwesenheit (an den benachbarten Höfen, namentlich dem von Braunschweig) zugeschlagen hat und ob das, was er bei diesem Vagieren für seine eigene Person gewonnen hat, wenigstens für etwas an dem Schaden gelten kann, der seinem Lande durch so lange Abwesenheit und durch so viel fortgehendes und nicht wiederkommendes bares Geld zuwächst. Der lange Aufenthalt an gewissen Höfen und die Schweinsjagden dürften eben nicht von guter Vorbedeutung sein. Ohne die Herzogin-Mutter würde Weimar in weniger Zeit wieder so ein unbedeutendes, langweiliges und seelentötendes Nest sein als irgend eins in deutschen und welschen Landen.«

Schon damals wandte sich der Herzog mit Vorliebe, gleich Goethe, von den Lebendigen, die ihm wenig Genüge gaben, zum Studium der Natur hin. Er schrieb am 8. Dezember 1784 an Knebel:

»Das menschliche Leben ist ein ewiges Aushalten; eine Erhaltung und Fortpflanzung des Daseienden scheint beinahe Zweck der Menschheit zu sein; der Genuss ist selten mehr als nur ausruhen, um neue Wolken zu durchkriechen; wenigen Weisen ist das Glück beschieden, dass sie die Kämpfe von sich abschütteln und nur in dem Genuss der Stärkungen leben können. Es ist ganz eigen, wenn man die meisten Menschen in dem Gesichtspunkt ihres Endzwecks und der daraus folgenden Wirksamkeit betrachtet, wie einzig die Operation der Erhaltung und Fortpflanzung Zweck zu sein scheint. – Unter Tausenden und Abertausenden ist kaum einer oder zwei, die irgendetwas Mehreres begehren oder die von ihrer Natur weiter getrieben werden, als sich um den Wendepfahl der Erhaltung und Fortpflanzung zu drehen; ihr Treiben, ihr Lernen, ihr Vergnügen, ihre Ruhe zeigt selten weiter als auf diesen Wendepunkt. Das Schicksal scheint neuerlich Ekel gegen diese Einförmigkeit bekommen zu haben, es lässt deshalb Wissenschaften populärer werden, zu welchen sich sonst nur die höchsten Geister wagten; es lässt, meine ich, besonders die Naturkenntnis gemeiner werden und inspiriert viele Leute, diesem Studium zu folgen, welche wahrscheinlich sonst auch nur zur Erhaltung und Fortpflanzung sich erhalten und fortgepflanzt hätten.

Die Naturwissenschaft ist so menschlich, so wahr, dass ich jedem Glück wünsche, der sich ihr auch nur etwas ergibt; sie fängt an, leicht zu werden, sodass auch gern trägere Menschen sich eher dazu einladen lassen; sie ist so leicht wahr zu behandeln, dass sie den Geschmack zum Unwahren überwiegen kann; sie beweist und lehrt so bündig, dass das Größte, das Geheimnisvollste, das Zauberhafteste so ordentlich, einfach, öffentlich, unmagisch zugeht; sie muss doch endlich die armen, unwissenden Menschen von dem Durste nach dem dunkeln Außerordentlichen heilen, da sie ihnen zeigt, dass das Außerordentliche ihnen so nahe, so deutlich, so unaußerordentlich, so bestimmt nahe ist. Ich bitte täglich meinen guten Genius, dass er auch mich von aller anderen Art von Bemerken und Lernen abhalte und mich immer auf dem bestimmten ruhigen Wege leite, den uns der Naturforscher so natürlich vorschreibt.«

Am 26. Dezember 1785 schreibt der Herzog: »Die öffentliche Gesellschaft in unsern Mauern ist diesen Winter so insipid wie möglich. Da meist alles verheiratet und der weibliche verheiratete Teil nicht von der Art ist, dass sie leicht häusliche Unruhe verursachen könnten, was übrig bleibt aber die gute Zeit übergangen hat und es für die wenigen Mädchen sehr an Männern fehlt, so mangelt ein Hauptinteresse ganz. Dazu kann man nicht hoffen, hier irgendjemandem das Geld aus dem Beutel durch Rhetorik zu locken oder durch persönliches Interesse viel zu gewinnen; deswegen bekümmert sich niemand um den andern, und man sieht sich ordentlich nur zur Frohne.«

Das Jahr 1785 war das Jahr des Fürstenbunds, den Friedrich der Große als die letzte Arbeit seines mühe- und arbeitsvollen Lebens zustande brachte. Wie sich aus einer kleinen Schrift zeigt, die ganz neuerlich Wegele über Carl August herausgegeben hat, war dieser ungemein tätig in dieser Angelegenheit, reiste wiederholt zum Kurfürsten von Mainz und zu dessen Bruder, dem Bischof von Würzburg, und klagte nach dem Tode des großen Königs, dass die Union wenigstens von Norddeutschland nicht zustande kommen wolle. Carl August war ein Bewunderer, aber kein blinder Bewunderer des großen Königs. Merkwürdig ist sein Unheil über ihn unmittelbar nach seinem Tode in einem Brief an Knebel vom 17. September 1786: »Sollte der Nachfolger Friedrichs des Großen auch keine neuen Fußstapfen in die Laufbahn treten, so halte er nur die alten immer offen, damit er einen gewissen Tritt auf der sehr beschneiten und leicht verwehten Bahn des Lebens habe. Schwerlich wird er, wie sein Vorfahr, so leicht über die locker bedeckten Tiefen wegglitschen; einen solchen Schlittschuhläufer gibt's aber auch nur alle 500 Jahre und kaum dann.«

Entschieden war Carl August der Leidenschaft seiner Zeit entgegen, nach allgemeinen Begriffen zu reformieren. Der Repräsentant dieser Leidenschaft war Kaiser Joseph II., und Carl August war noch viel weniger ein blinder Bewunderer desselben. Seiner ganzen innersten Richtung gemäß, die dem Individuellen in der Natur zugekehrt war, konnte Carl August kein Freund der generalisierenden Regierungsmethode Kaiser Josephs II. sein, und er sprach sich darüber in einem Brief an Merck, d. d. Belvedere am 17. Juni 1781, kurz nach dem Regierungsantritt des reformlustigen Kaisers ebenso stark als treffend aus. Er widerlegte Merck, der in Lobeserhebungen sich ergossen hatte:

»Die Handlungen des Kaisers können aus allerlei Augenpunkten angesehen werden. Sie haben sehr viel

Ähnliches von Meisterzügen, bezeugen eine große Kenntnis – nicht der Menschen, aber doch der inneren Staatsumstände – und sind das Gegenteil von Furchtsamkeit. Ob es aber nicht hie und da wie Ausführung allgemeiner Begriffe aussieht und quod probe notandum ablaufen wird, das lass ich dahingestellt sein. Ein bisschen brutal und vornehm scheint mir's mit den Menschen und menschlichen Begriffen umgegangen zu sein. Es lautet mir immer etwas wie ein Freikorpsdicton: ›der Teufel hol die Pfaffen‹ oder wie ein philosophischer Begriff, dass niemand Unnützes im Staate leben solle (beides klingt an table d'hôte nicht übel). Mit denen sogenannten unnützen Mäulern ist's aber ein besonder Ding; man glaubt zwar von Herrschafts wegen, dass alles unnütz sei, was nicht hacke und grabe und nicht effektiv die herrschaftlichen Einkünfte vermehre, und ich habe auch für diese allgemeine Finanzübersicht vielen Respekt, aber mir dünket doch, dass – verführe der liebe Gott so finanzialisch scharf mit uns – die großen Herren, welche eigentlich durch die Umstände bloß genießen, faulenzen und nichts einbringen sollen und gewöhnlich bloß aus langer Weile tätig sind, übel dabei wegkämen. Sie würden wahrscheinlich wie die Pfaffen behandelt und wie diese jetzt von den Großen, so jene von Gott als Sachen angesehen werden, welche eines Besitztums und existenzunfähig wären. Es möchte wohl alsdenn etwas willkürlich mit ihnen verfahren, sie von allen weltlichen Bedingungen und Geschäften ausgeschlossen und bloß zum Beten angehalten werden. – Was die Berechnung der teuern Fastenspeisen anbetrifft, die gefällt mir nicht. Wenn ich Untertan wäre, so zitterte ich, wenn meine Herrschaft so für mich sorgte, denn ich würde fürchten, dass ich das Geld, was ich an der Reinheit meines Glaubens ersparte, wiederum zu der Reinheit der Flintenriemen und Montierungen der Armee, welche für meinen Glauben und Vaterland streiten soll, beitragen müsste.«

Im Jahre 1789, dem Jahr der großen französischen Revolution, ging auch beim Hof zu Weimar eine kleine Revolution vor, über die Herder am 28. August an Knebel berichtet: »Der Hof ist seit acht Tagen wieder hier und die Tafel an demselben abgeschafft. Die Herren Mitesser bekommen Kostgeld, die Damen speisen mit dem fürstlichen Ehepaar auf des Herzogs Zimmer und jedes Mal wird ein Fremder dazu gebeten. Sie können denken, was die Hofdamen dazu sagen, und es ist unbegreiflich, dass sie nicht schon aus Furcht vor zukünftiger Langeweile zum Voraus verschmachten.«

Sehr charakteristisch ist, was der Herzog über die französische Revolution äußert. Am 13. Januar 1793 (eine Woche vor Hinrichtung des Königs) schreibt er: »Wer die Franzosen in der Nähe sieht, muss einen wahren Ekel für sie fassen; sie sind alle sehr unterrichtet, aber jede Spur eines moralischen Gefühls ist bei ihnen ausgelöscht. Ich hoffe, dass die jetzigen Zeiten einen solchen Ekel vor dem Geist derselben hinterlassen sollen, dass ein jeder sich bestreben werde, seinen Nachkommen die größte Einfachheit einzuflößen, die allein stetig glücklich macht. Was hilft der sogenannte und so hoch belobte Attizismus (oder wie man es sonst nennen will) den Franken dieser Nation, bei der sonst alles Honette, Dauerhafte, Erhaltung und würdige Fortpflanzung Sichernde gänzlich erloschen ist?

Der Mensch war nie, die Zone, unter der er lebte, mag sein wie sie wolle, er war nie, sage ich, zur Treibhauspflanze bestimmt. Sobald er diese Kultur erhält, geht er zugrunde; auch beurteilt man die Franzosen falsch, wenn man glaubt, ihre Reife habe sie auf den jetzigen Punkt gebracht. Eines unterdrückte das andere im Reiche, und nun unterdrücken die Unterdrückten selbst ihre alten Beherrscher, weil diese nachlässig und stupid waren. Nicht das mindeste Moralische liegt dabei zugrunde, sondern man hat jetzt eine Art Moralität oder eine philosophische Zunft zum Werkzeug gebraucht. Es ist nichts Neues mehr unter der Sonne, sagt schon Salomo, und dieses ist lange her wahr und bleibt es noch.«

Des Herzogs Abneigung gegen die Franzosen kam zum großen Teil auch daher, dass er sich ihnen gegenüber als Deutscher fühlte. Caroline von Wolzogen schrieb darüber einmal unterm 15. April 1789 an ihren Schwager Schiller: »Ich dankte auch dem Himmel in meinem Herzen beim Lesen des Mirabeau, dass alles, was mir lieb ist, nichts mit der Politik zu tun hat. An wie armseligen Fäden hängen diese Weltbegebenheiten! Es muss ein unsichtbares Gewebe das Menschengeschlecht umstricken und so zusammenhalten, wie es hält, was diese Menschen dabei zu tun wähnen, kann nicht viel sein. So klein und eng sind sie, keine Spur eines bessern Wesens, das sich selbst an die allgemeine Glückseligkeit hingäbe, jeder denkt nur auf einen bequemen Platz für sich, um darauf zusehen zu können, sie haben nicht einmal die Energie, um herrschen zu wollen etc. Des Mirabeau Nationalstolz ist kindisch und ärgerlich, man könnte aus dépit deutsch sein wollen, wie der Tempelherr im Nathan ein Christ sein wollte, wenn man anders mit ihm zu tun hätte, glaub' ich. Ich will dem Herzog von Weimar wohl darum, dass er M. übel begegnet hat.«

5. Die Revolutionszeit. Umschlag in den Herzensverhältnissen. Demoiselle Vulpius und Demoiselle Jagemann. Carl Augusts bibliotheca erotica. Tragikomischer Vorfall in der königlichen Loge zu Berlin. Einweihung des neuen Schlosses. Die russische Heirat. Die Katastrophe von Jena. Napoleon in Erfurt. Tod der Herzogin Amalie, der Fräulein Göchhausen und Wielands. Der Großherzog auf dem Wiener Kongress.

Die französische Revolution berührte die stille, in sich abgeschlossene Welt in Weimar wenig. Der Herzog war 1786 als General in preußischen Dienst getreten: König Friedrich Wilhelm II. hatte ihm das vormals Rohr'sche Kürassierregiment geschenkt, das in Aschersleben stand. Körner schrieb darüber an Schiller unterm 15. Oktober 1787: »Dass Du den Herzog* nicht gesprochen hast, ist doch ärgerlich. Seinen Entschluss, in preußische Dienste

* Der in den holländischen Krieg damals gegangen war.

zu treten, finde ich so unnatürlich nicht. Er will eine Rolle spielen, und um durch Regierung zu glänzen, ist ihm sein Land zu klein. Beim Militär hat er Anspruch auf die höchsten Stellen. Hier kann er einen zweiten Bernhard machen, womit er sich wohl herumtragen mag. Die preußische Armee, der Fürstenbund, Gelegenheit, persönlichen Wert zu äußern – das sind alles Dinge, die ihn begeistern können.«

Mit dem martialischen Geist, der über den Herzog gekommen war, kam auch noch einmal ein Rezidiv in die martialische Rohheit, das gar sehr in den verfeinerten Kreisen Weimars auffiel und selbst bei Hofe starke Missbilligung fand. Schiller schreibt darüber unterm 23. Februar 1788: »Weimar hat dieser Tage einen Auftritt erlebt, der die Menschlichkeit interessiert. Ein Husarenmajor namens Lichtenberg ließ einen Husaren eines höchst unbedeutenden Fehltritts wegen durch fünfundsiebzig Prügel mit der Klinge so zuschanden richten, dass man an seinem Leben zweifelte. Vorfälle dieser Art sind in dieser Stadt freilich sehr neu; es entstand eine allgemeine Indignation vom Pöbel bis zu dem Hofe hinauf. Das gemeine Volk rächte sich durch Pasquille, die es an seine Tür schlug; ein adeliges Haus, wo er auf denselben Abend zum Souper gebeten war, ließ ihm absagen, und die Herzogin Luise weigerte sich, in seiner Gesellschaft ihrem Manne entgegenzufahren. Man weiß noch nicht gewiss, ob der Herzog davon unterrichtet ist; auf allen Fall, fürchte ich, wird er sich nicht bei dieser Sache auf eine seiner würdige Art benehmen, weil unglücklicherweise dieser Lichtenberg, der ein guter Soldat sein soll, ihm jetzt unentbehrlicher ist als seine Minister. Ich schreibe Dir diesen Auftritt, weil er ein gutes Gegenstück zu den vorhergehenden Epochen Weimars abgeben kann, wo man im Conseil wertherisierte.«

Carl August nahm bis 1794 an den Campagnen gegen Frankreich teil, namentlich an jenem denkwürdigen Champagne-Feldzug in Begleitung Goethes, der ihn in Dichtung und Wahrheit so anmutig beschrieben hat.

Die praktische Richtung, die beide Freunde eingeschlagen hatten, bekundete sich auch in ihren Herzensverhältnissen. Die interessante Frau von Stein und die interessante Gräfin Werthern in Neuheiligen waren nicht mehr die Herzensmagnete, sondern die Demoisellen Vulpius und Jagemann kamen jetzt, und zwar als Maîtresses en titre, an die Reihe.

Demoiselle Christiane Vulpius, die Schwester des Verfassers von »Rinaldo Rinaldini«, ward 1788 nach Goethes italienischer Reise ihm zuerst dadurch bekannt, dass sie ihm im Park auf Veranstaltung des Bruders eine Supplik zugunsten desselben überreichte. Sie kam darauf mit ihrer Schwester und Tante als »Haushälterin« zu Goethe. Sie war schon damals, wo sie noch jung war, nicht hübsch, eine kleine, volle, unansehnliche Blondine, die mit dem stattlichen, schlanken, schönen Goethe nicht wenig kontrastierte. Am ersten Weihnachtsfeiertage 1789, dem Geburtstag von Frau von Stein, kam ein junger Goethe, der nachher in Italien noch zwei Jahre vor dem Vater verstorbene August von Goethe, der sein einziger Sohn blieb, aus dieser Verbindung zur Welt, und der alte Goethe ließ sich die

Vulpia heimlich zur linken Hand antrauen. Er bat den Herzog zu Gevatter, dieser nahm es zwar an, schickte aber einen Stellvertreter zur Taufe. Goethes Mutter war mit der Schwiegertochter zufrieden, »weil sie«, wie Böttiger schreibt, »es sein musste«. Als er ihr die Nachricht von ihrer letzten Entbindung schrieb, antwortete sie, »es sei ihr lieb, doch wünsche sie, dass sie sich dieses Enkels auch rühmen könne«. Als Goethe 1797 die Reise nach der Schweiz zu Meyer antrat, nahm er die Vulpia nebst seinem Sohne mit nach Frankfurt. Da bekam die Mutter sie beide erst zu sehen und betrug sich sehr artig gegen sie, fand sie auch sehr artig und rühmte sie. Goethe fühlte indes das Missverhältnis seiner Verbindung recht gut und kaufte deswegen in Roßla das Gut, weil auch sein Sohn große Lust zur Ökonomie hatte. Eine kuriose Figur spielte Demoiselle Vulpia in Lauchstädt, in den ersten Jahren des neunzehnten Jahrhunderts: Während Goethe und Schiller nach dem Theater in ernsten Gesprächen herumwandelten, tanzte die sehr tanzlustige Haushälterin des Geheimen Rats nach Herzenslust mit den Studenten, zumal an den Sonnabendabenden, wo die Bälle in weißen leichten Kamisölern stattfanden; höchst drollig insonderheit war, als einmal Demoiselle Vulpia die Gespräche der beiden Dichterheroen mit den in echt sächsischem Dialekt hervorgebrachten Klageworten unterbrach: »Ach, Herr Geheemer Rat, ich habe mein Umschlagtuch verloren!« Anstandsvoll und bemessen erwiderte Goethe: »Nun, dann wird man ein neues beschaffen müssen.«

Goethe hatte nach seiner Zurückkunft von Italien die deliziösen Freuden nicht vergessen können, die er in seinen »Römischen Elegien« beschreibt. Über diese Freuden schrieb zehn Jahre später Schiller an Körner Jena 20. November 1797: »Diesen Mittag überraschte mich Goethe, der mit Meyer aus der Schweiz wieder zurück ist. Von G. sagte mir Meyer, er habe für ganz gewiss von seinen römischen Bekannten erfahren, G. habe ein Engagement mit einem hübschen römischen Mädchen von gemeiner Herkunft und nicht der besten Conduite und soll sie wirklich geheiratet haben. Er erzählte mir so viel Partikularitäten davon, dass ich kaum daran zweifeln kann. Den Eltern und einer Schwester von ihr, mit der er auch anfangs gelebt, bezahle er eine Pension. Das Mädchen soll aus der Connaissance der jungen Künstler sein und, ich glaube, auch zum Modelle gedient haben. G. dauert mich sehr, denn das Mädchen soll auch erschrecklich stehlen und gar liederlich sein. Er wäre fürchterlich düpiert.« Darauf antwortete Körner unterm 1. Dezember 1797: »Ich bin durch G.s Ankunft überrascht worden. Sein letzter Brief war vom 2. September aus Genua, wo er von einer baldigen Rückreise schrieb. Seit der Zeit hatte ich nichts von ihm erfahren. Von dem, was Dir Meyer von ihm erzählt hat, hatte ich auch einiges durch die dritte Hand erfahren. Indessen scheint die Sache eine gute Wendung genommen zu haben. An die Heirat glaube ich nicht; aber so viel habe ich erfahren, dass er das Mädchen von Rom bis nach der Schweiz mitgenommen hat usw.« Es ist hier wahrscheinlich von jener Mailänderin in Rom die Rede, welche aufzugeben Goethe die Entdeckung bewog, dass sie bereits verlobt sei.

Frau von Stein hatte bei Goethes Zurückkunft kaum Ausdrücke finden können, um zu bezeichnen, wie »unerquicklich und bis zur Unbeholfenheit steif« Goethe sich gezeigt habe. Als das Verhältnis mit Demoiselle Vulpius ruchbar ward, wurde sie krank und trat im Mai 1789 eine Reise, zur Kur, wie es scheint, nach einem rheinischen Bade an. Sie ließ Goethe einen Brief zurück, der es aussprach, was sie ihm vorzuwerfen hatte und »wie unverträglich mit der Fortdauer ihres Freundschaftsverhältnisses jedes andere sei«. Frau von Stein hat, wie erwähnt, vor ihrem Tode sich ihre eignen an Goethe gerichteten Briefe zurückgeben lassen und sie, wie Frau von Kalb die von Schiller, den Flammen übergeben, es ist also nicht möglich, die Sache nach ihren eignen Worten zu beurteilen. Allerdings ist die Bemerkung Adolf Stahrs richtig, »dass eine Ungerechtigkeit darin liegt, von einem geheimsten Verhältnisse nur die eine Hälfte bloßzulegen und die andere vollständig zu verhüllen«, es handelt sich aber hier nur um eine Verurteilung Goethes nach seinen eigenen Briefen.

Der merkwürdige Entschuldigungsbrief, den Goethe aus Belvedere 1. Juni 1789 an Frau von Stein über seine neuen Verhältnisse schrieb und über den diese ein großes O!!! geschrieben hatte, lautete:

»Wie sehr ich Dich liebe, wie sehr ich meine Pflicht gegen Dich und Fritzen* kenne, hab ich durch meine

* Der Sohn der Frau von Stein, später Kriegsrat in Breslau.

Rückkehr aus Italien bewiesen. Nach des Herzogs Willen wäre ich noch dort, Herder ging hin, und da ich nicht voraussah, dem Erbprinzen etwas sein zu können, hatte ich kaum etwas andres im Sinne als Dich und Fritzen.

Was ich in Italien verlassen habe, mag ich nicht wiederholen, Du hast mein Vertrauen darüber unfreundlich genug aufgenommen.

Leider warst Du, als ich ankam, in einer sonderbaren Stimmung, und ich gestehe aufrichtig, dass die Art, wie Du mich empfingst, wie mich andere nahmen, für mich äußerst empfindlich war. Ich sah Herder, die Herzogin verreisen, einen mir dringend angebotenen Platz im Wagen leer, ich blieb um der Freunde willen, wie ich um ihretwillen gekommen war, und musste mir in demselben Augenblicke hartnäckig wiederholen lassen, ich hätte nur wegbleiben können, ich nähme doch keinen Anteil an den Menschen usw. Und das alles eh von einem Verhältnis die Rede sein konnte, das Dich so sehr zu kränken scheint.

Und welch ein Verhältnis ist es? Wer wird dadurch verkürzt? Wer macht Anspruch auf die Empfindungen, die ich dem armen Geschöpfe gönne? Wer an die Stunden, die ich mit ihr zubringe? etc.«

Sehr richtig schrieb Körner unterm 9. Februar 1789 an Schiller: »Eine solche heroische Existenz ist die natürliche Folge, wenn ein großer Mensch eine Zeit lang fast alle Art von Genüssen außer sich erschöpft hat und ihm nichts weiter übrig bleibt als der Genuss seines eigenen Werts und seiner Tätigkeit.«

Zu Ende des Jahres 1793 starb der Oberstallmeister von Stein, schwachsinnig und gemütskrank, zu einer Heirat Goethes mit der nun frei gewordenen Witwe kam es nicht.

Die Vulpia-Verbindung rächte sich schrecklich an Goethe. Schiller schrieb 21. Oktober 1800 in dieser Beziehung an Körner: »Im Ganzen bringt er jetzt zu wenig hervor, so reich er noch immer an Erfindung und Ausführung ist. Sein Gemüt ist nicht ruhig genug, weil ihm seine elenden häuslichen Verhältnisse, die er zu schwach ist zu ändern, viel Verdruss erregen.« Und Körner antwortete darauf: »Man verletzt die Sitten nicht ungestraft. Zu rechter Zeit hätte er gewiss eine liebende Gattin gefunden; und wie ganz anders wäre da seine Existenz! Das andere Geschlecht hat eine höhere Bestimmung, als zum Werkzeug der Sinnlichkeit herabgewürdigt zu werden; und für entbehrtes häusliches Glück gibt es keinen Ersatz. Goethe selbst kann das Geschöpf nicht achten, das sich ihm unbedingt hingab. Er kann von andern keine Achtung für sie und die Ihrigen erzwingen. Und doch mag er nicht leiden, wenn sie geringgeschätzt wird. Solche Verhältnisse machen den kraftvollsten Mann endlich mürbe« usw.

Frau von Stein, die große Freundin Goethes, war im höchsten Grade über dessen Liaison mit »der kleinen Freundin«, wie er seine Christiane Vulpius zu betiteln pflegte, ungehalten: Sie nannte sie nur »die Person«, »seine Demoiselle«, »seine Mätresse«. Im Jahre 1801 kam über Goethe eine schwere Krankheit, Goethes zwölfjähriger Sohn August nahm seine Zuflucht zu

Frau von Stein. Sie schrieb darüber an ihren Sohn: »Ich wusste nicht, dass unser ehemaliger Freund Goethe mir noch so teuer wäre, dass eine schwere Krankheit, an der er seit neun Tagen liegt, mich so innig angreifen würde etc. Der arme Junge dauert mich, er war entsetzlich betrübt, aber er ist schon gewohnt, sein Leiden zu vertrinken; neulich hat er in einem Club von der Klasse seiner Mutter siebzehn Gläser Champagnerwein getrunken, und ich hatte alle Mühe, ihn bei mir vom Weine abzuhalten.« Und unterm 5. April 1804 schrieb Frau von Stein von Goethe nach dem Besuch der Frau von Staël in Weimar: »Ich glaube, Frau von Staël hat ihm das Bedürfnis beigebracht, wieder etwas gebildetere Frauen bei sich zu sehen, als bisher seine Umgebung war.«

Die reizende Sängerin und Schauspielerin Caroline Jagemann fesselte den Herzog. Sie war die Tochter des oben genannten Rats und Bibliothekars der Herzogin Amalie und Schwester des Malers Ferdinand Jagemann, in Mannheim bei Iffland gebildet, seit 1797 zurückgekehrt nach Weimar. Für sie schrieb Goethe die Eugenie in der »Natürlichen Tochter«. »Ihre hinreißende Schönheit, berichtet Adolf Stahr in seinem Tagebuch aus Weimar, die Frische und Schnellkraft ihres Geistes entzückten den Herzog, aber seine Bewerbungen wurden anfangs nicht begünstigt. Caroline Jagemann war jung, war Künstlerin und als solche von einem Ehrgeiz, dem es im Angesicht einer großen künstlerischen Laufbahn nichts allzu Verblendendes erschien, als Mätresse eines Herzogs sich an eine kleine

Stadt und Bühne zu fesseln. Der Widerstand erhöhte die Leidenschaft bis zur Verzweiflung. Da, so wird glaubhaft erzählt, vermochten Goethes Überredung und ein eigenhändiger Brief der Herzogin Luise sie dazu eine Stellung einzunehmen, gegen welche sich auch andre Gefühle in ihr gesträubt haben mochten. Die Herzogin hatte sich durch Gesundheitsrücksichten genötigt gesehen, nach der Geburt ihres letzten Kindes (des starken Bernhard) auf ein weiteres eheliches Zusammenleben mit ihrem Gemahl zu verzichten. »Dem. Jagemann«, schreibt Fräulein von Göchhausen am 20. September 1804 an Böttiger, »macht, wie man sagt, eine notwendige Reise auf einige Monate.« Und den 14. November darauf schreibt sie bei dem Bericht über die Festlichkeiten beim Empfang der Erbprinzessin Großfürstin Maria, der achtzehnjährigen Schwester des russischen Kaisers Alexander: »Mllc. Jagemann hat als Tanzkunst einige Worte in Schillers Vorspiel gesprochen: Ihre Stimme ist noch sehr schwach; auch wird sie wohl nicht wieder schreien. Doch kann ich mit Wahrheit sagen, dass sie mich herzlich dauert.« Sie blieb beim Theater, ward aber zur Frau von Heygendorff (von einem Rittergute im Altstädtischen, das ihr der Herzog schenkte) befördert und hatte wiederholte notwendige Reisen zu machen.

Frau von Heygendorff war eine schöne, reizende Blondine, nicht über Mittelgröße, ihr Gesicht, namentlich das Profil, war noch in ihrem hohen Alter, als sie schon graue Locken hatte, von überraschender Schönheit. Und ihre Stimme – »ein köstlich Ding bei Frauen« – soll, und noch mehr beim Sprechen als beim Singen, ganz unvergleichlich schön gewesen sein. Frisch an Körper und Geist, war sie dem Herzog wie zugeschaffen, seinem innersten Bedürfnis und Neigung entsprechend, selbst ihre Ausdrucksweise war der des Herzogs homogen. Sie war eine Dame von unleugbar großem Geist und ausgezeichneten Gaben, auch gebrauchte der Herzog fortwährend ihren Rat und besprach alle Regierungsangelegenheiten mit ihr. Sie wohnte in einem kleinen Landhause, das ihr Carl August gegenüber dem römischen Haus des Parks hatte erbauen lassen. Regelmäßig alle Abende sechs Uhr erschien er mit seiner Gesellschaft bei ihr zum Tee. Ihr Einfluss war groß und dauerte bis zum Tode des Herzogs. Aus dem Nachlass der Frau von Wolzogen ist unter anderm aufgeklärt, dass sie es war, welche bewirkte, dass Schillers Jungfrau von Orleans früher in Leipzig und Berlin als in Weimar gegeben wurde: Carl August konnte nicht glauben, dass Schillers Poesie die durch Voltaires Pucelle der Lächerlichkeit preisgegebene Heldin Frankreichs wieder adeln könne, Frau von Heygendorff wollte die Rolle nicht übernehmen, der Herzog schrieb einmal: »Dazu ist mir Caroline zu lieb.« Frau von Heygendorff war es sogar, die den so großen Stand bei seinem fürstlichen Freunde habenden Goethe durch ihren übermächtigen Einfluss, den sie auf den Herzog ausübte, besiegte: Sie war es, die Goethe zuletzt den bitteren Kelch einschenkte, dass er die Theaterintendanz quittieren musste. Der »Hund des Aubry«, dessen Aufführung Frau von Heygendorff durchsetzte, indem sie den Herzog als einen großen Tierliebhaber bei dieser schwachen Seite zu fassen verstand, gab dazu den willkommenen Anlass; Goethe hatte sich mit Leibeskräften gegen diese Aufführung gesträubt, die nach seiner Meinung eine Entwürdigung der Schaubühne war.

Frau von Heygendorffs größte Feindin am Hofe war die Gemahlin des Erbprinzen, die russische Großfürstin Marie. Carl August liebte seinen Erstgeborenen bei weitem nicht so wie seinen jüngsten Sohn, den starken Bernhard, am liebsten hätte er diesem die Nachfolge versichert und Carl Friedrich als einen nach seiner Ansicht zu weibischen und von der Mutter verzärtelten Herrn für blödsinnig erklärt. Es kam wohl vor, dass Frau von Heygendorff, im Gefühl ihrer Stärke und Überlegenheit, diese der Zarentochter fühlen ließ. Die Erbprinzessin hatte einst bei einem Spaziergang durch den Park ihre große Freude an einer schönen Baumpartie ausgesprochen; als sie bei einem späteren Spaziergang wieder in diese Gegend des Parks kam, musste sie die schönen Bäume abgehauen finden, Frau von Heygendorff hatte den Herzog, der nichts von der Vorliebe wusste, die seine Schwiegertochter ausgesprochen hatte, zu diesem kleinlichen Triumph bestimmt.

Weil Carl August fürchtete, dass nach seinem Tode seiner geliebten Freundin ein übles Schicksal zuteil werden, sie wohl gar von dem Nachfolger verhaftet werden könne, hatte er seinem Adjutanten von Germar den Befehl erteilt, auf alle Fälle und besonders in dem Fall, dass er außerhalb Weimar sterben sollte, den Kurier mit der Nachricht seines Todes eine halbe Stunde eher an Frau von Heygendorff als an die fürstliche Familie zu befördern. Der letztere Fall trat wirklich ein, indem Carl August auf der Rückreise von Berlin in dem Gestüte Graditz bei Torgau starb, und dem erhaltenen Befehl ward von Seiten des Adjutanten auch buchstäblich Folge geleistet. Als die fürstliche Familie von dem Trauerfall in Kenntnis gesetzt wurde, hatte Frau von Heygendorff bereits ihren Wagen anspannen lassen und das Land verlassen, sie begab sich nach Mannheim, wo sie ihre künstlerische Ausbildung dereinst bei Iffland empfangen hatte.

Aus ihrer Verbindung mit dem Herzog stammten zwei Söhne und eine Tochter: Von den Söhnen hat sich einer als Rittmeister in königlich sächsischen Diensten im schleswig-holsteinischen Kriege ausgezeichnet, er ist mit einer Fräulein von Könneritz, Tochter des ehemaligen Gesandten in Paris, jetzigen Oberkammerherrn und Oberhofmeisters in Dresden und einer Gräfin Werthern vermählt; der zweite Sohn dient in der preußischen Armee und steht in Potsdam. Die Tochter der Frau von Heygendorff, von denen, die sie gekannt haben, als ein Engel an einfacher Anmut und herzengewinnender Liebenswürdigkeit gerühmt, war Hofdame bei ihrem Halbbruder, dem starken Herzog Bernhard von Weimar im Haag und starb hier in der Blüte ihrer Jahre.

Frau von Heygendorff erlebte noch das Sturmjahr 1848, starb aber kurz nachher in Dresden, wo sie sich zuletzt aufgehalten hatte, sie war eine Siebzigerin geworden. Dem Vernehmen nach hat sie handschriftliche

Memoiren hinterlassen, die aber die Söhne zu publizieren nicht für passend gehalten haben.

Neben Frau von Heygendorff widmete der Herzog noch anderen einheimischen und auswärtigen Damen seine Huldigungen, unter anderm in Leipzig, das der Messe halber gern besucht ward, der Kammerrätin Crayen, einer reizenden, durch ihre Galanterien bekannten Dame französischer Abkunft, Gattin eines Bankiers und preußischen Konsuls, der ein großes Haus in Leipzig machte. Sie war eine geborene Leveau von der französischen Kolonie in Berlin, abstammend von einem französischen Refugié Germas, den als einen riesenlangen Mann Friedrich Wilhelm I. einmal, als er seiner über den Gendarmenmarkt in Berlin gehend ansichtig ward, mit Aufhebung des Stockes für seine lange Garde einzufangen bezeichnet hatte, den Riesen rührte vor Schrecken der Schlag. Bankier Crayen starb im Jahr 1803 in sehr derangierten Vermögensumständen, und seine schöne Witwe verzog mit ihren Kindern 1805 nach Berlin, wo sie erst 1832 starb; der Herzog, ihr treuer Freund, brachte ihre Söhne unter, von denen einer in weimarischen Diensten in Russland, der andere in preußischen Diensten als Husarenrittmeister bei Versailles fiel; es lebt nur noch eine in den achtziger Jahren geborene Tochter Victoire in Berlin, die zur Prinz Louis Ferdinand Gesellschaft gehörte und als eine noch im Alter lebhaft animierte Dame viel von der großen Welt zu erzählen weiß. Carl Augusts Sohn und Nachfolger korrespondierte mit ihr und besuchte sie jederzeit, wenn er nach Berlin kam. In ihrem Besitz ist noch ein Porträt des Herzogs, das derselbe in den neunziger Jahren ihrer Mutter geschenkt hatte, es kam nebst einem sehr expressiven Briefe: Ich sah dieses Porträt, wo Carl August in der Werthertracht neben seinem treuen Hund sitzt, in ihrer Wohnung, wo auch Prinz Louis Ferdinands Porträt hängt, ein Vermächtnis ihrer Cousine Pauline Wiesel. Die Korrespondenz Carl Augusts mit der Mutter hatte Fräulein Victoire versprochen, nach deren Tode zu vernichten.

Als ein Kuriosum verdient noch angemerkt zu werden, dass Carl August auf dem Feld der Liebe nicht nur gründliche und umfassende praktische Studien machte, er beschäftigte sich auch angelegentlich mit der Literatur der ars amandi und legte sich eine bibliotheca erotica zu, die auch die seltensten Bücher dieser Gattung enthielt. Er schenkte sie später seiner guten Freundin, der Oberhofmeisterin der Erbprinzessin, Gräfin Ottilie Henckel, die sich sehr für das geheime Fach interessierte. Nach deren Tode 1840 ward der Liebesbücherschatz der Bibliothek in Weimar einverleibt, wo derselbe in einem besonderen Zimmer aufgestellt wurde. Der bekannte Wolff in Jena hat sie bei seiner Geschichte des Romans benutzt, in der die Branche der Liebesromane das beste Teil ist: Die seltene Vollständigkeit der Carl August'schen Sammlung setzte ihn in den Stand, hier etwas Erschöpfendes zu geben.

Neben Venus war auch immer noch wie in alter Zeit, wo Klopstock gemacht hatte, Bacchus dem Herzog hold und allezeit gewärtig. Er liebte die Tafelfreuden und konnte bedeutende Quantitäten von Speise und

Trank zu sich nehmen. Nach der Tafel pflegte er die Verdauung dadurch zu befördern, dass er sich auf einen Wurstwagen, der kaum in Federn hing, mit ein paar Leidensgefährten setzte, und fort ging es dann über Stock und Stein, was die Pferde laufen wollten. In Feld und Wald, auf den Schlössern des thüringischen Landadels, die er zuweilen besuchte, überall war er zu Kurzweil und Schnurren aufgelegt. Er trieb sein munteres, ausgelassenes Wesen selbst an fremden Höfen, selbst am preußischen Hofe, wo die Diners und Soupers des ernsten und schweigsamen Königs Friedrich Wilhelm III. durch den sich nicht die geringste Gêne auflegenden Gast, trotzdem, dass er gern gesehen war, doch bisweilen etwas zu geräuschvoll und lärmend wurden. Ein Zeitgenosse, der schlesische Graf Wengersky, Malteserkomtur und erster Kammerherr, berichtet in seinen handschriftlichen Memoiren von einem insignen Unglück, das am preußischen Hofe Carl August einmal durch Bacchus widerfuhr. Es war im Karneval 1801, wo die schöne, jugendliche Großfürstin Helene von Russland, Erbprinzessin von Mecklenburg-Schwerin, die Schwester von Carl Augusts nachheriger Schwiegertochter, zu Besuch war. Der Geburtstag der Königin Luise war am 10. März gefeiert worden, am folgenden Tage ward der ihrer Oberhofmeisterin Frau von Voß gefeiert. Man dinierte an kleinen Tafeln, die Heiterkeit war groß, die alte Frau Oberhofmeisterin, die reichlich beschenkt worden war, war in ihrer Rosenlaune, sie ging an sämtlichen Tafeln herum, die alte Arie singend »En Angleterre nous irons ornés de verres et de flacons etc.«, sämtliche Tafeln fielen im Chorus ein. Dieser Scherz gefiel dem König, man trank ein wenig zu viel, wurde sehr laut, der Herzog, Prinz Wilhelm von Preußen, Friedrich Wilhelms III. jüngster Bruder, und der Herzog von Cambridge, der auch zu Besuch war, exzellierten in der Heiterkeit. Außer König und Königin begab sich die ganze Gesellschaft ins Theater, es wurde Iphigenie von Gluck gegeben. Die Herzoge von Weimar und Cambridge stellten sich mit vielem Lärm erst im zweiten Akt ein. Ersterer setzte sich hinter die Großfürstin, legte sich am Rücken ihres Fauteuils an und schlief sofort ein. Plötzlich fährt er auf und überschwemmt mit dem, was er nicht hatte digerieren können, die Enveloppe der Großfürstin und die Beinkleider des Prinzen von England. Ein nicht geringer allgemeiner Schreck und Aufstand erfolgte, die Großfürstin warf sofort ihre Enveloppe weg und setzte sich mit der liebenswürdigsten Wohlanständigkeit auf einen andern Stuhl. Herr von Wolzogen, damals Kammerherr des Herzogs, Schillers Schwager, brachte seinen Herrn nach Hause. Der englische Prinz verließ das Theater, um seine Toilette zu wechseln. Enveloppe und Stuhl der Großfürstin wurden aus der Loge gebracht und so die Ruhe wiederhergestellt etc. Am andern Tage erschien der Herzog wieder bei Hofe zum Souper – gesetzter wie jemals. Er hatte vorher durch eine scherzhafte Epistel, die er an die Großfürstin einschickte, seine Ehrenrestitution zu erwirken versucht.

Merkwürdig ist, wie bei all diesem spezifisch deutschburschikosen Gebahren doch auch noch die spezifisch deutsche Pedanterie an dem Herzog in gewissen Lagen haften blieb. Droysen im Leben des Feldmarschalls York erzählt davon ein starkes Faktum, das in die Zeit unmittelbar vor der Jenaer Schlacht trifft. »Man hatte müßige Tage, und mancher Jäger ging in die Forsten, ein wenig zu jagen. Des Herzogs Jagdleute hatten ein paar Jäger ertappt, meldeten den Jagdfrevel nach Weimar; man war bei Hofe äußerst entrüstet, zeigte den Frevel bei Serenissimus an. Sofort schickte der Herzog ein höchst ungnädiges Handbillet an York, den Chef des Jägerregiments, forderte Bestrafung der Übeltäter, befahl die Verlegung der Jäger von Buttelstädt am Nordabhang des großen Ettersbergs nach Brambach. York strafte die Schuldigen so hart als möglich, es verletzte ihn aber tief, dass ein Fürst in so großen Momenten sich mit so kleinen Interessen beschäftigen konnte und ihn nötigte, ein paar sonst tüchtige Bursche, die schon jeden Tag auch für dieses Fürsten Herrlichkeit ihr Leben zu wagen bereit sein sollten, um einiger Hasen willen abstrafen zu müssen.«

Im Jahre 1803, als die Vermählung des Erbprinzen mit der russischen Großfürstin im Werke war, ward das neue Schloss zu Weimar fertig und bezogen. Wir haben darüber einen Brief vom 4. September 1803 von Lotte Schiller an ihren Schwager Wolzogen, der damals mit dem Erbprinzen in Petersburg war. »Die Herzogin«*, schreibt sie, »ist sehr glücklich, und Stark**, der sie gestern besuchte, sagte mir, sie sei ganz anders geworden an

* Luise von Darmstadt.
** Der bekannte Kryptokatholik, Oberhofprediger in Darmstadt.

diesem Tag[*] und es wäre, als sei alles Übel weg. Ich habe sie diese Zeit oft gesehen und schon manche Tasse Tee in den neuen Zimmern getrunken. Solange ihr Bruder Prinz Christian von Darmstadt[**] hier war, gab sie oft Teegesellschaften. Ich wollte wohl, Du hättest den Einzug mit feiern helfen, da Du so tätig beim Ganzen warst. Es war ein evénement, das uns alle interessierte. Es ist wirklich sehr schön in den Zimmern, und alles Alte ist jetzt verschwunden, da die Möbel die Harmonie hineingebracht haben. Das Audienzzimmer ist noch nicht fertig. Die Sonntage verbringen sie im Orange-Zimmer und Pappel-Zimmer. Im Orange-Zimmer stellen wir uns gar nicht geputzt vor, weil die Farben zu schön sind. Da ist niemand schön als der Mohr, der sieht wirklich superb aus und sticht so schön ab. Bei allem Prächtigen aber ist es einem doch behaglich darin, weil der Raum zu übersehen ist, und die kleine Anzahl der jetzigen Sozietät ist gerade hinreichend, die Zimmer zu füllen.

In ihren Wohnzimmern hat die Herzogin embarras des richesses, denn alles ist ihr zu gut, und sie hat gewiss manche Sorge mehr, um ihre schönen Möbel rein zu erhalten, wir andern würden es mit mehr Leichtsinn genießen, glaub ich. Die Prinzessin[***] ist sehr glücklich in ihrer Wohnung, auch die Hofdamen.

[*] Der Geburtstag des Herzogs, 3. September 1803, war der Tag des Einzugs.

[**] Ein Spezial Carl Augusts, ein wegen seiner scharfen Zunge gefürchteter Herr.

[***] Die spätere Erbprinzessin von Mecklenburg-Schwerin, die vor dem Vater starb.

Als den ersten Tag im Schlosse gegessen wurde, wobei die Herzogin sehr munter war, führte der Herzog sie nach dem Essen im ganzen Schloss herum, und so auch in die Küche, da kam eine alte garstige Scheuerfrau heraus und war so entzückt, dass sie den Herzog küsste. Kurz, es war ein wahres Fest an diesem Tage. Der alte Schmidt* ergoss seine Entzückungen in das Wochenblatt in einem Gedicht, die Bürger brachten Ständchen, in allen Gassen wurde getanzt. Die Arbeiter bekamen jede Klasse einen Ball; am schönsten aber war der Himmel, denn so schön wie der Mond über dem langen Gebäude an diesem Abend über den Bäumen im Stern hervorkam, habe ich lange nichts gesehen.«

Die Heirat des Erbprinzen Carl Friedrich mit der Großfürstin brachte eine große Revolution: Unter andern wurden die Geheimen Räte Exzellenzen. »Sie können«, schreibt Fräulein von Göchhausen unterm 20. September 1804, »kaum einen Begriff haben von dem Glanz, der uns neuerlich umgibt. Der Herzog ist mit drei russischen, ganz von Juwelen strahlenden Orden geziert. Meine gute Fürstin strahlt nicht weniger; ihr Orden ist ebenso prächtig, vorzüglich schön ist der Stern aus Brillanten geformt; auch wurden kostbare Gegengeschenke an Dosen und Ringen in strahlenden Steinen verehrt; überhaupt reden wir jetzt von Gold, Silber und Edelsteinen wie sonst von Quarz, Gneis und Glimmer. Die wilden Völker, die noch mehr derglei-

* Der Kammerpräsident.

chen bringen sollen, werden in diesen Tagen erwartet. Man sagt, die neuen Exzellenzen, H. G. R. v. Goethe und Voigt, beschäftigen ihre Muse mit Erfindung neuer Feste zum Empfange des jungen Paares.« Und am 14. November 1804 schreibt sie: »Der Einzug am 9. war prächtig durch die unglaubliche Volksmenge, die in geordneten Scharen zu Pferde und zu Fuß festlich entgegenwallten. Acht der schönsten Pferde zogen der Großfürstin Wagen, Musik erfüllte die Luft und alle Herzen schlugen. Beim Aussteigen wurde sie mehr getragen, als dass sie gehen konnte, und oben an der Treppe des Schlosses empfing sie Segen und Liebe in unsern beiden Fürstinnen. Nach einiger Ruhe führte man sie an der Hand ihres Gemahls auf den Balkon des Schlosses. Sie grüßte mit der ihr nur einzig eignen natürlichen Grazie etc. Bei dem unglaublichen Zuströmen des Volks, sowohl aus dem Lande als von Fremden, erschien alles ruhig und würdig; ich möchte es die frohe Teilnahme eines gebildeten Volks nennen. Jubel und Musik war abends in allen Straßen und öffentlichen Häusern, und noch jetzt hat der Stadthauswirt täglich über 100 Couverts. Alle Gasthöfe sind voll. Am Montag kam die Großfürstin zum ersten Mal ins Theater. Sie können sich den klatschenden Jubel kaum denken. Ein Vorspiel von Schiller wurde gegeben. Die Musenkünste begrüßen die Gekommene etc. Das Ganze war wirklich schön und herzlich. Hierauf folgte Mithridat etc. Die Götter haben uns einen Engel herniedergesandt. Ein Engel an Geist, Güte und Liebenswürdigkeit ist diese Prinzessin; auch habe ich noch nie in Weimar einen solchen Einklang aus allen Herzen über alle Zungen ergehen hören als seit sie der Gegenstand aller Gespräche geworden ist. Sie tut wirklich Wunder; auch unser Vater Wieland ist begeistert und macht wieder Verse. Er hat den jungen Stadtmädchen eine allerliebste Anrede an die Prinzessin gemacht.«

»An unserer neuen Prinzessin«, schreibt Schiller in gleichem Enthusiasmus unterm 20. November 1804 an Körner, »haben wir in der Tat eine unschätzbare Akquisition gemacht. Sie ist äußerst liebenswürdig und weiß dabei mit dem verbindlichsten Wesen eine Dignität zu paaren, welche alle Vertraulichkeit entfernt. Die Repräsentation als Fürstin versteht sie meisterlich, und es war wirklich zu bewundern, wie sie gleich in der ersten Stunde nach ihrer Ankunft, wo ihr die fürstlichen Diener bei Hofe vorgestellt wurden, sich gegen jeden zu benehmen wusste. Sie hat sehr schöne Talente im Zeichnen und in der Musik, hat Lektüre und zeigt einen sehr gesetzten, auf ernste Dinge gerichteten Geist, bei aller Fröhlichkeit der Jugend. Ihr Gesicht ist anziehend, ohne schön zu sein, aber ihr Wuchs ist bezaubernd. Das Deutsche spricht sie mit Schwierigkeit, versteht es aber, wenn man mit ihr spricht, und liest es ohne Mühe. Auch ist es ihr ernst, es zu lernen. Sie scheint einen sehr festen Charakter zu haben, und da sie das Gute und Rechte will, so können wir hoffen, dass sie es durchsetzen wird. Schlechte Menschen, leere Schwätzer und Schwadronierer möchten schwerlich bei ihr aufkommen. Ich bin nun sehr erwartend, wie sie sich hier ihre Existenz einrichten und wohin sie ihre Tätigkeit richten wird. Gebe der Himmel, dass sie etwas für die Künste tun möge, die sich hier, besonders die Musik, gar schlecht befinden. Auch hat sie es nicht verhehlt, dass sie unsere Kapelle schlecht gefunden.

Wolzogen hat mir von der regierenden Kaiserin einen sehr kostbaren Ring mitgebracht; ich hatte von dieser Seite her gar nichts erwartet; sie hat aber viel Geschmack an dem Carlos gefunden, und er hat ihr in meinem Namen ein Exemplar überreicht.«

Die Species der Liebenswürdigkeit der Prinzessin beleuchtet der Adjutant des Fürsten Barclay de Tolly, General von Rennenkampf in einem Brief aus Breslau vom 1. August 1814 an den Minister Stein: »Die Großfürstin ist aber wirklich so außerordentlich liebenswürdig in ihrer kindlichen Einfalt, dass ich jedes Mal, wenn ich sie nach Jahren wiedersehe, immer mehr von ihr entzückt und ordentlich gerührt werde. Jetzt hatten wir lange von dem vortrefflichen Charakter des Kaisers (Alexander) gesprochen, plötzlich fragte sie mich ganz bewegt: ›Haben Sie unsern Kaiser auch recht lieb?‹«

Unterm 13. Dezember 1804 schreibt Fräulein von Göchhausen: »Meine gute Herzogin lebt nur in ihrer holden Enkelin, die sie mit kindlicher Zärtlichkeit liebt und auf einem zwanglosen, zutraulichen Fuße mit ihr lebt. Alle Wochen, zuweilen einige Mal in der Woche schreibt sie ihr Vormittag: ›Chère grand-mama, si Vous le permettez, mon mari et moi viendrons ce soir souper avec vous.‹ Dann kommen sie, wie gute Eheleute, allein oder eine oder zwei Personen ihrer Coda mit ihnen. Sie weiß alsdann durch hundert Artigkeiten ihr den Abend froh und heiter zu machen. So will es die gute Großmama, und das hat sie ihr bald abgemerkt. Wieland ist oft bei diesen kleinen Festen, dann spricht die Großfürstin deutsch wie ein Engel.« Im folgenden Jahre heißt es unterm 4. November: »Sie würden diesen kleinen Fleck der Erde kaum wiedererkennen, so rührig, lebendig und reich an Ereignissen mancherlei Art ist es seit einiger Zeit. Der Zufluss von Fremden ist so groß, dass ich glaube, dies ist die Veranlassung, dass zwei der angesehensten hiesigen Damen sich entschlossen – einen Gasthof anzulegen. Die Gräfin v. H. (?Henckel) und die Frau v. E. (?Egloffstein), die Mutter, haben das große Hauptmann'sche Haus an der neuen Straße gekauft. Das soll ein brillanter Gasthof werden und Hôtel de Russie genannt werden.«

Am 6. November 1805 kam der Kaiser Alexander nach Weimar zum Besuch zu seiner Schwester. Die Göchhausen berichtet darüber am 7. an Böttiger: »Von vier Uhr in der Nacht, wo unser Herzog voraus von Berlin kam, war alles in Bewegung. Um zehn Uhr versammelte man sich; alle Damen des Hofs und der Stadt in Glanz und Gala, so gut es gehen wollte. Der Herzog ritt dem Kaiser entgegen, traf ihn aber schon eine Viertelstunde vor der Stadt. Der Kaiser ließ sich ein Pferd geben und ritt zur großen Freude der in Unzahl versammelten Gaffer mit dem Herzog in die Stadt. Nach den ersten Begrüßungen eilte er zu seiner Schwester, die ihren Ausgang noch nicht gehalten hat. Nur der Herzog und sein Dienst begleiteten ihn. Da die Großfürstin ihm bis in das äußerste Vorzimmer entgegenflog, waren diese Zeugen des ersten Wiedersehens, und kein Auge blieb trocken. Nach einiger Zeit kam der Kaiser wieder zurück, und der Hof und die bedeutendsten Fremden wurden ihm vorgestellt. Den Mittag aß ein Teil des Hofs und einige Fremde an zwei Tafeln. Der Kaiser führte meine Herzogin zur Tafel und sprach sehr viel, beinahe ununterbrochen, mit ihr und seiner Schwester. Nach der Tafel begleitete man die Großfürstin in ihre Zimmer, und nach einer kurzen Unterhaltung begab man sich nach Hause oder ins Theater, wo Wallensteins Lager und Scherz und Ernst gegeben wurden. Abends machte der Kaiser einen Besuch bei meiner Herzogin. Im Theater war er nicht.« Nach der Abreise schrieb das Fräulein am 19. November 1805: »Nächst dem Andenken im Herzen an den liebenswürdigen Kaiser hinterließ er auch blitzende Andenken in edeln Steinen. Sogar alle Hofdamen, worunter meine Wenigkeit sich auch befindet, erhielten reiche Geschenke an blitzenden Halsbändern, Kämmen, Gürtelschnallen. Der Kaiser – le Comte du Nord – schickte Visitenkarten an die Damen vom ersten Range und auch an Wieland°. Zu meiner Herzogin kam er zweimal persönlich und ließ sich's nicht nehmen, auszusteigen. Künftigen Donnerstag kommt das erste preußische Regiment hier an; bald wird es wie in Wallensteins Lager hier aussehen. Unser Ländchen fühlt die schützende Nachbarschaft schwer. Die aufzubringenden Getreidelieferungen und die ins Land kom-

° Alle Geheimen Räte und alle Hofdamen erhielten solche Karten.

menden 6–8000 Mann lassen uns ängstliche Blicke in die Zukunft tun.«

Bei der preußischen Einquartierung, mit der Weimar belegt und bei der auch Goethes Haus nicht verschont ward, ereignete sich eine heitere Szene in einem Weinhaus, wo ein alter, dickbäuchiger Major zu andern Offizieren bei der Besprechung ihrer allerseitigen Wohnungen die Äußerung hingab: »Ich stehe bei einem gewissen Gothe oder Göthe oder weiß der Teufel, wie der Kerl heißt.« Die Offiziere machten ihm nun mit Emphase vorstellig, das sei der berühmte Goethe, wo er stehe. Der alte, dickbäuchige Herr erwiderte darauf: »Kann sein, ja, ja, nu, nu, das kann wohl sein, ich habe dem Kerl auf den Zahn gefühlt, und er scheint mir Mucken im Kopfe zu haben.«

Das Gewitter des preußisch-französischen Kriegs entlud sich in dem furchtbaren Schlage der Doppelschlacht von Jena und Auerstedt. Am 4. Oktober kamen der König und die Königin von Preußen auf dem Wege nach Erfurt durch Weimar. Der regierende Herzog war den Tag vorher dahin gegangen: Er befand sich bei dem preußischen Heere, das sein Oheim, der Herzog von Braunschweig, kommandierte. Dieser entsandte ihn auf einen Streifzug an den Main, um die Festung Königshofen zu nehmen auf der Mainstraße, auf der man die Franzosen heranziehend glaubte. »Der schöne Coup« eines »Isolan«, wie Braunschweig ihn genannt hatte, gelang völlig, die Festung war unbesetzt, es war ein Streich in die Luft gewesen. Sehr bald kam Befehl zum Rückzug, der Herzog von Weimar rückte von Arnstadt auf Erfurt: Hier erfuhr er die Schreckenskunde von Auerstedt und Jena. Er ging dann noch mit Blücher bis Havelberg, hier legte er sein Kommando nieder, um in sein Land zurückzukehren.

Die Herzogin-Mutter Amalie, die Schwester des bei Auerstedt auf den Tod verwundeten Herzogs von Braunschweig, war am 14., dem Schlachttage, Vormittags nach Kassel, die Großfürstin nach Eutin geflohen. In Weimar blieb nur die regierende Herzogin Luise zurück. Die gefürchteten Chasseurs trafen schon am Schlachttage ein, abends sechs Uhr. In der Nacht brach Feuer in der Nähe vom Schloss aus. Die Stadt ward von den Franzosen drei Tage lang geplündert, manche Familie verlor beinahe alles. Der alte siebzigjährige Rat Kraus, Direktor der Zeichnungsakademie, ein Frankfurter, starb, persönlich misshandelt, vierzehn Tage nachher. Zwölf bis fünfzehn Häuser erhielten Sauvegarden, darunter namentlich Wieland und Goethe. In des letzteren Hause wohnten Marschall Augereau und der berühmte Denon, Direktor der kaiserlichen Museen, eine alte Bekanntschaft Goethes von Venedig her, zwei Tage. Augereau titulierte Frau Vulpia als ebenbürtige Gemahlin des Geheimen Rats, und Dorow berichtet, dass Goethe einen Hosenknopf des Marschalls seiner Münzsammlung einverleibt habe. In Bezug auf Denon schrieb Goethe am 23. Oktober an Knebel: »Es muss erst ein Gewitter vorüberziehen, wenn ein Regenbogen erscheinen soll. Denon war äußerst munter und artig.«

Am 24. Oktober schrieb Frau von Stein an ihren Sohn in Schlesien: »Lieber Fritz! Den 14. bis 15. sind wir von Wohlstand, Ruhe und Glück geschieden. Das mächtige Schicksal, das die Länder verheert, hat auch dies verschlungen. Ich bin ausgeplündert, wie die meisten Einwohner von Weimar. All mein Silber, alles von Wert, alle meine Kleider sind geraubt, mehrere Tage habe ich nichts zu essen gehabt. Meine Türen und Fenster, alle meine Schränke sind zerschlagen. Das Schloss wurde endlich durch Ankunft des Prinzen Murat (in der Nacht des 14.) vor der Plünderung gerettet; doch dauerte in der Stadt die Plünderung noch zwei Tage fort, als sogar der Kaiser schon angekommen war (am 15. nachmittags; am 17. eilte er weiter). Ich ging endlich am Arme eines französischen Offiziers, den ich festhielt, und mit meinem Hausmädchen, das mir treu geblieben war, aus meiner Wohnung.° Die Schiller hat wenig verloren, Goethe gar nichts, er hat den Augereau bei sich gehabt etc.« »Aus den fürstlichen Ställen«, berichtet Fräulein Göchhausen am 3. November 1806, »sind alle Pferde und die meisten Wagen mit fort, und die ganze Familie – die Herzogin Amalie war schon am 30. Oktober wieder eingetroffen – fährt wechselsweise mit zwei Pferdchen, die wir zufällig noch mit auf der Reise hatten. Wieland und Goethe ist's gut gegangen. Außer einem Teil meiner Wäsche habe ich wenig verloren, weil das Haus meiner Herzogin bald eine Sauvegarde erhielt.« Fernow, Bibliothekar der Herzogin Amalie, berichtet unterm 6. November an Böttiger: »Das Palais hat gar nicht gelitten. Die Sauvegarden,

° Wahrscheinlich nach dem Schlosse, wo viele Flüchtlinge sich um die standhafte Herzogin Luise versammelten.

oder wie man sie wohl nennen könnte, die Saufgarden und die Einquartierung haben den Keller der Herzogin-Mutter brav mitgenommen, auch Einsiedel hat von seiner schönen Sammlung alter Weine nicht die Probe wieder gefunden, sonst hat er nichts verloren. In Tiefurt ist es desto ärger hergegangen; in dem dortigen Wohnhause der Herzogin ist alles geplündert und zerschlagen. Der alte Gore und seine Tochter hatten sich ins Schloss geflüchtet; in ihrem Hause ist alles zerstört. Unserm famosen Romanfabrikanten (Vulpius) ist es scharf ans Leben, ja sogar ans – gegangen; letzteres ist, wie sich versteht, nicht auf ihn, sondern auf seine Frau zu beziehen. Aber wenn es schrecklich ist, dergleichen zu melden, so ist es eine Wonne, ihn die Szene erzählen zu hören; ich habe diesen Genuss schon einigemal gehabt. In jenen Momenten ist die Gebärmutter seines Geistes, aus der schon so viele Räuber und Ungeheuer hervorgegangen sind, gewiss aufs Neue zu einem Dutzend ähnlicher Schöpfungen geschwängert worden, die in den nächsten Messen wahrscheinlich wie junge Ferkel herumgrunzen werden. Alle Einwohner der bedrängten Stadt Weimar müssen jetzt die Wachen beziehen und patrouillieren. Einer der Egloffsteins ist Bürgergeneral pro tempore. Falk macht seit etwa vierzehn Tagen den Tlumatsch (Dolmetsch) bei dem hier angestellten französischen Kommandanten.« »Es trägt«, fügt Fernow in einem späteren Briefe hinzu, »der friedfertige Satiriker jetzt einen großen Säbel an der Seite, eine dreifarbige Kokarde und ein gewaltiges Dreieck auf dem Kopfe, wie ein leibhafter Himmelssturm.«

Der Eindruck, den die Katastrophe von Jena machte, muss schrecklich gewesen sein, da sogar Goethe, ein Mann, der so leicht nicht aus der Fassung zu bringen war, dadurch überwältigt wurde. Er glaubte, die Welt gehe aus ihren Fugen, und verzagte an allem. Er vollzog damals in der Sakristei der Schlosskirche, am ersten Sonntag nach der Schlacht bei Jena, am 19. Oktober, in seinem achtundfünfzigsten Lebensjahre, die kirchliche Trauung mit seiner vor siebzehn Jahren sich angeeigneten vierzigjährigen Haushälterin, der Demoiselle Christiane Vulpius, die geraume Zeit nicht sein Haus betreten hatte, von Augereau aber schon als Madame de Goethe anerkannt worden war und nun auf einmal höchst unerwartet noch legitime Hausgenossin ward. Als solche hat sie noch zehn Jahre bis 1816 gelebt, aber recht wohl gefühlt, dass sie nicht an ihrem Platze sei: Sie äußerte wiederholt in ihrem sehr gutmütigen Vertrauen, aber in ihrem sehr üblen, ordinären sächsischen Dialekt: »Seit ich den Geheemen Rat geheiratet habe, habe ich keene Stunde Ruhe gehabt.«*

* Nach ihrem Tode wollte sich der alte Herr noch einmal vermählen mit Ulrike, einer der drei schönen Töchter der in den böhmischen Bädern kennen gelernten Frau Amalie von Levetzow, geborenen von Brösigke aus der Mark Brandenburg, die nachher 1843 Gemahlin des 1834 entlassenen österreichischen Finanzministers, des schon sechsundsechzigjährigen Grafen Klebelsberg wurde – es kam aber nicht dazu, es kam nur zu dem Gedicht »Die Trilogie der Leidenschaft«, man sagt, der Großherzog habe es nicht haben wollen. Ulrike, die älteste und schönste der drei Schwestern, lebt noch bei ihrer Mutter auf deren Gut Treiblitz bei Lowositz in Böhmen unvermählt. Die zweite Tochter Amalie war mit dem Bruder des preußischen Kriegsministers von Rauch, Platzmajor in Potsdam, vermählt und ist gestorben; die jüngste Tochter Bertha lebt noch als die Frau eines ungarischen Offiziers Barons Madok.

Goethe gestand damals, 1806, nach den Mitteilungen seines Freundes Riemer, dass es ihm in der allgemeinen Auflösung aller Verhältnisse Bedürfnis geworden sei, »einen Anhalt in der Familie« zu gewinnen.

Als Napoleon in Weimar erschien, schienen allerdings Goethes Befürchtungen in Erfüllung zu gehen. Der Herzog befand sich noch bei dem geschlagenen preußischen Heer, er vermied es, mit Napoleon persönlich zusammenzutreffen: Er war dem Korsen von Herzen Feind und blieb es unverändert auch in dessen höchster Glückszeit noch im Geheimen. Es sollte sich aber jetzt bewahrheiten, was Goethe lange vorausgesehen hatte, dass »aus der Kriegslust, die dem Herzog wie eine Art Krätze unter der Haut sitze«, dem Lande schwere Leiden und Drangsale erwachsen würden: Die dreitägige Plünderung Weimars war die Strafe für die herzogliche Krätze.

Die Herzogin Luise empfing den Sieger, der Mittwochs am 15. Oktober im Schloss zu Weimar schlafen sollte, nachdem er in der Nacht vor dem Schlachttage bei Jena auf den Höhen des Landgrafenbergs biwakiert hatte, an der Treppe des Schlosses. Napoleon redete sie mit den Worten an: »Qui êtes vous, Madame?« – »Je vous plains, j'écraserai votre mari. Qu'on fasse diner dans mes appartements.« Erst über Nacht legten sich die brausenden Zorneswellen im Herzen des allgewaltigen Imperators. Die guten Geister des weimarischen Schlosses schienen ihn beschwichtigt zu haben, wahrscheinlicher wirkte dazu die Überlegung der Verwandtschaft des Herzogs mit dem Imperator des Nordens. Er erklärte der Herzogin am andern Morgen: »A cause de vous Madame, je pardonne votre mari, ce fou, qui croit me faire le guerre. C'est un mauvais sujet!« Von der Herzogin selbst aber rühmte er anerkennend gegen seine Umgebung: »Voilà une femme à laquelle nos deux cent canons n'ont pas pu faire peur.«

Napoleon verweilte zwei Nächte in Weimar, am 17. Oktober, Freitags, brach er nach Berlin auf. Ein Vierteljahr später, am 29. Dezember 1806, schrieb Einsiedel wieder an Böttiger: »Jetzt erfreun wir uns des Friedens und lassen die Vergangenheiten im Hintergrunde ruhen. Auch die gewohnten Winterergötzlichkeiten haben wieder begonnen. Seit dem Weihnachtsfeste ist das Theater wieder eröffnet worden.«

Erst 1808 beim Erfurter Kongress nahm Napoleon Notiz von Goethe, obgleich er denselben aus seinen Schriften recht wohl kannte, den Werther hatte er, natürlich in der französischen Übersetzung, sieben Mal gelesen und führte ihn mit sich in der Feldbibliothek, die er nach Ägypten mitnahm. Am 2. Oktober 1808 früh elf Uhr hatte Goethe die merkwürdige Audienz bei Napoleon, wo dieser eine volle Stunde sich mit ihm unterhielt (während Könige und Fürsten oft Mühe hatten, nur auf Minuten vorzukommen), wo Napoleon jedes Mal, wenn er sich über etwas ausgesprochen hatte, fragte: »qu'en dit Monsieur Goet?« und wo der Mann des Jahrhunderts nach Monsieur Goets Abtritt in die Worte gegen Berthier ausbrach: »C'est un homme.« Goethe seinerseits war aufs lebhafteste bewegt, der Inhalt der Audienz war aber lange Zeit selbst von seinem fürstlichen Freunde nicht herauszufragen. Gewiss ist nur so viel, dass, wie erst ganz neuerlich durch die Memoiren des Kanzlers Müller bekannt geworden ist, Napoleon mit Goethe über seinen Werther sprach, wobei er an einzelnen Stellen die Vermischung der Motive des gekränkten Ehrgeizes mit denen der leidenschaftlichen Liebe tadelte, dass er dann aufs Trauerspiel überging, welches er die Lehrschule der Könige und Völker nannte, Goethe aufforderte, den Tod Cäsars zu schreiben, großartiger als es Voltaire getan, und dass er ihn deshalb nach Paris einlud, wo es größere Weltanschauung gebe. Das Interessanteste war schon früher bekannt, dass in dieser Audienz Goethe von dem Imperator aufs großartigste über das Schicksal belehrt wurde: Er sagte ihm unter dem entschiedensten Tadel der Schicksalstragödien: »Sie haben einer dunkleren Zeit angehört. Was will man jetzt mit dem Schicksal? Die Politik ist das Schicksal.« Darauf erklärte Goethe als »homme« Napoleons noch 1813 in Dresden auf der Flucht nach Böhmen gegen Arndt und Körner: »Schüttelt nur eure Ketten, der Mann ist euch zu groß, ihr werdet sie nicht zerbrechen!« Als sie bei Leipzig zerbrochen wurden, flüchtete er sich in das Chinesische, seinen Sohn hatte er mit Anwendung der ganzen väterlichen Macht zurückgehalten, ein Freiheitsheld zu werden. Der kleine Weimarer Magistrat schickte dem großen Dichter nach der Leipziger Schlacht zwölf Mann Kosaken zur Einquartierung. Damals schrieb Goethe an Knebel: »Ich habe die Deutschen noch nie verbunden gesehen, als im Hass gegen Napoleon. Ich will nur sehen, was sie anfangen werden, wenn dieser über den Rhein gebannt ist.«

An den Festlichkeiten der Tage des Kongresses zu Erfurt 1808 nahm auch Weimar seinen Anteil, und es berichtet darüber der Kanzler Friedrich von Müller in seinen neuerlich erschienenen Memoiren:

»Napoleon hatte gewünscht, dem Kaiser Alexander das Schlachtfeld von Jena zu zeigen; dazu sollte eine große Jagd am Ettersberg und auf den Bergen gegen Jena hin dienen. Am 6. Oktober war der Weg von Erfurt nach dem Ettersberg von früh an mit unzähligen Wagen, Reitern und Fußgängern bedeckt. Es war der schönste, klarste Herbsttag, kein Wölkchen am ganzen Himmel. In der Nacht vorher waren mehrere hundert Hirsche und Rehe aus dem Ettersburger Walde gegen einen großen freien Rasenplatz zusammengetrieben und umzäunt worden. In der Mitte dieses freien Platzes hatte man einen ungeheuren Jagdpavillon errichtet, 450 Schritte lang und 50 Schritte breit, mit drei Abteilungen, wovon die mittlere für die beiden Kaiser und die Könige bestimmt war. Der Pavillon ruhte auf mit Blumen und Zweigen umschmückten Säulen. Dicht dabei sah man große freistehende Balkons, von denen bequem das Ganze überschaut werden konnte. Ringsumher liefen Buden und Zelte mit Erfrischungen. An der Waldgrenze hin gruppierten sich um große Feuer zur Bereitung von warmen Speisen und Getränken eine Unzahl von Landleuten, die das Zusammentreiben des Wildes die ganze Nacht hindurch ermüdet hatte. Dazwischen ertönten muntere Jagdhörner und Gesänge.

Die Monarchen, an der Landesgrenze von dem Herzog und der ganzen Jägerei zu Pferde empfangen, langten mit ihrem Gefolge unter dem Schalle der Jagdfanfaren um ein Uhr mittags an. Nun wurde in einzelnen Abteilungen das Wild aus dem umzäunten Walde heraus und so getrieben, dass es am großen Pavillon in Schussweite vorüber musste. Napoleon ergötzte sich ungemein an diesem Schauspiel und schien überhaupt sehr vergnügt.

Um vier Uhr endigte die Jagd. Es war fünf Uhr, als die Monarchen unter dem Geläute aller Glocken in Weimar einzogen. Eine Stunde darauf ging es zur kaiserlichen Tafel. Unfern davon war in einer großen Galerie die Marschallstafel von mehr als 150 Personen bereitet. Wir waren kaum zur Hälfte des Diners gekommen, als gemeldet wurde, dass die Monarchen im Begriff seien, sich von ihrer Tafel zu erheben. Nun strömte alles dahin. Napoleon liebte bekanntlich sehr rasch zu speisen, doch hatte er sich dabei sehr lebhaft mit seiner Nachbarin, der Herzogin von Weimar unterhalten. Nach kurzer Pause fuhr man in das Theater, wohin der Wagen der beiden Kaiser von weimarischen Husaren eskortiert wurde. Vor dem Schlosse stand ein sechzig Fuß hoher Obelisk, geschmackvoll erleuchtet, auf dessen Spitze eine helle Flamme loderte. Das ganze Schloss und seine Umgebungen sowie alle Straßen bis zum Schauspielhause waren illuminiert. Die französischen Schauspieler, die Napoleon aus Artigkeit gegen die Herzogin nach Weimar gesendet hatte, führten ›La mort de César‹ von Voltaire auf. Unbeschreiblich war der Eindruck bei der Stelle am Schlusse des ersten Akts, wo Cäsar (Talma) zu Antonius sagt:

›Sur l'univers soumis regnons sans violence.‹

Gleich nach dem Schlusse des Theaters begann der festliche Hofball im großen Saale des Schlosses. Dieser war reich geschmückt, am reichsten durch die große Zahl juwelenstrahlender Fürstinnen und anderer ausgezeichneter Damen. Alles aber überstrahlte die edle hohe Gestalt des Kaisers Alexander, der wie der gute Genius des Festes durch sein liebenswürdiges Benehmen alle Zuschauer bezauberte. Napoleon trug die einfache Uniform seiner Gardejäger. Er bemühte sich, jeder Dame, die in seine Nähe kam, seine Aufmerksamkeit zu bezeigen; doch gelang es ihm nicht sonderlich, ja manche seiner Fragen und Äußerungen konnten schroff und wenig freundlich erscheinen. Eine einzige Dame machte Ausnahme hiervon; als er hörte, dass sie von Erfurt sei, sagte er ihr: ›Ich hätte nicht geglaubt, dass es in Erfurt so schöne Frauen gäbe. Aber sind Sie denn auch eine geborne Erfurterin?‹ – ›Nein Sire, ich bin zu Stettin geboren!‹ – ›Also Preußin?‹ – ›Ja Sire, und Preußin von Herz und Seele‹ – ›Gut, man muss seinem Vaterlande anhängen‹ – womit er sich mit einem verbindlichen Gruße entfernte. Die Dame war Frau von der Recke, Gemahlin des Erfurter Präsidenten v. d. R., der diese Stelle schon unter preußischer Herrschaft bekleidet hatte. Auf diesem Balle war es, wo Napoleon sich Wieland im Wagen holen und vorstellen ließ.* Erst um ein Uhr zog er sich zurück.

* Die Unterhaltung dauerte zwei Stunden über Voltaire und Cäsar. Als der Greis nicht länger zu stehen vermochte und um seine Erledigung bat, entließ ihn Napoleon mit den Worten: »Allez donc, bon soir.«

Am andern Morgen 7. Oktober fand die zweite große Jagd zu Ehren der Monarchen statt, und zwar zwischen Apolda und Jena auf dem Plateau des Landgrafen-Berges, wo man in das ganze Saaltal bei Jena hineinblickt und wo Napoleon in der Nacht vor der Schlacht von Jena biwakiert hatte. Hier war ein Tempel mit Säulen errichtet, mit einer Inschrift im Fronton; vor dem Tempel zwei Altäre. Am Fuße des Berges waren Zelte aufgeschlagen, in deren größtem die Kaiser und Könige, in den übrigen die andern Fürsten frühstückten. Auch an diesem Morgen war das Fest von dem herrlichsten Wetter begünstigt und von einer unzähligen Menge Zuschauer umwogt.

Gegen Mittag, nach beendigter Jagd, ritten beide Kaiser nach Weimar zurück und fuhren von da alsobald wieder nach Erfurt.

Hatte die Aufführung des César immerhin etwas seltsam Ominöses gehabt, so musste es auf diejenigen, die persönlich diesen Abend erlebt hatten, noch lange nachher einen erschütternden Eindruck machen, als sie erfuhren, wie wenig gefehlt hatte, dass diese Aufführung wirklich zum größten Trauerspiel der neueren Weltgeschichte geworden wäre. Es hatte sich nämlich eine kleine Anzahl verwegener preußischer Offiziere, das Unglück und den trostlosen Zustand ihres Vaterlands tief empfindend und vom glühenden Hass gegen dessen Unterdrücker erfüllt, verschworen, den Kaiser Napoleon bei seinem Heraustreten aus dem Theater zu erschießen. Sie hatten die Lokalität aufs Genaueste erkundigt, Voranstalten zu ihrer eiligen Flucht nach vollbrachter Tat getroffen und sich zum größten Teil in Weimar unbemerkt versammelt, als noch im letzten Moment einer der Mitverschworenen ausblieb. Sei es, dass dieser Umstand die Übrigen abschreckte oder dass sie Reue empfanden, genug, das Vorhaben unterblieb. Welche Verwirrung, welche Gräuel das Gelingen so grausiger Tat unmittelbar und zunächst für Weimar nach sich gezogen hätte, ist kaum zu ermessen.«[*]

Bereits ein Jahr vor dem Erfurter Kongress, am 10. April 1807, war, siebenundsechzig Jahre alt, die verwitwete Herzogin Amalie gestorben, und noch in demselben Jahre folgte ihr ihre treue Freundin Fräulein von Göchhausen, mit deren Gesellschaft sie noch den Abend ihres Lebens sich verschönt hatte. Thusnelda starb noch in ihrem wohnlichen, mit schönen Möbeln behaglichst ausgestatteten Mansardstübchen im Palais, das sie so ungern verließ, das man aber dem alten weisen Fräulein gekündigt hatte. Sieben Jahre später starb der Liebling Amalies, Wieland, über dessen Tod der preußische Gesandte, Graf Geßler in Dresden, unterm 12. März 1813 an Frau von Wolzogen sehr richtig schrieb: »Wielands Tod hat mich gefreut. Sein ganzes Dasein war fröhlich, wenn er es auch nicht immer war. Es ist ihm nie übel gegangen. Alles, was er geschrieben hat, ist heiter. Es wird einem

[*] Nach dem Bericht Adolf Stahrs in seinem Tagebuch von Weimar und Jena hatten sich die Offiziere im Gehölz des Webicht mit Feuerwaffen postiert gehalten, und nur der Umstand, dass ein preußischer Prinz – man glaubt Prinz Wilhelm, Bruder des Königs – neben Napoleon gesessen oder an seiner Seite neben dem Wagen hergeritten, habe die Verschwornen abgehalten, ihre Mordgewehre auf den Kaiser abzufeuern.

wohl, wenn man ihn liest; wie wohl muss er sich gefühlt haben, als er dichtete. Ich weiß keinen, dessen Herbst so glücklich gewesen wäre. Vor dem eigentlichen strengen Winter hat ihn sein guter Genius bewahrt.«

Napoleon hatte bereits im Posener Frieden mit dem Kurfürsten von Sachsen dem Herzog dem Rheinbund mit den übrigen Fürsten des ernestinischen Hauses beizutreten verstattet. Sie stellten seitdem ein Kontingent von 2800 Mann, wovon 800 auf Weimar gelegt waren, Gotha stellte 1100, Coburg 400, Meiningen 300, Hildburghausen 200. Sieben Jahre darauf schaffte »das Schicksal«, die Politik, den Rheinbund ab. Den Wiener Kongress besuchte Carl August damals, siebenundfünfzig Jahre alt, persönlich. General Nostitz schildert ihn in seinem Tagebuch über die Notabilitäten, die damals sich zusammenfanden, mit den Worten:

»Der alte Herzog von Weimar lebt so burschikos fort, wie er es immer getrieben. Die Welt gefällt ihm, und er ist ihr immer durch Lebenslust verbunden, wenn auch die Jahre seine Beweglichkeit schwächen.« Carl August trat nun als erster Großherzog von Weimar 1815 zum deutschen Bund. 1825 feierte er sein fünfzigjähriges Regierungsjubiläum und seine goldene Hochzeit.

6. Die letzten Tage Carl Augusts und sein Tod nach dem Bericht Humboldts. Schlussurteil Goethes über ihn. Tod Goethes und der Herzogin Luise. Die Familie des Großherzogs.

Am 26. Mai 1827 hatte sich die älteste Tochter des Erbprinzen, Marie, mit dem Prinzen Carl von Preußen, Sohn des regierenden Königs Friedrich Wilhelm III., vermählt. Im Frühjahr darauf reiste Carl August nach Berlin zum Besuch seiner Enkelin. Auf der Rückreise starb er auf dem Gestüt zu Graditz bei Torgau, 14. Juni 1828, 71 Jahre alt. Er ward beigesetzt in der Fürstengruft auf dem Friedhof der Jakobskirche zu Weimar, wo er am 17. November 1827 Schillers sterbliche Überreste hatte beisetzen lassen und wo später auch Goethe begraben ward.°

Die letzten Tage vor seinem Tode hatte Carl August in fast beständiger Gesellschaft Alexander von Humboldts verlebt, und dieser hat einige der letzten Züge aufgefasst, in denen sich die Natur dieses in vieler Beziehung merkwürdigen Fürsten abspiegelt, der sich bei großer körperlicher Schwäche bis zum Tode in einer wunderbaren Lebendigkeit des Geistes erhielt. Der Brief, den Humboldt nach Weimar an den Biographen Carl Augusts, den Kanzler von Müller, schrieb, steht im

° Goethe ward aber nicht wie die Leichen der Fürstlichkeiten durch die Rotunde in die Gruft herniedergesenkt, das schien den Hofleuten zu viel der Ehre, der Sarg des schweren großen Mannes ward mühseligst eine kleine Treppe hinunter ins Grabgewölbe gebracht: Er musste, um den Transport den Trägern möglich zu machen, in die Höhe gestürzt werden.

dritten Band der Gespräche Goethes mit Eckermann. Es heißt unter anderm:

»In Potsdam saß ich mehrere Stunden allein mit dem Großherzog auf dem Kanapee; er trank und schlief abwechselnd, trank wieder, stand auf, um an seine Gemahlin zu schreiben, dann schlief er wieder. Er war heiter, aber sehr erschöpft. In den Intervallen bedrängte er mich mit den schwierigsten Fragen über Physik, Astronomie, Meteorologie und Geognosie, über Durchsichtigkeit eines Kometenkerns, über Mondatmosphäre, über die farbigen Doppelsterne, über Einfluss der Sonnenflecke auf Temperatur, Erscheinen der organischen Formen in der Urwelt, innere Erdwärme. Er schlief mitten in seiner und meiner Rede ein, wurde oft unruhig und sagte dann, über seine scheinbare Unaufmerksamkeit mild und freundlich um Verzeihung bittend: ›Sie sehen, Humboldt, es ist aus mit mir!‹

Auf einmal ging er desultorisch in religiöse Gespräche über. Er klagte über den einreißenden Pietismus und den Zusammenhang dieser Schwärmerei mit politischen Tendenzen nach Absolutismus und Niederschlagen aller freieren Geistesregungen. ›Dazu sind es unwahre Bursche‹, rief er aus, ›die sich dadurch den Fürsten angenehm zu machen glauben, um Stellen und Bänder zu erhalten! – Mit der poetischen Vorliebe zum Mittelalter haben sie sich eingeschlichen.‹

Bald legte sich sein Zorn, und nun sagte er, wie er jetzt viel Tröstliches in der christlichen Religion finde. ›Das ist eine menschenfreundliche Lehre‹, sagte er, ›aber von Anfang an hat man sie verunstaltet. Die ersten Christen waren die Freigesinnten unter den Ultras!‹«

Bei Gelegenheit dieses Humboldt'schen Briefs gab Goethe sein Schlussurteil über Carl August. »Der Großherzog war ein geborner großer Mensch. Er hatte für alles Sinn und für alles Interesse. Er war achtzehn Jahre alt, als ich nach Weimar kam; aber schon damals zeigten seine Keime und Knospen, was einst der Baum sein würde. Er schloss sich bald auf das Innigste an mich an und nahm an allem, was ich trieb, gründlichen Anteil. Dass ich fast zehn Jahre älter war als er, kam unserm Verhältnis zugute. Er saß ganze Abende bei mir in tiefen Gesprächen über Gegenstände der Kunst und Natur und was sonst allerlei Gutes vorkam. Wir saßen oft tief in die Nacht hinein, und es war nicht selten, dass wir nebeneinander auf meinem Sofa einschliefen. Fünfzig Jahre lang haben wir es miteinander fortgetrieben etc. Es gibt viele Fürsten, die fähig sind, über alles sehr geschickt mitzureden; aber sie haben es nicht im Innern und krabbeln nur an den Oberflächen. Und es ist kein Wunder, wenn man die entsetzlichen Zerstreuungen und Zerstückelungen bedenkt, die das Hofleben mit sich führt und denen ein junger Fürst ausgesetzt ist. Von allem soll er Notiz nehmen. Er soll ein bisschen das kennen und ein bisschen das und dann ein bisschen das und wieder ein bisschen das. Dabei kann sich aber nichts setzen und nichts Wurzel schlagen, und es gehört der Fonds einer gewaltigen Natur dazu, um bei solchen Anforderungen nicht in Rauch aufzugehen.

Der Großherzog war ein Mensch aus dem Ganzen und es kam bei ihm alles aus einer einzigen großen Quelle. Und wie das Ganze gut war, so war das Einzelne gut, er mochte tun und treiben was er wollte. Übrigens kamen ihm zur Führung des Regiments besonders drei Dinge zustatten. Er hatte die Gabe, Geister und Charaktere zu unterscheiden und jeden an seinen Platz zu stellen. Das war sehr viel. Dann hatte er noch etwas, was ebenso viel war, wo nicht noch mehr: Er war beseelt von dem edelsten Wohlwollen, von der reinsten Menschenliebe und wollte mit ganzer Seele nur das Beste. Er dachte immer zuerst an das Glück des Landes und ganz zuletzt ein wenig an sich selber. Edlen Menschen entgegenzukommen, gute Zwecke befördern zu helfen, war seine Hand immer bereit und offen. Es war in ihm viel Göttliches. Er hätte die ganze Menschheit beglücken mögen. Liebe aber erzeugt Liebe. Wer aber geliebt ist, hat leicht regieren.

Und drittens: Er war größer als seine Umgebung. Neben zehn Stimmen, die ihm über einen gewissen Fall zu Ohren kamen, vernahm er die elfte, bessere, in sich selber. Fremde Zuflüsterungen glitten in ihm ab, und er kam nicht leicht in den Fall, etwas Unfürstliches zu begehen, indem er das zweideutig gemachte Verdienst zurücksetzte und empfohlne Lumpe in Schutz nahm. Er sah überall selber, urteilte selber und hatte in allen Fällen in sich selber die sicherste Basis. Dabei war er schweigsamer Natur und seinen Worten folgte die Handlung.

Er liebte das Derbe und Unbequeme und war ein Feind aller Verweichlichung. Er fuhr nie anders als auf seiner alten unansehnlichen Droschke, die kaum in den Federn hing, auf die Jagd, seine Lieblingshunde nebenher, er selbst im abgetragenen grauen Mantel und Militärmütze. Er liebte das Reisen, doch war es nicht sowohl, um sich zu amüsieren und zu zerstreuen, als um überall die Augen und Ohren offen zu haben und auf allerlei Gutes und Nützliches zu achten, das er in seinem Lande einführen könnte. Ackerbau, Viehzucht und Industrie sind ihm auf diese Weise unendlich viel schuldig geworden. Er suchte nicht die Gunst des Volks und tat den Leuten keineswegs schön, aber das Volk liebte ihn, weil es fühlte, dass er ein Herz für sie habe.«

Jenem oben vorgekommenen Jugendporträt gegenüber hängt, gleich beim Eintritt in die Bibliothek zu Weimar, sodass es unmittelbar in den Blick des Besuchers fällt, ein lebensgroßes Porträt von Carl August aus seinen letzten Lebensjahren, wo er ganz bedeutend stark geworden war, in ganzer Figur. Es ist von Jagemann gemalt, dem Bruder seiner Geliebten, als Bild von geringem Kunstwerte, aber unschätzbar als einziges lebensgroßes Porträt des »gebornen großen Menschen«, des »Menschen aus dem Ganzen«. »Es macht«, sagt Adolf Stahr, »den Eindruck großer, auf sich ruhender Behaglichkeit. Der Herzog ist in einer offenen Landschaft seines Parks dargestellt, wie jemand, der im Gehen plötzlich stillhält und sich zur Seite wendet. Die linke Hand ruht auf einem Felsen, die rechte steckt in der Brustöffnung des kurzen grünen, mit Schnüren besetzten Rocks. Er trägt ein graues Beinkleid, Sporenstiefel mit gelben Stulpen, eine weiße Weste mit gelben Knöpfen und weißes Halstuch. Man sieht diesem Lieblingsanzug des alten Fürsten an, dass Engländer das Vorbild dazu geliefert haben. Es ist eine untersetzte Gestalt von jenem embonpoint, dem gesunde Männer gewöhnlich anheimfallen, wenn das Mannesalter zum Greisenalter übergeht. Er mag gegen sechzig Jahre alt sein. Das Gesicht ist breit, die Nase in der Mitte etwas eingefallen und stark nach der Spitze, dabei den Lippen nahe, weil die Oberlippe kurz ist. Die Stirn ist hoch, von blonden, bereits ins Graue übergehenden Haaren beschattet. Die blauen Augen sind hell und scharf wie eines Falken und sehen fest unter den zusammengezogenen Brauen hervor. Der Gesamtausdruck des Kopfes ist kraftvolle Energie, durchdringendes Forschen und große Güte. Trotz der stumpfen Farben ist der Kopf doch das Beste an dem Bilde und sehr getroffen. Die übrigen Teile sind offenbar zu starkknochig und die ganze Gestalt zu ramassiert. Der alte Fürst hatte keine Geduld zum Sitzen und ließ seinen Leibkutscher in seinen Kleidern dem Werke als Modell dienen.«

Goethe überlebte seinen herzoglichen Freund noch fünf Jahre. Er war aber zuletzt ein rechter alter, eiskalter und auch eiszapfensteifer Goethe geworden. Als solcher erwies er sich nicht bloß auswärts, sondern auch in seinem eignen Hause. Kurz nach den Befreiungskriegen traf er mit russischen Offizieren, Livländern, in Wiesbaden an der table d'hôte zusammen, diese brachten ihm den Toast aus: »Sie sollen leben, Herr Professor!« Goethe, der ganz einfach gekleidet war, entfernte sich und erschien nach kurzer Pause wieder mit dem Stern des russischen St.-Annen-Ordens auf der Brust. Die Offiziere gaben ihm nun die Exzellenz und baten ihn um Entschuldigung: Die Gesundheit habe nicht ihm, sondern seinen unsterblichen Werken gegolten. Die weimarische Exzellenz verharrte in stolzem Schweigen. Im Jahre 1826 sprach der bayerische Ritter von Lang bei Goethe ein und berichtet darüber also: »Ein langer, alter, eiskalter, steifer Reichstagssyndikus trat mir entgegen in einem Schlafrock, winkte mir, wie der steinerne Gast, mich niederzusetzen, blieb tonlos nach allen Seiten, die ich anschlagen wollte, stimmte bei allem, was ich ihm von dem Streben des Kronprinzen von Bayern sagte, und brach dann in die Worte aus: ›Sagen Sie mir, ohne Zweifel werden Sie auch in Ihrem Ansbacher Bezirk eine Brandversicherungsanstalt haben?‹« Lang ging darauf ein, darauf meinte Goethe: »Wollen wir, wenn ich bitten darf, den Ort ganz abbrennen lassen.« Als Lang sich expliziert, sagte »der alte Faust«, nachdem er alles mit angehört: »Ich danke Ihnen! Wie stark ist denn die Menschenzahl in so einem Rezatkreis bei Ihnen?« – Auf Langs Erwiderung: »Etwas über 500.000 Seelen (mehr als das Doppelte des ganzen Großherzogtums Weimar) meinte der alte Faust weiter: »So, so, hm, hm, das ist schon etwas!« Lang aber schloss die seelenlose Entrevue mit den heitern Worten: »Jetzt, da ich die Ehre habe, bei Ihnen zu sein, ist dort eine Seele weniger. Ich will mich aber auch wieder dahin aufmachen und mich empfehlen.« Darauf gab ihm Goethe die Hand zum Abschied, dankte für die Ehre des Besuchs und geleitete Lang bis zur Türe. »Es war mir«, meinte der witzige Ritter, »als wenn ich mich beim Feuerlöschen erkältet hätte!«

Drei Jahre vor seinem Tode überschickte Frau von Wolzogen, Schillers hochgeliebte Schwägerin, an Goethe ihr Leben von Schiller. Wahrscheinlich war es dieses Leben, über welches Goethe folgenden merkwürdigen Brief an Frau von Wolzogen gelangen ließ:

Weimar, 29. September 1829

»Das mir geneigtest anvertraute Manuskript liegt schon einige Tage neben mir, ich habe hineingesehen und mache dabei eine Erfahrung, von der man sich in jüngern Jahren nichts träumen lässt; ich finde ganz unmöglich, es durchzulesen und werd' es Ihnen leider ohne Weiteres zurückschicken müssen. Durch diese Empfindungen werd' ich nun aufmerksamer auf das, was mir schon einige Zeit begegnet, dass ich nämlich ins längst Vergangene nicht zurückschauen mag. Mit dem abgedruckten Briefwechsel geht es mir ebenso, er macht mir eher eine traurige Empfindung, die, wenn ich sie mir verdeutlichen will, sich ohngefähr dahin auflöst, dass in hohen Jahren, wo man mit der Zeit so haushältig umgehen muss, man über sich und andere wegen vergeudeter Tage höchst ärgerlich wird. Jenes Manuskript lass ich daher noch kurze Zeit bei mir liegen, teile Meyer obige Bemerkung mit, und lässt sich das Gefühl durch Reflexion nicht beschwichtigen, so erhalten Sie die Hefte ungesäumt zurück, mit höchst dringender Bitte um Verzeihung eines unerwarteten Seelenereignisses, dessen ich nicht Herr werden kann.

Behalten Sie, verehrte Freundin, mir ein unschätzbares Wohlwollen und setzen Sie Ihre aufmunternde Teilnahme an demjenigen fort, was ich allenfalls noch anbieten und überliefern könnte.

Mich angelegentlichst empfehlend, treu angehörig

J. W. v. Goethe.«

Einen höchst drolligen Gegensatz gegen die steife Devotion, die der alte Goethe in allen amtlichen Sachen gegen seinen fürstlichen Freund sich zur Richtschnur gemacht hatte und unabänderlich festhielt, gemäß den aus Italien ihm einst geschriebenen Worten: »Hier bin ich, mache aus Deinem Knechte, was Du willst«, und allerdings von einer großen Herren gegenüber ganz richtigen Vorsicht geleitet, machte des Herzogs ebenso unabänderlich bis an das Ende seiner Tage beibehaltene burschikose Weise. Als der alte Goethe einst alleruntertänigst devotest um einen Urlaub nach Jena auf nur wenige Tage gebeten hatte, schrieb Carl August an den Rand der Eingabe: »Kneife aus!«

Die bis an ihr Lebensende formenstrenge Gemahlin des Großherzogs, Luise von Darmstadt, überlebte ihren Gemahl nur noch um zwanzig Monate. Sie starb 1830 am 14. Februar, dreiundsiebzig Jahre alt. Drei Jahre vorher war ihre fünfzigjährige Freundin Frau von Stein, die dereinstige Freundin Goethes, dreiundachtzig Jahre alt geschieden, bei der sie fast täglich mit wenig Begleiterinnen den Abend zuzubringen, im Sommer unter den Orangenbäumen ihrer Wohnung den Tee zu nehmen gewohnt gewesen war. 1828 war ihr Oberhofmeister Einsiedel achtundsiebzigjährig abberufen worden.

Außer seinem Nachfolger, Carl Friedrich, hinterließ Carl August nur noch einen Prinzen, den durch seinen Namen und seine herkulische Gestalt an den Helden des dreißigjährigen Kriegs erinnernden Prinzen Bernhard, geboren 1792. Er war der Liebling des Vaters und der Zögling des liebenswürdigen Rühle von Lilienstern, spätern preußischen Generals und Chefs des großen Generalstabs. Er befand sich, erst im fünfzehnten Jahre stehend, 1806 beim preußischen Heere, bei dem Fürsten von Hohenlohe; er frühstückte mit ihm vor der Schlacht bei Jena in Kapellendorf, und sein silbernes Dejeuner ward nachher eine Beute der Franzosen. Prinz Bernhard ging später in niederländische Dienste und lebte als niederländischer Generalleutnant teils in Gent und im Haag, teils auf Reisen. Er wurde unlängst, um seinen derangierten Vermögensverhältnissen aufzuhelfen, Militärgouverneur, Oberkommandant des ostindischen Heers in Batavia, von wo er bereits in den Haag zurückgekehrt ist. Seine Gemahlin ist seit 1816 Ida von Meiningen, Schwester der verstorbenen Königin Adelheid von England, Gemahlin Williams IV. Professor Gans aus Berlin sah diese Fürstlichkeiten in Neapel und beschreibt in einem Brief an Varnhagen vom 22. September 1838 das Zusammentreffen mit ihnen: »Die Fahrt nach Pompeji und der Aufenthalt daselbst ist mir in doppelter Hinsicht interessant gewesen, weil ich beides in Gesellschaft einer sehr liebenswürdigen prinzlichen Familie machte, der des Herzogs Bernhard von Weimar. Der Herzog hatte mich Sonnabend auf dem Münzkabinett, das ihm aus besonderer Gunst geöffnet wurde, kennen gelernt und mich auf den Montag nach Pompeji eingeladen. Dort gab er in den großen Thermen ein vortreffliches Frühstück; es wurden Ausgrabungen für ihn veranstaltet etc., zuletzt machte ich noch mit dem Herzog eine Promenade um die Mauern von Pompeji etc. Abends wurde ich in der Vittoria zum Diner eingeladen, bei welchem der Herzog und seine Frau in der liebenswürdigsten Einfachheit erschienen. Der Herzog Bernhard ist ein Mann von herkulischer Gestalt, eine wahre Reiterstatue und ein Abbild jenes Vorbildes aus dem dreißigjährigen Kriege, an das er sichtlich erinnert. Er hat Geist, Kenntnis und sein ganzes Leben darauf hingewiesen, etwas aus sich selber zu machen, erzählt er gern von seiner Karriere, von seinen holländischen Verhältnissen, von seinen Schicksalen überhaupt. Er scheint Bürgerlichkeit allen prinzlichen Gesellschaften vorzuziehen. Die Frau ist ebenso einfach auf Kunstanschauung versessen.«

Eine Tochter Carl Augusts, mit dem Erbprinzen von Mecklenburg-Schwerin vermählt, war schon vor dem Vater 1816 gestorben, die Prinzessin Caroline, die Freundin einer andern Caroline, der enthusiastischen Freundin Schillers Caroline von Wolzogen, die mit Emphase spricht »von diesem edlen Wesen, geboren, um alles Schöne und Große sich als die ihm bestimmte Sphäre anzueignen, der Schülerin Herders, in deren klarem blauen Auge sich alle Gestalten des Lebens rein abspiegelten, dieser holden Erscheinung, die so früh der Welt entschwand, aber in jedem Herzen, das sie zu fassen vermochte, ein unaustilgbares, rührendes Andenken zurückgelassen hat und immer frisch erhalten wird«.

7. Hof-, Zivil- und Militäretat und diplomatisches Corps in Weimar unter der Vormünderin Amalie, der Herzogin-Mutter, im Jahre 1767 und später unter Carl August.

I. Hofetat

1. Als Oberhofmarschall und Chef aller Hofämter stand 1767 an der Spitze: Friedrich Hartmann von Witzleben, aus einem alten thüringischen Geschlechte, dessen Stammschloss im Thüringer Waldgebirge in Schwarzburg-Rudolstadt liegt.

2. Die zweite Hofcharge bekleidete die Oberhofmeisterin der Herzogin-Mutter: Frau von Schlotheim, geborene von Rüxleben.

Folgten:

3. Der Hofmarschall. Diese Stelle bekleidete Herr von Schardt, der Vater der Frau von Stein, der großen und lange Zeit einzigen Freundin Goethes.

4. Der Oberkämmerer: Herr von Göchhausen, einer von der Familie der einflussreichen Hofdame der Herzogin-Mutter.

5. Der Oberstallmeister. Diese Stelle versah der Oberhofmeister von Witzleben. Später erhielt sie Baron von Stein, der Gemahl der Freundin Goethes: Er starb 1793.

Noch gehörten zu den oberen Hofchargen:

6. 7. Die beiden Landjägermeister von Staff und von Troyff in Weimar und

8. der Landjägermeister von Wurmb in Eisenach.

Unter jenen weimarischen Landjägermeistern fungierte noch ein Oberforstmeister von Staff und unter dem eisenachischen Landjägermeister ein Oberforstmeister von Arnswald.

Im Jahre 1783 kam als Geheimer Rat und Oberjägermeister aus badnischen Diensten ein Herr von Ziegesar.

1806 fungierten:

ein Landjägermeister,
drei Oberforstmeister und
ein Forstmeister.

Der ganze Hofstaat bestand in diesem Jahre der Auflösung des deutschen Reichs aus folgendem Personal:

1. Dienst beim Herzog:

An der Spitze:

Der Hofmarschall: Baron Wolfgang Gottlob Christoph von Egloffstein, aus einem fränkischen Geschlechte, Gemahl der obenerwähnten liebenswürdigen Dame, welcher Goethe das Lied stiftete »Da droben auf jenem Berge« und Vater der beiden schönen Hofdamen;

dreizehn Kammerherren,
fünfzehn Kammer-, Hof- und Jagdjunker,
fünf Pagen mit zehn Lehrern.

Der Stallmeister: Major von Seebach beim Husarenkorps mit noch zwei Stallmeistern und gegen 50 Stallbedienten.

4 Kammerdiener.
Ein Leibjäger.
3 Jagd-, 4 Kammer-, 21 Hoflaquais.
2 Heiducken.
2 Lauser.

2 Mohren: François l'Eveillé und
Domain la Fortune.

In der Küche: 22 Personen, dabei auch ein französischer Mundkoch.

In der Kapelle: 36 Personen.

2. Dienst bei der regierenden Herzogin Luise:

Oberhofmeisterin: Maria Henriette, verwitwete von Wedel, geborene Freiin von Wöllwarth.

3 Hofdamen:

Adelaide von Waldner.
Isabelle von Waldner.
Fräulein von Riedesel.

3. Dienst beim Erbprinzen und bei der
Erbprinzessin Großfürstin:

Oberhofmeister: Geheimer Rat Baron Wilhelm Ernst Friedrich von Wolzogen, Schillers Schwager, aus einer 1628 während des dreißigjährigen Kriegs aus Österreich nach Bayreuth und Thüringen eingewanderten Protestantenfamilie, gest. 1809 zu Wiesbaden.

Oberhofmeisterin: Gräfin Ottilie Henckel von Donnersmarck, die oben mit ihren Personalien aufgeführte Großmutter Ottilies von Pogwisch, der Schwiegertochter Goethes.

Ein Kammerherr.
3 Hofdamen.

4. Dienst bei der Herzogin-Mutter Amalie:
Oberhofmeister: Der mit seinen Personalien oben vorgekommene Friedrich Hildebrand von Einsiedel.

2 Hofdamen:

Luise von Göchhausen und
Baronesse Stein.

II. Ziviletat

1. Das oberste Kollegium bildete das Geheime Konsilium oder das Conseil schlechtweg. Es war die Oberbehörde für beide Fürstentümer Weimar und Eisenach. In ihm saßen unter der Vormünderin-Regentin Amalie 1767:
   1. Der Präsident der Regierung zu Weimar: Kanzler von Greiner.
   2. Der Geheime Rat Jacob Friedrich Freiherr von Fritsch, einer von der Leipziger Buchhändler-Familie des berühmten kursächsischen Ministers Thomas Fritsch, der den Hubertsburger Frieden mit Herzberg mit abschloss.
   3. Der Geheime Assistenzrat Carl Schmidt, gestorben 1784, sechzig Jahre alt.
   4. Der Legationsrat und Geheime Referendar Johann Christoph Schmidt, der später nach Goethe 1788 Kammerpräsident wurde.

   Goethe trat im Jahre 1775 gleich bei seinem Eintreffen in Weimar als Fünfter ins Conseil, zuerst als Legationsrat mit 1200 Taler Gehalt, welcher später auf 1800 Taler erhöht wurde. Im Jahre 1779 ward er Geheimer Rat, 1782 Kammerpräsident, in demselben Jahre geadelt und 1804 Exzellenz.

Im Jahre 1806 bildeten folgende Fünf das Conseil:

1. An der Spitze Goethe.
2. Der Kammerpräsident Schmidt.
3. Der Geheime Rat Christian Gottlieb von Voigt. Schiller nennt diesen einflussreichen Mann in einem Briefe vom 12. August 1787 an Körner »einen ganz trefflichen Mann, einen der angenehmsten Geschäftsmänner, von großen und kleinen Geistern geschätzt, mit den Besten liiert und ein Orakel für den Herzog«.
4. Der Oberhofmeister des Erbprinzen und der Erbprinzessin-Großfürstin: Baron Wolzogen.
5. Der Geheime Assistenzrat Thon.

Neben dem Conseil bestanden 1767 noch folgende Behörden:

1) Für Weimar:

2. Die Regierung unter dem genannten Kanzler von Greiner. Ihm folgte von Koppenfels und noch später fungierte Friedrich von Müller, der Biograph Carl Augusts, dessen Memoiren neuerlich bruchstückweise erschienen sind.
3. Die Kammer unter dem alten Präsidenten von Kalb, aus der alten thüringischen Familie Kalb auf Kalbsrieth. Ihm folgte kurz nach Carl Augusts Regierungsantritt sein Sohn, der jüngere Kalb und als dieser 1782 entlassen wurde, Goethe. Nach Goethes Rückkunft aus Italien 1788 erhielt der Geheime Rat Johann Christoph Schmidt den Kammerpräsidentenposten.

4. Das Oberkonsistorium unter dem Präsidenten von Hendrich. Ihm folgte von Lyncker, der sich neben seinen geistlichen Amtsgeschäften auch mit weltlichen befasste: Er exzellierte auf dem Liebhabertheater der Herzogin-Mutter Amalie in französischen Stücken.
   Vizepräsident ward 1789 der berühmte Herder.
5. Das Hofgericht zu Jena unter dem alten Baron von Wolzogen, Geheimen Rat und Konsistorialpräsidenten zu Altenburg.

2) Für Eisenach:

6. Die Regierung unter dem Kanzler Göckel, der zugleich Obersteuerdirektor war. Ihm folgte der Geheime Rat Johann Ludwig von Bechtolsheim, dessen Haus, wie oben erwähnt, durch seine Gemahlin Gräfin Keller eines der glänzendsten in der weimarischen Welt war.
7. Die Kammer unter Baron Reinbaben, einem von der schlesischen Familie des Premierministers unter Herzog Ernst August.
   Die eisenachische Kammer ward später mit der weimarischen vereinigt.
8. Das Oberkonsistorium unter von Rath. Ihm folgte der Kanzler von Bechtolsheim.

III. Armeeetat

Weimar hielt ein Landregiment und eine Garde du corps. An der Spitze stand 1767 als »kommandierender General« ein von Burgsdorf. 1806 ist die oberste Charge ein Obrist von Rothmaler. Aufgeführt werden: ein Scharfschützencorps, ein Husarencorps und ein Infanteriecorps zu Jena.

IV. Diplomatisches Corps im Jahre 1767 und 1805, dem Jahre vor Auflösung des deutschen Reichs

1. In Wien fungierte 1767 Geheimer Rat von Rehboom und als Agent und Legationssekretär der Hofrat von Rehboom. Beide waren zugleich von Gotha akkreditiert. 1805 war nur ein Agent: Geh. Leg. Rat J. Andreas Merck akkreditiert.
2. In Regensburg standen 1767: Graf Heinrich von Bünau, ein Sohn des Geschichtsschreibers der Deutschen, als Gesandter, ebenfalls auch für Gotha, und ein Leg. Sekr. Ernesti. 1805 fungierte der ehemalige Gouverneur Carl Augusts, der preußische Gesandte Graf Eustach Görtz.
3. In Wetzlar fungierten 1805 zwei Agenten beim Reichskammergericht.
4. In Dresden: 1767 Opponius, 1805 Hofrat Richter, beide als Agenten.
5. In Leipzig 1767: Andreä, Agent.
6. In Frankfurt am Main 1767: Hofrat Steitz als Resident, 1805 derselbe und Riese als Residenten.
7. In Augsburg 1767: Commiss. Rat Gutmann, Agent.
8. In Straßburg 1767: Hofrat Gangolf, Resident.
9. In Nürnberg 1805: Leg. Rat Thon, Agent bei der Kreisversammlung.
10. In Hamburg 1805: 2 Agenten.
11. Im Haag 1767 von der Kop, Prokurator beim Hofe zu Holland, Agent, 1805: derselbe.

12. In Amsterdam 1805: Hofagent von Jäger.
13. In London 1767: Hofrat Pfeiffer.
14. In Petersburg 1805: Geheimer Rat Baron Wolzogen als außerordentlicher Gesandter und bevollmächtigter Minister.
15. In Rom 1805: Abt Rocatani, Agent.
16. In Florenz 1805: Cambiagi, Agent.

Der Hof

Carl Friedrichs

1828–1853

Carl Friedrich
1828–1853

Carl Friedrich war, wie schon oben beiläufig erwähnt worden ist, der Liebling seiner Mutter, Luise von Darmstadt, die ihn nach des Vaters Ansicht allzu sehr verzärtelte und weibisch machte; deshalb zog Carl August seinen jüngsten Sohn, den starken Bernhard, welcher ganz nach seinem Sinne war, ihm vor und hätte diesem Jüngsten gar zu gern die Nachfolge verschafft.

Carl Friedrich, geboren 1783, hatte seine erste Jugend verlebt in der glücklichsten Zeit Weimars, wo Goethe und Schiller auf ihrem Lebensgipfel standen und wo die mächtigen Wogenschläge, die von dem revolutionierten Frankreich herüberschlugen, auch in Deutschland alle Gemüter aufregten. Es findet sich nicht, dass die außerordentlichen äußeren Begebenheiten auf Carl Friedrichs innere Entwicklung großen Einfluss ausgeübt hätten: Sein Horizont war von Jugend auf klein, Märchen waren seine Lieblingslektüre, er hat sie bis an sein Lebensende vorzugsweise geliebt. Die Gouverneure gaben sich viele Mühe mit ihm, ihn zur Selbsttätigkeit, zum Umsich-schauen, Sich-orientieren zu bringen; unter anderm waren sie darauf bedacht, den Ortssinn in ihm zu entwickeln. Bei einem Spaziergang ward er auf ein Haus aufmerksam gemacht, das er sich merken sollte, mit dem Bedeuten, dass man bei einem spätern Spaziergang darüber Nachfrage halten werde. Der Prinz war nicht imstande, dieses Haus wieder aufzufinden; er ward befragt, ob er sich denn nicht die Merkmale imprimiert habe; er erwiderte treuherzig: »Freilich, es saß eine Krähe darauf.« Tatsache ist, dass Carl Friedrich den schönen Park von Weimar nicht liebte, er zog Ettersburg vor und besonders Tiefurt: Im weimarischen Park soll er von seinem Gouverneur einmal eine Ohrfeige erhalten haben. Später machte der Prinz mit seinem Oberhofmeister Baron Wolzogen, Schillers Schwager, eine Tour nach »jener linken Seite, wo deutsche Treue vergeht«, er sah im Jahre 1802 den Hof des damaligen ersten Konsuls und vermählte sich einundzwanzigjährig 1804 mit der Großfürstin. Er war bereits fünfundvierzig Jahre, als er die Regierung antrat. Er war in seiner Jugend ein bel homme gewesen, noch jetzt ein Herr von stattlicher und ansehnlicher Gestalt, später ward er etwas schief: Dieses Schiefwerden nahm mit dem Alter so zu, dass er ausgepolsterte Kleider tragen musste. Eigentümlich lebhaft und beweglich war sein Mienenspiel, seine Art, den Kopf zu werfen und zu konversieren, die Stimme war das spezifische sächsische Idiom und ziemlich laut, seine Phrasen pflegte er oft hintereinander zu wiederholen.

Carl Friedrichs Gemahlin, die russische Großfürstin Marie, war eine Dame zwar nicht groß an Leibesgestalt, aber von den größten Manieren: Sie erschien, wie alle russischen Prinzessinnen, mit der höchsten Grandezza; ihre Mutter, die badnische Prinzessin, war durch ihre Toilettenkünste berühmt, sie erschien in ihrem späten Alter noch wie eine Frau nicht über vierzig Jahre, im Deshabillé sank sie freilich wie ein Klümpchen zusammen; die Tochter hatte etwas von der Mutter. Der durch sie schon unter Carl August ziemlich glänzend gewordene kleine Hof wurde, seit sie regierende Großherzogin geworden war, glänzender und immer glänzender, die an den Petersburger Glanz in ihrer Jugend gewöhnte Großfürstin sorgte, mit Petersburger Gelde reichlich versorgt, für eine möglichst glänzende Repräsentation. Die Geburtsfeste der Hoheiten, noch 1852 das Fest bei Vermählung des zweiten Prinzen Herzog Bernhards mit der Tochter des Königs von Württemberg, wurden mit wahrhaft königlicher Pracht gefeiert, die Großherzogin erschien dabei in ihrem Diamantenschmuck, der Millionen wert war. Sie war die Lieblingsschwester Alexanders gewesen, er hatte sie so lieb, dass er sogar Möbel, z. B. Schreibtische, die sie eine Zeit lang gehabt hatte, mit ihr tauschte; in seinem Testament hatte er sie vorzugsweise mit kaiserlich glänzenden Legaten bedacht. Das Geburtsfest der Großherzogin, der dritte Februar, war der festlichste Tag für Weimar: An demselben fanden sich die Kavaliere von nah und fern zur Cour ein, das kleine Weimar war dann in allen Gasthäusern überfüllt, die Großherzogin, leider in ihrem späteren Alter mit Schwerhörigkeit heimgesucht, machte die Honneurs auf die liebenswürdigste und verbindlichste Weise. Zu der Schwerhörigkeit der Großherzogin kam leider der für die Konversation mit ihr noch weit stärker erschwerende Umstand, dass sie sehr leise sprach und diejenigen, an deren Stimme sie nicht gewöhnt war, sehr schwer verstand; trotz öfterer Wiederholung der Worte von beiden Seiten war sehr oft keine Verständigung herbeizuführen. Der Hof hatte mehrere ausgezeichnet schöne, liebenswürdige, interessante und pikante Damen: Unter den schönsten glänzte Jenny von Pappenheim, die für eine Tochter König Jerômes von Westphalen galt, ihm frappant ähnlich war und nachher mit Herrn von Gustedt, Landrat in Rosenberg bei Marienwerder in Preußen sich vermählte, und zwei Fräulein von Spiegel, Töchter der schönen Hofmarschallin, von denen Pauline an Herrn von Helldorf und Melanie, die schönere Schwester, nach Stuttgart an den dortigen Hofmarschall Baron Seckendorf sich verheiratet hat.

Die Regierung blieb in den Händen der alten Minister Carl Augusts: Das Regierungs- und Justizdepartement, eingeschlossen die auswärtigen und Hausangelegenheiten, besorgte Freiherr von Fritsch, die Finanzen und die Hofhaltungssachen Freiherr von Gersdorf, ein lebhafter, ziemlich unabhängig gebahrender und sehr gebildeter Herr: Von letzterer Eigenschaft ist der Beweis, dass er den Philoktet übersetzt hat, und von ersterer, dass er zum Öfteren den Fürstlichkeiten widersprach und auf seiner Meinung bestand. Er hatte sich mit der schönen Mutter der schönen Fräulein von Pappenheim, einer geborenen Gräfin Waldner aus dem Elsass, vermählt, trotzdem, dass diese ihm selbst die Vorstellung gemacht hatte, dass keine Dame am westfälischen Hofe dem Verdacht habe entgehen können, dem König sehr nahe gestanden zu haben; gerade ihr Widerspruch reizte Herrn von Gersdorf, und er heiratete sie; als später Graf Keller nach

Weimar kam und gegen Frau von Gersdorf wegen ihrer Kasseler Abenteuer sprach, forderte er ihn vor die Klinge. Sie gebar ihm eine Tochter, die 1842 sich mit dem Hofmarschall und Adjutant Graf Friedrich Beust vermählt hat. Der Hauptmacher in den Geschäften in Weimar war unter Carl Friedrich der Geheime Rat Dr. Schweitzer. Goethe hatte noch bis zu seinem Tode 1832 die Oberaufsicht über alle unmittelbaren Anstalten für Wissenschaften und Kunst.

Das eigentliche Heft der Regierung führte in den fünfundzwanzig Regierungsjahren Carl Friedrichs seine kluge Gemahlin. Da der Großherzog trotz seiner Gemütsblödigkeit doch aufs Regiment sehr eifersüchtig war, wusste die Großherzogin auf die feinste Weise es zu verbergen, dass sie es eigentlich sei, welche »regierende« Großherzogin sei in der Tat und in der Wahrheit; niemand weniger als Carl Friedrich hat ihre sanfte Herrschaft gefühlt. Wenn Carl Friedrich ins Conseil ging, pflegte Marie gewöhnlich vorher mit ihm im vertraulichen Gespräch über die Dinge zu sprechen, die zum Vortrag kommen würden und über die sie durch die Minister, namentlich durch das bürgerliche Faktotum, gar wohl unterrichtet war. Es traf sich dann, dass Carl Friedrich, wenn er zurückkam, seiner Gemahlin erzählte, wie und was für Worte er gesprochen habe: Es waren gewöhnlich ihre eigensten Worte, die sie ihm in den Mund gelegt hatte.

Dass der Großherzog Carl Friedrich trotz seiner Gemütsblödigkeit doch aufs Regiment, auf die Ausübung der Herrscherpflichten als Souverän, sehr eifersüchtig war, dies bezeugt eine sehr heitre Anekdote. Ein Maler zeigte ihm einst das von ihm gefertigte Porträt seines Bruders, des starken Prinzen Bernhard, den der alte Carl August so liebte und dem Erstgeborenen so vorzog. Die königliche Hoheit stand nicht in dem richtigen Lichte, um das Gemälde richtig zu taxieren, wenigstens glaubte das der Maler zu bemerken, um sich die gehofften Lobsprüche zu verschaffen. Er sagte in seinem Eifer, sie zu fischen, dem Großherzog: »Ew. Königliche Hoheit müssen auf diese Seite treten!« Die Königliche Hoheit bemerkte darauf mit ungewöhnlich scharfem Akzent: »Ein Souverän soll müssen?«

Carl August schon hatte erkannt, dass sein Sohn einst ein Selbstherrscher – nach seiner Manier freilich – sein werde. Der Erbgroßherzog forderte einst von einem Kammerdiener in Gegenwart seines Vaters ein Glas frisches Wasser, aber ganz frisches. Als der Kammerdiener mit dem Glase kam, fragte der Erbgroßherzog wiederholt, ob das Wasser frisch sei, aber ganz frisch? Der Kammerdiener versicherte, dass er dasselbe eben von der Plumpe geholt habe. Der Prinz erwiderte: »Nun, wenn das der Fall ist, so gehen Sie noch einmal herunter und holen mir anderes.« Carl August meinte in seiner burschikosen Weise: »Das wird ein Mordkerl einmal werden!«

Als Carl Friedrich »regierender« Herzog geworden, hielt er sich für verpflichtet, den von löblicher Vorzeit her althergebrachten Ständeunterschied aufrecht zu erhalten. Fräulein Adele Schopenhauer ward von Sr. Königlichen Hoheit durchaus nur als Mademoiselle Adele

Schopenhauer anerkannt, ebenso Fräulein Seidler, die Malerin, die sonst doch ein großer Liebling von ihm war. Erwähnte jemand Fräulein Seidler im Gespräch mit ihm, so unterließ er nicht zu verbessern: »Sie wollen Mademoiselle Seidler sagen.« Einst war bei Anwesenheit des Großherzogs in einer kleinen Stadt Ball auf Subskription. In den Listen fand der Monarch Aufführungen wie: »Amtmann X., Doktor Y., Apotheker Z.«, jeder mit einer Anzahl von »Fräulein« Töchtern. Als der Monarch auf dem Balle erschien, trat er der Reihe nach zu dem Amtmann X., Doktor Y. und Apotheker Z. und erkundigte sich nach dem Befinden der »Mamsell« Töchter, huldvoll, aber mit ungewöhnlich scharfer Betonung der dem Fräulein substituierten Titulatur.

Außer solchen ungewöhnlichen Aufregungen war Carl Friedrich ein ungemein gutmütiger und leutseliger Herr und wegen dieser hohen Gutmütigkeit und Leutseligkeit auch sehr beliebt. Man erzählt viele Züge dieses Herrn, die seinem Herzen Ehre machen. Man machte ihm einst die Bemerkung, dass man so wenig Nachtigallen in und um Weimar höre, sie müssten wohl weggefangen worden sein. Carl Friedrich bestätigte das und meinte: »Wenn ich eine Nachtigall hören will, muss ich einen Käfig vor mein Fenster hängen lassen, aber dann dauert es mich, dass mein Kammerdiener nicht schlafen kann.« Als die alle Welt ergreifende turba des Jahres 1848 auch das kleine Ländchen Weimar ergriff, trat der große Fonds von Wohlwollen und Güte in Carl Friedrichs Seele auf eine so die Herzen gewinnende Weise hervor, dass seine Popularität in den letzten Lebenstagen am entschiedensten war: Er verglich sich wegen einer Zivilliste und begnügte sich mit dieser Zivilliste freiwillig schon im Jahre 1848 und ließ auch noch eine Summe freiwillig nach. Die Regierung von Weimar hatte zuletzt Bernhard von Watzdorf, der sehr ungleiche Schwiegersohn des Dresdner Premiers Könneritz, als erster Minister geführt; während dieser Schwiegervater in Dresden abgehen musste, erhielt sich Herr von Watzdorf in seinem Posten und musste nur den Dr. Oscar von Wydenbrugk, Mitglied der deutschen Nationalversammlung in Frankfurt, sich als demokratische Zutat zur Seite stellen lassen.

Eine der kuriosesten Passionen hatte Carl Friedrich, eigentlich zu reden ein Passiönchen, und zwei stereotype Wortspiele oder Rätsel. Das Passiönchen war das für Nippes und alte Sachen, von welchen er im Tiefurter Schlösschen eine wahrhaft fabelhafte, mit vielen tausend Talern aus allen Auktionen nah und fern aufgetriebene Kollektion in höchsteigener Person aufgestellt hatte: Alle Zimmer, alle Tische, alle Stühle, alle Wände von unten bis oben, sogar die Brüstungen der Fenster und Türen waren mit solchen Raritäten gefüllt, mit Porzellansachen, mit Tellern, mit Gläsern, mit Tassen, mit Fächern, mit russischen Ostereiern, mit chinesischen Pagoden und anderweiten Figürchen, mit Kupferstichen, mit Stahlstichen, mit Bildern aus Modejournalen, Taschenbüchern usw. usw. Personen, die diese aus vielen tausenden von einzelnen Nummern bestehende Tiefurter Sammlung, die noch existiert, gesehen haben, versichern, dass der Eindruck davon ein geradezu sinnenverwirrender sei.

Se. Königliche Hoheit aber, die öfters ganz allein nach Tiefurt herausfuhren und hier halbe Tage lang mit dem Rangieren dieses Chaos und Labyrinths verbrachten, wussten so vortrefflich Bescheid, dass sie es alsbald bemerkten, wenn nur ein Porzellanmops von seiner ihm Allerhöchst angewiesenen Stelle verrückt worden war. Besonders liebte dieser sammellustige Herr Tassen: Ein Appartement in Weimar war terrassenförmig mit einer Unzahl derselben gefüllt. Ein viel würdigeres Denkmal der Vorliebe Carl Friedrichs für alte Sachen war die Restauration der Wartburg.

Die beiden Wortspiele oder Rätsel, die der gutmütige Großherzog seinen Umgebungen anzuhören gab, waren: Was würden Sie tun, wenn Sie ein Zahnarzt wären? und: Was würden Sie tun, wenn Sie ein Taucher wären? Die Antworten, die die Königliche Hoheit auf diese Fragen zuletzt selbst gab, lauteten: Ich würde der Zeit ihren Zahn ausziehen und: Ich würde mich ins Meer der Vergessenheit tauchen. Eine hohe Person an dem verwandten preußischen Hofe beantwortete einmal diese beiden Fragen mit einer beide Antworten höchst drollig untereinander verwechselnden Antwort, was Se. Königliche Hoheit nicht wenig aus der Fassung brachte. Ich erwähne noch eine letzte kuriose Sache, die die Herzenstreue dieses gutmütigen Herrn ins Licht setzt, ich meine seine Treue für seine beiden ehemaligen Tänzerinnen, denen er eine solche Anhänglichkeit bewahrte, dass er sie noch in ihren ganz alten Tagen springen ließ: Dieses Ballett der beiden uralten Tanzschönheiten soll ganz unvergleichlich komisch gewesen sein.

Carl Friedrich erlebte nach Überstehung des Sturmes von 1848 noch sein fünfundzwanzigjähriges Regierungsjubiläum und starb kurz darauf, siebzig Jahre alt, 1853. Noch in Bezug auf seine letzte Ruhestätte wird versichert, dass sich Carl Friedrichs fürstlicher Adelsstolz geregt habe: Er wollte nicht bei seinem Vater begraben sein, der mit Schiller und Goethe zusammen ruhe, er wollte sich ein eignes Mausoleum für sich und seine Familie bauen lassen. Die Großherzogin bemerkte aber auf diesen Vorschlag sehr ernsthaft, »sie ihres Teils würde sich bei Schiller und Goethe niedersetzen lassen«. Carl Friedrich wollte nicht allein ruhn, und so unterblieb die Idee des Mausoleums.

Carl Friedrich hinterließ einen Sohn, seinen Nachfolger und zwei Prinzessinnen. Wie die älteste, Marie, 1827 noch unter Carl August an einen preußischen Prinzen, den Prinzen Carl, vermählt worden war, ward es auch im Jahre 1829 die zweite, Auguste: Es ist die kluge, besonders in den Bewegungen nach der Revolution von 1848 eine Zeit lang so einflussreiche Gemahlin des Prinzen von Preußen. Sie war der Liebling der Mutter. Diese pflegte ähnliche Fragen, wie sie ehemals über ihren Bruder, »ihren Kaiser«, an General von Rennenkampf gerichtet hatte, an die Berliner Besucher in Weimar zu richten: »ob die Prinzessin von Preußen auch recht beliebt in Berlin sei?« usw., was oft die Befragten in große Verlegenheit brachte.

Bei den Bewegungen des Jahres 1848 machte man im weimarischen Lande die überraschende Entdeckung, dass das Einkommen des Hofs vom großherzoglichen

Kammervermögen gerade ebenso viel betrage als das Einkommen des Landes, der Landschaft, nämlich jährlich fast 800.000 Taler. Darauf ward am 1. April 1848 die Zivilliste des Großherzogs auf 250.000 Taler herabgesetzt und das großherzogliche Kammervermögen mit dem landschaftlichen Vermögen vereinigt. Die landschaftliche Schuld betrug 1844 3.800.000 Taler.

Der Hofstaat für das kleine Land, das halb so viel Einwohner als Berlin hat, war allerdings nach und nach glänzend angewachsen: 1767 hatte man noch keine Kammerherren gehabt, 1791 elf, 1806 dreizehn, und 1841 zählte man einundvierzig, dazu noch dreizehn Kammer- und vier Hofjunker. Eine Zeit lang, berichtete ein Artikel in der Augsburger Allgemeinen Zeitung 1849, gab es am Hofe zu Weimar auch auf einmal vier Hofmarschälle – noch einen mehr als unter Brühl in Dresden. Noch jetzt fungieren zwei und ein Hausmarschall. Das Personal der kleinen Hofbedienten war nicht minder zahlreich: Man unterhielt nicht weniger als über ein Dutzend Schlösser in bewohnbarem Stand; sie kosten, um sie im bewohnbaren Stand zu erhalten, den siebenten Teil des Budgets, 36.000 Taler. Der Hof war der glänzendste unter den kleinen Höfen Deutschlands: Es ermöglichten das die Summen, die der Großherzogin-Großfürstin vom russischen Hofe gezahlt wurden. Nach dem Tod ihres Gemahls, berichteten die Zeitungen, soll eine Einschränkung eingetreten sein.

Das Land ist, wie die Unterrichteten berichten, sehr ausgesaugt, es ist durch das von Goethe beschriebene Manöver »der Ameisen gegen die Blattläuse« fast erschöpft.

Auch in neuester Zeit ist der Hof zu Weimar darauf bedacht gewesen, des Schimmers der Künste und Wissenschaften, der ihm dereinst einen so starken Glanz gab, nicht ganz zu entbehren. Die größte Notabilität der Kunst, die der Hof sich in neuerer Zeit anzueignen gewusst hat, ist der Pianoforte-Virtuos Liszt, der mit dem bescheidenen Gehalt von 1200 Talern angestellt ward und seine Weltlaufbahn in dem kleinen Horizont Weimar beschließen zu wollen scheint: Die Fürstin Leonille Wittgenstein, geborene Bariatinsky, seine große Freundin, folgte ihm nach Weimar. Er hat unter andern auch die Opern des Dresdners Wagner auf die weimarische Bühne eingebürgert.

Als eine Kuriosität verdient noch angeführt zu werden, dass es im Jahre 1848 im Hoftheater zu Weimar noch eine von Carl Friedrich gemessenst anbefohlene adelige und bürgerliche Seite der Logen gab.

Hof-, Zivil- und Militärstaat und diplomatisches Corps im Jahre 1852

I. Hofstaat

Oberste Hof- und Hofchargen:

1848 hatte noch der wirkliche geheime Rat Carl Emil Baron Spiegel von und zu Pickelsheim, der Gemahl der schönen Frau von Spiegel und der Vater der beiden schönen Fräulein Pauline und Melanie, nachherigen

Frauen von Helldorf und Seckendorf, als Oberhofmarschall fungiert. Diese Stelle ward nicht wieder besetzt.

1. Oberschenk: Friedrich August Johann Freiherr Bitztum von Egersberg, wirklicher geheimer Rat.
2. Oberkammerherr: Hans Carl Ottobald Graf und Herr von Werthern-Beichlingen, wirklicher geheimer Rat.
3. Oberjägermeister: Ludwig Ernst von Hopffgarten.
4. Oberhofmeisterin der Großherzogin Großfürstin: Stiftsdame Gräfin Constanze von Fritsch.
5. Hausmarschall: Franz Ernst von Waldungen.

6. 7. Hofmarschälle:

Friedrich Graf und Herr von Beust, Adjutant des Großherzogs und Major, Sohn des 1849 gestorbenen Geheimen Rats und Bundestagsgesandten Carl von der jüngeren, 1775 gegraften Linie, Schwiegersohn des ehemaligen Ministers Freiherrn von Gersdorf.

Carl Olivier, Freiherr von Beaulieu-Marconnay.

II. Zivilstaat

1. Staatsministerium:

Dr. juris Christian Bernhard von Watzdorf, Staatsminister und wirklicher Geheimer Rat, Vorsitzender des Gesamt-Ministeriums und Chef des ersten Departements.

Dr. juris Oscar von Wydenbrugk, Geheimer Staatsrat und Chef des zweiten Departements.

Gustav Thon, Geheimer Staatsrat und Chef des dritten Departements.

G. Theodor Stichling, Staatsrat, Mitglied des Ministeriums kraft besonderen Auftrags.

Erstes Departement:

Chef: Staatsminister von Watzdorf.

Erste Abt. (Angelegenheiten des großherzoglichen Hauses und der Landesverfassung, Staatskorrespondenz, Militär, Verhandlung mit den Ständen, Presse, Staatsarchiv; Universität Jena, Ordenskanzlei): Staatsrat Stichling.

Anstalten für Kunst und Wissenschaft: Geh. Hofrat Dr. Vogel, vortragender Rat.

Zweite Abt. (Innere Landesverwaltung) Direktor: Carl Friedrich Wirth.

Zweites Departement:

(Justiz-, Kirchen- und Schulfachwesen)

Chef: Geh. Staatsrat von Wydenbrugk.

Kirchenrat für rein kirchliche Angelegenheiten der protestantisch-evangelischen Kirche:

Geh. Staatsrat von Wydenbrugk.

Geh. Kirchenrat Dr. theol. Schwarz.

Drittes Departement:

(Finanzen)

Chef: Geh. Staatsrat Thon.

Direktor: Staatsrat Bergfeld.

2. Obere Landes-Justizbehörden:

a. Ober-Appellationsgericht zu Jena:
   Präsident: Dr. Ortloff.
b. Appellationsgericht zu Eisenach:
   Präsident: Kammerherr von Mandelsloh.

Vizepräsident: Busch.

c. Ober-Postinspektion:
Vorsitzender: wirklicher Geh. Hofrat Helbig.

d. Immediat-Kommission für das katholische Kirchen- und Schulwesen:
Vorsitzender: geistlicher Rat Diesing, kath. Pfarrer zu Weimar und Jena.

III. Militär-Kommando
Chef: Obrist von Poyda.

IV. Diplomatisches Corps:

1. Weimarische Geschäftsträger und Konsuln in Deutschland:
   1. In Wien: Kammerherr Freiherr von Borsch und Borschod, Geschäftsträger, zugleich für Gotha, Meiningen und Altenburg akkreditiert.
   2. In Berlin fungierte noch 1848 Geheimer Legationsrat und Kammerherr Carl Baron von Martens als Ministerresident; 1853 ward der frühere altenburgsche Minister, Louis Graf Beust, als Gesandter sämtlicher thüringischer Staaten akkreditiert.
   3. In München: von Kraft, Konsul.
2. Weimarische Konsuln im Ausland:
   1. In Bordeaux: Klipsch, Konsul.
   2. In London: Cahlmann, Konsul.
   3. In Brüssel: nicht ernannt.
   4. In Amsterdam: Serrurier, Gen. Konsul.
   5. In New York: Ed. Stucken, Konsul.
3. Fremdes diplomatisches Corps in Weimar:

1. Österreich: Der Gesandte in Dresden, Graf Kuefstein.
2. Preußen: Der Gesandte in Dresden, Graf Galen.
3. Bayern: Der Geschäftsträger in Dresden, Baron Gise.
4. Russland: Der Gesandte in Dresden, Geh. Rat von Schröder und Baron Franz Friedrich Apollonius von Maltitz wirkl. Staatsrat.
5. England: Der Gesandte in Dresden, Mr. Forbes.
6. Frankreich: Der Gesandte in Dresden, Mr. de Salignac-Fénélon.
7. Niederlande: Der Gesandte in Berlin, Baron Schimmelpenninck.
8. Belgien: Der Gesandte in Berlin, Dr. Nothomb.
9. Schweiz: Der Konsul in Leipzig, Hirzel-Lampe.

Der Hof

Carl Alexanders

seit 1853

Carl Alexander
seit 1853

Der regierende Großherzog Carl Alexander, Carl Friedrichs einziger Sohn, ist geboren nach vierzehnjähriger Ehe desselben mit der russischen Großfürstin im Jahre 1818. Er erhielt eine sehr sorgfältige Erziehung durch einen französischen Schweizer und war viel, wie er selbst mit liebenswürdig bescheidener Dankbarkeit anerkannt hat, mit Goethes Enkeln zusammen im Hause dieses literarischen Nestors, an dem er mit größter Pietät hängt. Er diente darauf eine Zeit lang als preußischer Kürassieroffizier in Breslau: Dieses Garnisonsjahr hat er sein unglücklichstes Jahr genannt. 1842, vierundzwanzig Jahre alt, vermählte er sich mit einer Oranierin, die auch an Leib und Seele ganz eine Oranierin ist, der Prinzessin Sophie von den Niederlanden.

Ein Jahr nach seiner Vermählung schrieb die dereinstige enthusiastische Freundin der Schwägerin Schillers Caroline von Wolzogen in Jena die Worte in ihrem Tagebuche über ihn nieder: »Angenehme Eindrücke durch die Anwesenheit meines lieben Prinzen. Das frühere Vertrauen zu mir hat sich erhalten, Freude an meinem Wohlgefallen, wie zuvor. Er ist fester in sich geworden, sein Betragen fürstlicher; er flieht das Leere, will sich als Mann zeigen und vermag es. – Billiges Unheil über alles.

›Nur nicht einrosten müssen wir‹, sagte er. In Ilmenau war ihm wohl, ›so eigen wohl wird mir, wenn ich allein in einen dichten Wald hineingehe und die Bäume sich über mir wölben‹. Sich der Einsamkeit freuen, bei einem Prinzen ein seltener, innern Gehalt bewährender Geschmack.«

Auch andere unabhängige Stimmen von Personen, die ihm nahe gestanden haben, bezeichnen ihn als einen Herrn der besten Intentionen; noch andere wollen die Schwäche in ihm aufgefunden haben, dass er etwas affektiert sei. Er liebt vorzugsweise, den alten Familientraditionen gemäß, Künstler und Gelehrte, empfängt sie an seinem Hofe und unterhält mit ihnen Korrespondenz. Freilich traf es sich, dass unter diesen Künstlern und Gelehrten, die der Hof bewirtete, auch fahrende Genies vorkamen, die man später nicht gern bewirtet zu haben wünschte, weil es sich zeigte, dass sie Leute von mauvais genre waren: Ein Exempel war der Deklamator und Vögelliedersänger, der österreichische Baron Kleßheim, der am Hofe sehr fetiert, wiederholt zu Tee und Tafel eingeladen, vom Prinzen wegen seiner Künste umarmt und von der Prinzessin sogar zum Tanz aufgezogen worden war. Eine sehr glückliche Zeit für den jungen Herrn, als er noch Erbgroßherzog war, war eine Reise nach Italien; er machte namentlich einen längeren Aufenthalt in dem schönen Sorrent, er erklärte diesen Aufenthalt für die glücklichste Zeit seines Lebens.

Trotz der guten Intentionen ist Carl Alexander an seinem Hofe nicht beliebt und im Volke entschieden unbeliebt: Die Einsichtsvollen wollen den Grund von jener

Erscheinung in dem Mangel des jungen Herrn finden, sich nicht gehörig in Respekt setzen zu können und von diesen in dem gänzlichen Ungeschick, mit Leuten aus dem Volke zu verkehren. Mit den gebildeten Fremden aus der Mittelklasse, die bei ihm einsprechen, verkommt der Großherzog am besten, namentlich, wie gesagt, mit fahrenden Gelehrten und Künstlern.

Seine Hofhaltung hat er nicht mehr ausschließlich, wie sein Vater, in Weimar, sondern abwechselnd in Weimar, Jena und Ilmenau. Die Waldeinsamkeit von Ilmenau ist ihm am liebsten.

Bei dem Huldigungseid, welchen das Militär dem neuen Großherzog geleistet hat, ist die Beziehung auf die Verfassung, welche in den Eid der Staatsdiener aufgenommen wurde, weggeblieben, auch ward die vor 1848 beim Militär nicht bräuchlich gewesene christliche Eidesformel wieder aufgenommen.